KB271299

날마다 읽는 부처님 말씀

날마다 읽는 부처님 말씀

'경전 읽기 10년 공부'를 회향하며

세상의 모든 종교는 신神과 관계가 있다. 종교 창시자들은 신의 계시를 받았다거나 신의 아들을 자처한다. 이것이 종교의 출발점이다. 그래서 모든 종교는 신에게 기도하고 은총을 비는 것을 매우 중요한 신앙행위로 여긴다. 사람들은 불교도 그런 종교의 하나로 알고 있다. 법당에 모셔진 불상은 인간의 위치를 넘어선 신과 같은 존재다. 중생인 우리는 그분에게 가피를 빌면 어떤 슬픔이나 불행도 다 해결할 수 있다고 믿는다. 오늘날 많은 사찰에서 행해지고 있는 신앙행위는 유신有神종교의 그것과 비슷한 점이 너무 많다.

부처님을 이렇게 인간의 길흉화복을 주재하는 신으로 믿어온 것은 그럴 만한 역사적 과정이 있다. 부처님은 스승으로서, 종교인으로서 너무나 훌륭한 삶을 살다간 분이었다. 이런 흠모의 마음이 마침내 그분을 신성하고 절대적인 존재라고 믿게 했다. 대승불교는 이런 믿음에서 출발한 새로운 불교였다. 그렇지만 절대화된 부처님에 대한 믿음은 자칫하면 부처님의 참다운 면모를 이해하는 데 적지 않은 방해가 된다. 신화적 사실을 역사적 사실로 왜곡하는 경우가 생기기 때문이다.

그렇다면 어떻게 해야 오랜 세월 동안 덧씌워진 신화의 안개를 걷어 내고 '훌륭한 스승' 으로서의 부처님의 모습을 밝혀낼 수 있을 것인가. 어떤 것이 참다운 부처님의 모습이며, 무엇이 그분의 가르침인가. 이러한 질문에 대답해주는 것이 바로 아함부의 경전이다. 전승Agma, coming 이라는 뜻을 가진 아함부의 경전은 한역漢譯의 경우 크게 네 가지장아함, 중아함, 잡아함, 증일아함로 나누어져 있다. 이 경전들은 직접 부처님의 가르침을 받았던 제자들이 기록한 언행록이다. 우리는 이 가교를 통해서 시공을 거슬러 올라가 자상한 스승이었던 부처님을 만나뵐 수 있다.

이에 따르면 부처님은 우리가 알 수 없는 어떤 신비한 세계에 계시는 분이 아니다. 무엇보다도 그분은 역사적으로 실존했던 인간이었다. 2천 6백여 년 전 인도의 작은 왕국에서 태어난 그분은 결혼도 하고 자식도 낳았다. 29살에 출가해서는 35세에 큰 깨달음을 얻었고, 이후에는 45년 간 참다운 인간의 행복에 대해 설법하다가 80세를 일기로 열반에 들었다. 그분의 인격적 면모를 보면 때로는 부모님 같고, 때로는 스승과 같고, 때로는 형제나 좋은 친구와 같았다. 그분이 하는 말씀은 어려울 것도 없고 이해 못 할 것도 없다. 그저 귀를 열고 듣기만 하면 이내 눈앞이 환해진다. 그것도 모르고 부처님을 신과 같은 존재로 생각해온 것은 우리가 어리석었기 때문이다.

필자는 오래 전부터 아함부 경전을 읽으면서 종교적 성자로서의 부처님과 그분의 가르침을 추구하는 데 주력해 왔다. 특히 10여 년 전부터는 불교신문에 지면을 얻어서 잡아함(1997-1978) 장아함과 중아함(2003-2004)

을 독자와 함께 읽고 공부하는 기회를 가졌다. 이 연재물은 이미《부처님은 이렇게 말씀했다》《마음으로 듣는 부처님 말씀》등 2권의 단행본으로 출간한 바 있다. 계속해서 2006년부터 2007년 말까지는 증일아함을 읽고 해설하는 연재를 했다. 증일아함은 51권에 걸쳐 472개의 작은 경전들로 구성된 경전군이다. 편집방식은 1에서부터 11에 이르는 법수法數에 따라 중요한 교리와 가르침을 망라해서 배열하고 있다. 이 책은 그 가운데 100개의 경전을 간추려 본문을 읽고 간단한 독후감을 붙였던 신문 연재물을 단행본으로 묶은 것이다.

나는 아함부 경전을 독자들과 함께 읽고 해설하는 동안 참으로 많은 깨우침을 받았다. 무엇보다도 여러 가지 어려운 경우를 만나면 어떻게 마음을 다스려야 할지에 대해 가르침을 얻은 것은 큰 소득이었다. 또 독자들로부터 과분한 사랑을 받은 것도 잊지 못할 추억이다. 어떤 분은 나에게 '아함부 경전 읽기 전도사'라는 별명을 붙여주기도 했다.

이제 필자는 그런 기쁨과 추억을 간직하고 '아함경 읽기 10년 공부'를 회향하고자 한다. 그동안 지면을 내준 불교신문, 책을 출판해준 '도서출판 장승'과 '우리출판사' 그리고 무엇보다 신문에 연재되는 경전을 함께 읽으며 성원을 보내준 독자 여러분들에게 깊은 감사를 드린다. 이 책의 출판에 작은 공덕이라도 있다면 같이 경전을 읽고 고개를 끄덕이며 기뻐했던 독자들에게 돌리고자 한다.

무자년 이른 봄
홍사성 합장

제2부 바람을 거스르는 향기

제3부 편안하게 잠자는 비결

제4부 하루 동안 수행한 공덕

제5부 욕심은 칼끝에 바른 꿀

제1부

귀 있는 자 들으라

모든 부처님의 가르침

부처님이 열반하신 직후의 일이다. 대중 가운데 우두머리인 카사파, 많은 장로들, 법문을 가장 많이 들은 아난다 등은 부처님의 사리를 받들고 쿠시나가라에서 마가다로 왔다.

이때 카사파는 '어떻게 바른 법의 근본을 널리 펴서 이 세상을 이롭게 할까'를 생각했다. 가섭은 아난다로 하여금 부처님의 가르침을 정리하도록 하는 것이 좋겠다고 생각했다. 아난다는 부처님의 가르침을 가장 많이 들은 제자이기 때문이었다. 이에 그 뜻을 밝히자 아난다는 "부처님이 이 세상에 계실 때 카사파 존자와 자리를 나누어 앉았으며, 그에게 법을 부촉했다"면서 사양했다. 카사파는 다시 아난다에게 이렇게 청했다.

"비록 그렇기는 하나 나는 나이가 많아 부처님의 가르침을 잊어버린 것이 많다. 하지만 그대는 모두 기억하는 지혜의 업이 있으니 이 일에는 그대보다 나은 사람이 없다. 그러니 이 일을 감당해주었으면 하노라."

아난다는 가섭 존자와 대중의 요청을 승낙하고 순서에 따라 부처님이 생전에 말씀한 가르침을 정리해서 들려주었다.

먼저 카사파가 아난다에게 물었다.

"어떻게 서른일곱 가지 도품의 가르침〔三十七助道品〕이 증일增一해서 생기게 되었는가. 모든 법은 어떻게 이것을 말미암아 생기게 되었는가?"

"그렇습니다. 증일아함에는 서른일곱 가지 법이 모두 들어 있습니다. 그렇지만 증일아함은 한 가지 게송에서 생겨 나오는 것입니다. 그 게송은 다음과 같습니다.

모든 나쁜 짓은 절대 하지 말라	〔諸惡莫作〕
모든 착한 일은 부지런히 행하라	〔衆善奉行〕
스스로 그 마음을 깨끗하게 하라	〔自淨其意〕
이것이 모든 부처님의 가르침이니라	〔是諸佛教〕

아난다는 이어서 그 이유를 다음과 같이 말했다.

"모든 악을 짓지 말라는 것은 계행의 근본을 말하는 것이며, 모든 선을 행하라는 것은 마음을 청정히 하라는 것이며, 스스로 그 뜻을 깨끗하게 하라는 것은 그릇된 착각을 버리라는 것이며, 이것이 모든 부처님의 가르침이라는 것은 어리석고 미혹한 생각을 버리라는 것입니다. 이렇게 하면 서른일곱 가지 도품의 결과를 성취하게 될 것이므로 이 게송 속에 모든 법이 다 들어 있다고 하는 것입니다."

증일아함 제1권 제1 〈서품序品〉

부처님이 돌아가신 후 불교교단의 가장 큰 고민은 정법을 오래 지속시키는 방법에 관한 것이었다. 사람마다 설법을 들은 장소와 기억이 다르므로 시간이 지나면 정법과 비법의 시비가 생길 것이기 때문이었다. 불멸후 100일 만에 카사파 존자의 주도로 왕사성 칠엽굴에서 열린 제1차 결집은 이 문제를 해결하기 위한 조치였다. 이 회의에서 부처님의 성문제자聲聞弟子, 부처님의 육성을 직접 들은 제자들은 자신의 기억을 되살려 부처님의 가르침을 정리했다. 진리에 관한 부분은 아난다존자, 계율에 관한 부분은 우팔리존자가 중심적 역할을 맡았다. 뒷날 여기에 대한 해석이 덧붙여져서 경經·율律·론論 삼장三藏이 성립됐다.

주목되는 것은 아난다 존자가 요약한 부처님의 가르침이다. '칠불통계게七佛通誡偈'로 불리는 이 게송의 핵심은 '악한 일은 하지 말고 선하게 살아가라. 그러자면 마음을 깨끗하게 하라'는 것이다. 이것만 실천하면 모든 수행과 공덕이 완성된다는 것이다. 이것은 말은 쉬운 것 같지만 실천하기 어려운 가르침이다. 우리가 평생 절에 다니며 수행하지 않으면 안 되는 이유도 여기에 있지 않나 싶다.

한 가지라도 제대로 닦으라

부처님이 사위국 기원정사에 계실 때의 일이다. 어느 날 부처님은 제자들에게 수행자가 여러 가지 법 가운데 한 가지만이라도 제대로 닦는다면 열반에 이를 수 있다고 말씀했다.

"만약 비구들이 한 가지 법을 닦아 행하고 한 가지 법을 널리 펴면 곧 신통을 이루고 온갖 번뇌를 끊게 되며, 수행자로서 최고의 증과證果를 이루어 스스로 열반을 얻게 될 것이다.

그러면 어떤 것을 한 가지 법이라고 하는가.

그 하나는 거룩한 부처님을 생각하는 것이다.

그 하나는 거룩한 부처님의 가르침을 생각하는 것이다.

그 하나는 거룩한 화합 승가를 생각하는 것이다.

그 하나는 거룩한 계법을 생각하는 것이다.

그 하나는 보시를 생각하는 것이다.

그 하나는 하늘에 태어나는 공덕을 생각하는 것이다.

그 하나는 마음의 고요함을 생각하는 것이다.

그 하나는 호흡을 깊게 생각하는 것이다.

그 하나는 육신의 무상을 생각하는 것이다.

그 하나는 죽음을 생각하는 것이다.

이러한 것들을 잘 닦아 행하고 널리 연설해서 펴면 곧 신통을 이루고, 온갖 번뇌를 끊게 되며, 수행자로서 최고의 증과를 이루어 스스로 열반을 얻게 될 것이다. 그러므로 수행자들이여 한 가지 법만이라도 잘 닦고 그 법을 널리 펴야 한다. 반드시 이렇게 수행해야 한다.”

증일아함 1권 제2 〈십념품十念品〉 제1-10경

불도佛道를 닦는다는 것은 무엇인가. 어떻게 하는 것이 불도를 닦는 것인가. 한마디로 요약하면 ‘마음 다스리는 일’이 불도를 닦는 이유이자 요체라 할 것이다.

돌아보면 우리는 매순간 욕심과 분노와 망상에 휩싸여 살지 않는 날이 없다. 좋은 것이 있으면 무조건 갖고 싶고 남보다 더 높게 되고 싶다. 그것이 잘 안 되면 화를 내고, 그것도 모자라 어리석은 음모를 꾸미기가 예사다. 불교는 이런 모든 것이 고통을 불러오는 원인이라고 지적한다. 탐貪·진瞋·치痴야 말로 인생을 망치는 독소라는 것이다. 불교의 수행은 이런 마음을 얼마나 잘 다스리느냐 하는 것으로 요약된다.

이에 대해 부처님이 제시한 처방은 아주 간단하다. 여러 가지 복잡하게 생각하지 말고 한 가지만 잘 실천해 보라는 것이다. 예를 들어 화가 나서 도저히 참을 수 없는 지경이 되면 거룩한 부처님이나 부처님의 가르침을 깊이 생각해 보라는 것이다. 부처님이라면 이런 경우 어떻게 했을까를 생각하다 보면 분노가 사라지게 된다는 것이다. 또 욕심이 나서 견딜 수 없거나 욕망이 일어났을 때는 육신의 무상함이나 죽음에 대해 생각해 보라는 것이다. 그런 것을 깊이 생각하다 보면 남의 것을 훔치거나 욕망으로 자신을 망치는 일은 없어진다는 것이다.

《논어》 '학이편學而篇'에 보면 공자의 제자 증자는 "매일 내 몸을 세 번 살핀다〔吾日三省吾身〕"고 했다. 즉 다른 사람을 위하는 일에 충실했는지〔爲人謀而不忠乎〕, 벗을 사귀는 데 신의를 잃지 않았는지〔與朋友交而不信乎〕, 스승에게 배운 것을 익히는 데 최선을 다했는지〔傳不習乎〕를 반성한다는 것이다. '일일삼성一日三省'이란 말도 여기서 유래했다.

그러나 보통사람으로서 이 세 가지를 다 반성하기가 쉽지 않다. 수행자도 마찬가지다. 그래서 부처님은 한 가지만이라도 진실로 닦으라고 권한다. 그러면 도가 높아진다는 것이다.

위대한 수행자에게 예배하라

부처님이 사위국 기원정사에 계실 때의 일이다. 어느 날 부처님은 한 사람의 바른 수행자가 나타나면 이 세상을 어떻게 변화시킬 수 있는지에 대해 말씀했다.

"만일 이 세상에 위대한 사람이 나타나면 그는 모든 사람들을 이익케 하고, 중생들을 안온하게 하며, 세상의 뭇 생명을 가엾게 여기고, 천상과 인간으로 하여금 복을 얻게 할 것이다.

만일 이 세상에 위대한 사람이 나타나면 그는 이내 도에 들어 살며, 두 가지 진리와 세 가지 해탈문, 네 가지 진리, 다섯 가지 뿌리, 여섯 가지 그릇된 소견의 사라짐, 일곱 가지 깨달음에 이르는 길, 여덟 가지 바른 길, 아홉 갈래 중생이 사는 길, 열 가지 여래의 힘, 열한 가지 자비의 해탈도가 세상에 나타날 것이다.

만일 이 세상에 위대한 사람이 나타나면 지혜광명이 세상에 나타날 것이다. 만일 이 세상에 위대한 사람이 나타나면 무명의 큰 어둠이 스스로 사라질 것이다. 만일 이 세상에 위대한 사람이 나타나면 서른일곱 가지 도가 이 세상에 나타날 것이다. 만일 이 세상에 위대한 사람이 사라지면, 사람들은 모두 근심에 잠길 것이요 천상과 지상은 모두 의지처를 잃을 것이다. 만일 이 세상에 위대한 사람이 나타나면, 천상과 지상의 모든 사람들이 믿음이 생기고 계율과 보시와 지혜가 원만하여, 마치 가을달이 모든 것을 원만하게 비추는 것과 같을 것이다.

만일 이 세상에 위대한 사람이 나타나면 그때는 천상과 지상이 모두 번영하고 삼악도에 빠진 중생들은 스스로 줄어들 것이다. 만일 이 세상에 위대한 사람이 나타나면 그와는 더불어 견줄 이가 없고, 본뜨지 못하고, 모든 면에서 그를 짝할 이가 없고, 보시와 지계와 지혜에서 그에 미칠 이가 없을 것이다.

누가 그와 같은 사람인가. 바로 여래 아라한 정변지가 그 사람이다. 그러므로 수행자들이여, 그대들은 여래 아라한 정변지를 공경하고 받들어 섬겨야 한다. 마땅히 이와 같이 수행을 해야 한다."

증일아함 제3권 제8 〈아수륜품阿須倫品〉 제2-10경

불교는 어떻게 보면 지극히 개인주의적인 종교다. 불교의 중심인 수행자는 가족과 사회로부터 철저하게 독립되어 살아간다. 수행생활은 사회적 의무를 다하기 위한 것이 아니다. 개인적 목적인 해탈을 위해서다. 수행생활이 극단적 이기주의로 비춰지는 것도 이 때문이다.

그러나 깊이 생각해 보면 우리 사회가 훌륭한 수행자를 가지고 있다는 것은 참으로 고맙고 기쁜 일이다. 훌륭한 수행자는 지혜가 있는 사람이며, 자비심이 있는 사람이며, 바른 길을 일러주는 사람이며, 다른 이의 모범이 되는 사람이다. 세상은 이런 위대한 사람들의 존재로 인해 어둠을 밝혀줄 광명을 얻고, 구렁텅이에서 벗어날 사다리를 얻는다. 그런 뜻에서 수행은 개인적인 것인 동시에 사회적인 것이다. 부처님의 경우만 해도 출가와 수행은 개인의 실존적 고뇌를 해결하기 위한 것이었다. 하지만 깨달음을 얻은 그 순간부터 이웃을 위한 삶으로 전환했다. 어리석은 중생을 깨우치기 위한 설법을 편 것이 그것이다. 깨달음의 지혜로 세상을 밝혀주려고 했다. 이것이야말로 부처님이 우리에게 베푼 대자대비다.

우리의 영원한 북극성 부처님

 부처님이 사위국 기원정사에 계실 때의 일이다. 어느 날 부처님은 제자들에게 어떤 마음과 자세로 공부해야 할지에 대해 다음과 같이 말씀했다.

"어떤 어머니가 외아들을 두고 '어떻게 가르쳐야 사람이 될까'를 생각하다가 좋은 표준이 될 사례를 들어 가르치듯이 나도 좋은 사례를 들어 그대들을 가르치려 하니 잘 들으라.

만일 어떤 청신사가 외동아들이 있다면 '질다장자質多長者나 상동자象童子 같이 되라'고 한다. 왜냐하면 그들은 모든 청신사의 표준이요 모범이기 때문이다. 그와 마찬가지로 나는 머리를 깎고 가사를 입고 집을 나와서 수행을 하려는 사람들에게 저 사리푸타나 목갈라나 같이 되라고 한다. 왜냐하면 그들은 수행자의 표준이기 때문이다.

또 만일 어떤 청신사가 외동딸이 있다면 '난타의 어머니 구수다라拘讎多羅같이 되라'고 한다. 왜냐하면 그녀는 모든 청신녀의 표준이요 모범이기 때문이다. 그와 마찬가지로 나는 머리를 깎고 가사를 입고 집을 나와서 수행을 하려는 사람들에게 저 케마 비구니와 연화색 비구니와 같이 되라고 한다. 왜냐하면 그들은 수행자의 표준이기 때문이다.

내가 사리푸타와 목갈라나, 케마와 연화색을 표준으로 삼아 수행하라고 하는 것은 이유가 있다. 이들은 바른 법을 배우기를 좋아하므로 삿된 업을 지어 복잡한 문제를 일으키지 않는다. 그러나 만약 너희들 중 누가 그릇된 법에 물들어 삿된 마음을 내면 곧 삼악도에 떨어질 것이다. 그러므로 잘 생각하고 마음을 오로지 하여 바른 법을 깨닫도록 해야 한다. 왜냐하면 시주의 무거운 보시는 실로 소화하기 어려워서 사람으로 하여금 도에 이르지 못하게 하기 때문이다. 거듭 말하거니와 수행자들은 그릇된 법에 물들어 집착하는 생각을 내지 말아야 한다. 만일 이미 생겼거든 그것을 없애기에 애써야 한다. 수행자는 마땅히 이와 같이 공부를 해나가야 한다."

증일아함 제4권 제9 〈일자품一字品〉 제1-2경

지구의 자전축을 연장하여 하늘과 만나는 점이 천구의 북극이다. 이 천구天球의 북극에 위치한 별이 바로 북극성이다. 북극성은 항상 북극에 위치하므로 방위를 결정하는 데 가장 중요한 기준이 된다. 사막이나 바다에서 길을 잃은 여행자들은 언제나 이 별을 보고 길을 찾았다.

불교 수행자에게도 북극성과 같은 존재가 있다. 부처님과 그 제자들이다. 이분들은 언제나 우리에게 불자로서의 삶에 표준을 제시해준다. 우리는 항상 그분들을 표준으로 정해 놓고 우리의 삶을 돌아보아야 한다. '부처님이라면 이런 경우에 어떻게 생각하고 어떻게 말씀하고 어떻게 행동했을까?' 만약 삿된 길로 빠져들고 싶은 유혹을 느긴다면 눈을 감고 우리들의 북극성인 부처님과 그 제자들을 생각해 보면 금방 답을 얻을 수 있을 것이다.

우리들의 '마음의 북극성'인 부처님과 그 제자들은 어떤 경우도 절대 욕심을 부리거나 화를 내거나 어리석은 행동을 하지 않는다. 그분들은 언제나 나누고 용서하며 지혜롭게 행동하는 분들이다. 그런 분을 마음의 북극성으로 삼는다면 오늘 우리의 생각과 행동과 말씨는 교정해야 할 것이 한두 가지가 아닐 것이다.

한 가지 더 유념할 일이 있다. 북극성은 적도나 남반구에서는 관측이 어렵다는 사실이다. 마찬가지로 이미 삿된 길을 가는 사람에게 부처님의 가르침은 잘 보이지 않는다. 우리가 진정한 불자라면 결코 삿된 길로 가서는 안 된다. 지금 내가 서 있는 자리가 어딘지 살펴볼 일이다.

지옥 가는 법 극락 가는 법

부처님이 사위국 기원정사에 계실 때의 일이다. 어느 날 부처님은 제자들에게 지옥 가기가 얼마나 쉽고 극락 가기가 얼마나 쉬운지에 대해 이렇게 말씀했다.

"내가 어떤 사람이 마음속으로 생각하는 일을 관찰해 보니, 그는 팔을 굽혔다가 펴는 동안에 지옥에 떨어지는 일을 스스로 하고 있었다. 왜냐면 그는 스스로 나쁜 마음을 냈기 때문이다. 그가 지옥에 떨어지는 것은 다른 이유가 없다. 마음속에 나쁜 병이 생겨 지옥에 떨어지는 것이다.

만일 어떤 사람이 화를 낸다면 나는 그에게 말하리라. 만약 지금 그대가 목숨을 마친다면 바로 지옥에 떨어질 것이라고. 왜냐하면 마음으로 악한 행을 했기 때문이다.

내가 또 어떤 사람이 마음속으로 생각하는 일을 관찰해 보니, 그는 팔을 굽혔다가 펴는 동안에 극락에 태어나는 일을 스스로 하고 있었다. 왜냐면 그는 스스로 착한 마음을 냈기 때문이다. 그가 극락에 태어나는 것

은 다른 이유가 없다. 마음속으로 착한 생각을 했기 때문에 극락에 태어
나는 것이다.

만일 어떤 사람이 착한 일을 한다면 나는 그에게 말하리라. 만약 지금
그대가 목숨을 마친다면 바로 극락에 태어날 것이라고. 왜냐하면 마음
으로 착한 행을 했기 때문이다.

그러므로 수행자들이여. 그대들은 항상 마음속으로 나쁜 생각을 하지
말고 착한 생각을 하라. 깨끗한 생각을 내고 더러운 행을 하지 말라. 그
대들은 반드시 이렇게 공부해 나가야 한다."

증일아함 4권 제9 〈일자품一字品〉 제5-6경

 이 경을 읽다 보면 생각나는 얘기가 하나 있다. 전前조계종 종정
월하月下스님이 불자들에게 들려주던 다음과 같은 인과법문이다.

옛날 어떤 스님이 탁발을 나갔다가 날이 저물어 어느 신도님 댁에서
하룻밤 신세를 지게 됐다. 아침에 일어나 세수를 하는데 주인과 하인이
이런 대화를 주고받는 것이었다.

"마당쇠야, 윗마을 박첨지가 죽었다는데 지옥에 갔는지 극락에 갔는
지 알아봤느냐?"

"예. 알아 보니 박첨지는 죽어서 지옥에 갔습니다."

"그러냐? 아랫마을 김첨지도 죽었다는데 어떻게 됐는지 알아보고 오
너라."

잠시 뒤 마당쇠가 돌아와 주인에게 이렇게 고했다.

28

"김첨지 댁에 다녀왔는데, 그 어른은 극락에 갔습니다."

두 사람의 맹랑한 대화를 들은 스님이 아침상을 받는 자리에서 주인에게 물었다.

"죽은 사람이 지옥에 갈지, 극락에 갈지는 오랫동안 수행을 한 저도 모르는 일입니다. 그런데 거사님 댁 하인이 어떻게 그걸 알 수 있는지요?"

주인은 수염을 쓰다듬으면서 이렇게 대답했다.

"그야 간단하지요. 동네 사람들이 '아무개는 나쁜 일만 하고 남을 못 살게 굴었으니 지옥에 갔을 거야' 라며 좋아한다면 그는 지옥밖에 갈 데가 없을 겁니다. 반대로 '아무개는 우리 동네에서 아주 착한 사람인데 죽어서 아깝다' 라고 하면 그는 필경에 극락에 갔을 것입니다."

스님은 크게 느낀 바 있어 절로 돌아와 열심히 공부해서 훌륭한 도인이 되었다고 한다.

부처님의 법문이나 월하 스님의 법문은 표현만 다를 뿐 내용상으로는 털끝만큼의 차이도 없다. 선행을 하면 반드시 복을 받고, 악행을 하면 반드시 벌을 받는다는 것이다. 이것이 만고불변의 진리다. 그러나 우리는 작은 이익에 눈이 어두워 이것을 잊고 산다. 걱정스러운 일이다.

복 짓기를 게을리 하지 말라

 부처님이 사위국 기원정사에 계실 때의 일이다. 어느 날 부처님은 제자들에게 복 짓기를 권하며 이렇게 말씀했다.

"그대들은 복 받는 과보를 두려워하지 말라. 왜냐하면 그것은 그대들이 오늘의 복된 즐거움을 누리는 원인을 만들었기 때문이니, 그것은 매우 사랑하고 좋아할 만한 것이니라. 그것을 복이라고 하는 것은 반드시 좋은 과보가 있기 때문이니라.

그대들은 복이 없음을 두려워해야 한다. 왜냐하면 괴로움의 근본으로서 근심과 괴로움은 이루 다 말할 수 없으며 즐거움이 없기 때문이니, 이것을 복이 없는 것이라 하느니라. 그러므로 수행자들이여, 그대들은 복이 없음을 두려워하라. 왜냐하면 그것은 괴로움의 근본으로, 근심과 괴로움은 이루 다 말할 수 없기 때문이니라.

수행자들이여, 나는 기억한다. 나는 과거에 7겁이 지나도록 이 세상에 오지 않았으며, 또 7겁 동안은 광음천光音天에 태어났고, 또 7겁 동안은 공범천空梵天에 태어나서 대범천大梵天이 되어 짝할 이가 없이 대천세

30

계를 통솔하였으며, 서른여섯 번이나 제석천帝釋天이 되었고, 수없는 세상에서 전륜성왕이 되었다.

또한 금생에 이르러서는 보리수 아래서 수행했는데, 그때 악마 파순이 수천만억의 군사를 거느리고 나를 방해했다. 그러나 나는 복덕의 큰 힘으로 마군에게 항복을 받았다. 모든 번뇌의 때가 사라져 더러움이 없어졌으며 위없이 바르고 참된 도를 이루었다.

그러므로 수행자들이여, 그대들은 '복 짓기〔作福〕'를 게을리 하지 말라. 복이 있으면 즐겁고 복이 없으면 괴롭나니 금생과 내생에 즐겁고자 하면 복을 지어야 하리라."

증일아함 제4권 제10 〈호심품護心品〉 제7경

사람들이 누리고자 하는 복락은 크게 다섯 가지다. 경제적으로 풍족해서 부족함이 없는 것〔財〕, 이성과의 아름다운 사랑을 즐기는 것〔色〕, 맛있는 음식을 먹고 건강하게 사는 것〔食〕, 이름을 사방에 드날려 존경을 받는 것〔名〕, 편안하게 잠자고 오래 사는 것〔睡〕 등이다. 이를 오욕락五慾樂이라 한다. 중국의 고전《상서尚書》는 오래 사는 것〔壽〕 물질적으로 풍족한 것〔富〕, 편안하고 건강한 것〔康寧〕, 덕을 좋아하여 행하는 것〔攸好德〕,명대로 살다가 편안하게 죽는 것〔考終命〕 등을 오복五福으로 들기도 한다.

문제는 이러한 복이 누구에게나 다 쏟아지지 않는다는 사실이다. '재수 없는 사람은 뒤로 넘어져도 코가 깨진다'는 말은 복이란 공평한 것이 아님을 말해준다. 사람들은 이 불공평을 신불神佛에 의지해서 해결하려고 한다. 모든 종교에 공통으로 나타나는 기복주의祈福主義는 여기서 비롯된 것이다. 그러나 아무리 신이나 부처님에게 두 손 모아 빈다고 복을 받기는 어렵다. 복은 지은 대로 받는 것이지 누가 선물하는 것이 아니기 때문이다.

그러면 어떻게 해야 하는가. 부처님은 '복을 받고 싶으면 복을 받을 일을 해야 한다' 고 가르친다. 이를 '복 짓는 일〔作福〕' 이라고 한다. 작복이란 한마디로 선행을 실천하는 것이다. 하루에 한 가지 만이라도 선행을 실천한다〔一日一善〕면 복은 저절로 굴러온다는 것이다.

우리는 매년 정초가 되면 '새해에 복 많이 받으세요' 라는 덕담을 나눈다. 이 말이 실효성이 있으려면 복을 많이 짓는 수밖에 다른 도리가 없다. 이렇게 생각하면 많은 복을 짓지도 못한 내가 이렇게 밥이라고 먹고 사는 것이 얼마나 감사한지 모른다. 남보다 못하다고 불평을 하기보다 도리어 이만 한 것을 다행으로 여기며 매일매일 감사한 마음으로 살아갈 일이다.

병자 간호가 제일 큰 공덕이다

부처님이 사위국 기원정사에 계실 때의 일이다. 어느 날 부처님은 병든 사람을 보살피는 일이 얼마나 훌륭한 공덕인지에 대해 다음과 같이 말씀했다.

"병자를 돌보는 것은 곧 나를 돌보는 것과 같고 병든 사람을 간호하는 것은 곧 나를 간호하는 것과 같다. 왜냐하면 나는 지금 몸소 병자를 간호하고 싶기 때문이다.

수행자들이여, 나는 어떤 사람이나 사문이나 바라문이 하는 보시 중에서 병자를 돌보고 간호하는 것보다 더 훌륭한 것을 보지 못했다. 병자를 돌보고 간호하는 보시를 행하여야 그것을 참다운 보시라고 할 수 있고, 병자를 돌보고 간호하는 보시를 행하여야 큰 과보와 공덕을 얻을 수 있고, 병자를 돌보고 간호하는 보시를 행하여야 좋은 이름이 두루 퍼지고 마침내 감로의 법〔不死, 解脫〕을 얻을 수 있다. 여래나 아라한과 같이 바르게 깨달은 이는 다 이 공덕을 지었기 때문이니라.

그러므로 모든 보시 가운데 병자를 돌보고 간호하는 보시보다 더 나

은 것이 없다는 것을 알고 병자를 돌보고 간호하는 보시를 행하라. 그러
면 그것이 곧 참다운 보시가 되어 큰 공덕을 얻을 것이다. 그래서 나는
지금 그대들에게 이렇게 말한다.

'병자를 돌보아주는 것은 곧 나를 돌보는 것과 다름없다. 그렇게 하
면 그대들은 큰 복을 얻을 것이다.'

거듭 말하거니와 그대들은 병자를 돌보기를 나를 돌보듯이 하라. 이
와 같이 하면 언제나 큰 복을 얻을 것이다. 그대들은 이렇게 수행해 나
가야 하느니라."

증일아함 제4권 제12 〈일입도품一入道品〉 제3경

태국 방콕에서 북쪽으로 150km 떨어진 롭부리라는 곳에 왓 프
라 밧남푸라는 사원이 있다. 에이즈에 걸린 환자들을 돌보는 에
이즈호스피스Aids-hospice를 하는 절이다. 이 사업을 이끄는 분은 아롱콧
이라는 스님이다. 스님은 태국에서 에이즈 문제가 정점에 올랐던 1992
년 에이즈로 고통 받다 죽어가는 사람들을 외면할 수 없어서 반대를 무
릅쓰고 과감하게 사찰을 에이즈 환자에게 개방했다. 이곳에는 수많은
에이즈 환자가 찾아와 몸을 의탁했다가 평화로운 죽음을 맞이했다. 스
님의 손으로 화장한 환자 수가 9000여 명이 넘는다고 하니 밧남푸가 어
떤 일을 했는지 짐작이 간다.

밧남푸는 호스피스 활동 외에 에이즈박물관, 교육관, 학습장, 화장장
등도 운영한다. 그러다 보니 이제 이곳은 국제적으로도 유명해졌다. 세
계 곳곳에서 자원봉사자들이 찾아와 환자들을 돌보고 있다. 이에 힘입

어 아롱콧 스님은, 부모가 에이즈로 사망해 고아가 된 아이들을 돌보는
에이즈 고아원, 노인을 위한 양로원도 운영하기 시작했다. 그야말로 에
이즈 환자들이 편히 쉬다가 떠나는 '평화의 집' 인 셈이다.

아롱콧 스님이 에이즈 환자를 돌보기 시작한 이유는 간단하다. 에이
즈환자를 유기하는 것은 인간적으로나 도덕적으로 옳지 않은 일이기 때
문이다. 스님은 이렇게 말한다.

"사람들은 누군가가 돌봐주는 가운데 죽을 권리가 있다. 그것이 에이
즈든 무엇이든 간에…."

스님의 이 말씀 속에는 '환자를 돌보는 것이 부처님을 돌보는 것과
같다' 는 이 경전의 정신이 녹아 있다. 대승경전인 《법화경》에는 상불
경보살常不輕菩薩이 모든 사람을 존중하고 공경하는 이유를 이렇게 설명
한다.

일체 중생은 모두 장래의 부처님이다. 일체 중생을 가볍게 여기지 않
고 존경하는 것은 부처님을 존경하는 것과 같기 때문이다.

알고 짓는 죄 모르고 짓는 죄

부처님이 왕사성 기사굴산에 계실 때의 일이다. 그 무렵 데바닷다는 승단을 어지럽히고, 부처님의 발을 다치게 했으며, 아자타사투를 시켜 그 부왕을 살해하도록 교사하고, 다시 아라한인 비구니를 죽이는 악행을 저질렀다. 그러고도 뉘우치기는커녕 오히려 이렇게 큰소리를 치고 다녔다.

"악이 어디 있으며 악이 어디서 생기는가. 누가 그 악을 짓고 그 과보를 받는가. 나는 어떠한 악행을 해도 그 과보를 받지 않을 것이다."

부처님의 제자들은 왕사성에 걸식을 나갔다가 데바닷다가 여러 사람들 앞에서 이치에 닿지 않는 터무니없는 말을 하는 것을 들었다. 그들은 걸식을 마친 뒤 발우를 챙겨 부처님이 계신 기사굴산으로 돌아왔다. 제자들은 부처님 발아래 머리를 조아려 예배하고 한쪽으로 물러가 앉은 뒤 이 사실을 아뢰었다.

"부처님, 데바닷다는 '어떤 악을 지어도 재앙이 없고 어떤 복을 지어도 과보가 없다. 선행은 복을 받고 악행은 재앙이 따른다는 말은 다 틀린 말이다’ 라고 떠들어댑니다.”

그러자 부처님은 제자들에게 선행과 악행의 과보가 어떤 것인지에 대해 이렇게 말씀했다.

“그렇지 않다. 선행에는 복이 따르고 악행에는 재앙이 따른다. 선악의 행에는 모두 다 과보가 있다. 만일 저 어리석은 데바닷다가 선악의 과보가 있는 줄 알았다면 언짢고 초조하고 근심스러워 얼굴이 벌개질 것이다. 그러나 그는 선악의 과보를 모르기 때문에 대중 앞에서 ‘선악에는 과보가 없다. 악을 행해도 재앙이 없고, 선을 행해도 복이 없다’ 고 하는 것이다.”

이어서 부처님은 제자들에게 이렇게 가르쳤다.

“어리석은 사람은 스스로 아는 척하면서 악을 행해도 복을 받는다고 한다. 반대로 지혜로운 사람은 선과 악에는 반드시 그에 맞는 과보가 따른다는 사실을 미리 알고 조심한다. 그러므로 수행자들이여, 그대들은 마땅히 악을 멀리 하고 복 짓기를 게을리 하지 말라.”

증일아함 제5권 제12 〈일입도품一入道品〉 제8경

알고 짓는 죄가 더 클까, 모르고 짓는 죄가 더 클까. 얼핏 생각하면 모르고 짓는 죄가 더 가벼울 것 같다. 알고 짓는 죄는 동기가 불순하다고 생각되기 때문이다. 부처님도 중아함 3권 《사경思經》에서 “고의가 없는 행위에는 업業이 따르지 않는다”고 말씀하셨다.

그러나 알고 모르는 문제가 반드시 고의성을 결정하는 것은 아니다. ‘고의가 없는 것’ 과 ‘죄가 될 줄 모르는 것’ 은 차원이 다른 문제다. 고

의는 있어도 어리석어서 죄가 될 줄 모르는 경우도 많다. 이 경에 나오는 데바닷다가 그렇다. 그는 욕심에 눈이 멀어서 자신의 행위가 어떤 결과를 가져올지 모르는 어리석은 사람이었다. 살펴보면 우리 주변에도 데바닷다처럼 어리석은 사람이 한둘이 아니다.

이런 사람들을 깨우쳐주는 유명한 가르침이 있다.《밀린다왕문경》에 나오는 '난로의 비유' 다.

어떤 사람이 뜨거운 난로에 손을 데게 되었다. 난로가 뜨거운 것인 줄 아는 사람과 모르는 사람 중 누가 더 심하게 화상을 입겠는가. 당연히 모르는 사람이 더 심한 화상을 입을 것이다. 뜨거운 것을 아는 사람은 손을 빨리 떼지만, 모르는 사람은 손을 오랫동안 대고 있을 것이기 때문이다.

이 비유는 매일 같이 선악을 행하면서 살아가야 하는 우리에게 많은 깨우침을 준다. 죄는 지은 대로 받고 상도 행한 대로 받는다. 이것을 안다면 하루하루를 마구잡이로 살 수 없다. 선인선과善因善果 악인악과惡因惡果의 과보가 분명할 것이므로.

먼저 마음을 깨끗하게 하라

부처님이 사위국 기원정사에 계실 때의 일이다. 어느 날 부처님이 대중들을 위해 설법을 하고 있었다. 그때 강측江側이라는 바라문이 무거운 짐을 내려 놓으며 이렇게 생각했다.

'나는 부처님보다 더 청정하고 훌륭하다. 부처님은 좋은 음식에 맛있는 반찬을 공양 받고 살지만, 나는 거친 음식을 먹으며 살아가기 때문이다.'

부처님은 강측 바라문이 어떤 생각을 하고 있는지 짐작하고 제자들에게 이렇게 말했다.

"지금 어떤 사람은 스물한 가지 번뇌로써 마음이 더러워져 있다. 어떤 것이 스물한 가지 번뇌인가. 성내는 마음, 해치려는 마음, 가라앉은 마음, 들뜬 마음, 의심하는 마음, 화내는 마음, 꺼리는 마음, 번민하는 마음, 시기하는 마음, 미워하는 마음, 스스로 부끄러워하지 않는 마음, 남에게 부끄러워하지 않는 마음, 허황한 마음, 간사한 마음, 거짓 마음, 다투는 마음, 교만한 마음, 거만한 마음, 뛰어난 체 하는 마음, 질투하는 마음, 탐하는 마음 등이 그것이다.

만일 어떤 사람이 이런 번뇌에서 벗어나지 못한다면 반드시 나쁜 곳에 떨어질 것이다. 그것은 마치 흰 천으로 만든 새 옷이 더러움에 물들어서 그것에 파랑 노랑 빨강 검정의 색깔로 물들이려 하나 그렇게 안 되는 것과 같다. 그러나 나의 제자로서 삼매의 힘으로 마음을 청정하게 하여 스물한 가지 번뇌를 버리면 그는 반드시 해탈의 지혜를 얻어 윤회의 바퀴에서 벗어날 것이다. 왜냐하면 그는 마음을 깨끗하게 했으므로 탐욕과 분노와 어리석음으로 인한 나쁜 행을 하지 않기 때문이다."

부처님의 설법을 듣고도 강측 바라문은 아직 깨우치지 못했다. 도리어 부처님에게 손타리 강으로 가서 목욕을 하자고 했다. '손타리 강은 복을 주는 강이요 광명을 주는 강이므로 거기서 목욕을 하면 모든 죄악이 없어지기 때문' 이라는 것이다. 그러자 부처님은 다시 이렇게 가르쳤다.

"사람들은 오랜 세월을 지내오는 동안 강물에 가서 목욕을 하고 작은 연못에서도 한다. 이렇게 다 목욕을 즐기지만 남몰래 더러운 짓을 한다면 묵은 죄가 온몸에 가득할 것이니, 어떻게 강물이 그의 죄를 씻어줄 것인가. 그러나 계율을 잘 지켜 깨끗한 사람은 언제나 깨끗한 행동을 하나니 그는 반드시 복을 받을 것이다. 주지 않는 것은 갖지 않고 자비로운 마음으로 죽이지 않으며 진실을 지켜 거짓이 없으면, 그것이 진정으로 깨끗한 것이다. 그러므로 지금 그대는 계율의 강물에 목욕을 하라. 그러면 반드시 편하고 아늑하게 되리니 구태여 강물에 갈 필요가 없다."

그러자 바라문은 드디어 승복하고 부처님의 제자가 되기를 원했다.

"부처님. 부처님의 설법은 곱추가 등을 펴고, 장님이 눈을 뜨며, 헤매는 이에게 길을 일러주며, 어두운 방에 등불을 켜듯이 저를 가르쳐주셨나이다. 저를 제자로 받아주소서."

그는 수행자가 되어 위없는 범행을 닦아 윤회에서 해탈했다. 그래서 강측 바라문은 강측 아라한으로 불렸다.

증일아함 제6권 제13 〈이양품利養品〉 제5경

보름마다 절에 가서 불공하고 법문 듣는 사람과 그러지 않는 사람의 차이는 무엇일까. 한 30년쯤 절에 다닌 사람과 법당 문턱도 넘지 않은 사람의 차이는 무엇일까. 만약 아무런 차이가 없다면 우리는 엉터리로 불교를 신행해 온 것이 틀림없다. 불교는 형식보다는 내용을 중시하는 종교다. 절에 다니면서 마음이 깨끗하지 못하고 행동이 선하지 않다면 그는 엉터리 불자다. '엉터리 불자'의 멍에를 벗으려면 마음이 깨끗해져야 한다. 광대뼈라도, 아니면 최소한 눈썹이라도 달라져야 한다. 그래야 불자라 할 수 있을 것이다.

파계의 과보와 지계의 공덕

부처님이 사위국 기원정사에 계실 때의 일이다. 어느 날 부처님은 제자들에게 다섯 가지 계율을 지킨 공덕과, 다섯 가지 계율을 어긴 과보에 대해 이렇게 말씀했다.

"만일 어떤 사람이 살생을 좋아하면 곧 지옥·아귀·축생에 떨어질 것이요, 혹 사람으로 태어나더라도 그 목숨이 매우 짧을 것이다. 왜냐하면 남의 목숨을 끊었기 때문이다. 그러나 어떤 사람이 살생을 하지 않고 죽이기를 생각하지 않으면 매우 긴 목숨을 받을 것이다. 왜냐하면 그는 남의 목숨을 해치지 않았기 때문이다.

만일 어떤 사람이 도둑질하기를 좋아해서 남의 재물을 훔치면 곧 지옥 아귀 축생에 떨어질 것이요, 혹 사람으로 태어나더라도 매우 가난할 것이다. 왜냐하면 남의 살 길을 끊었기 때문이다. 그러나 어떤 사람이 널리 보시를 행하면 현세에서 재물과 세력을 얻고 덕을 두루 갖추며, 천상과 인간에서 한량없는 복락을 누릴 것이다. 그러므로 그대들은 아낌없는 마음으로 보시를 행하라.

만일 어떤 사람이 음란하기가 절도가 없어서 남의 아내를 범하기를 좋아하면 곧 지옥·아귀·축생에 떨어질 것이요, 혹 사람으로 태어나더라도 안방이 음란하게 될 것이다. 그러므로 항상 뜻을 바로 하여 음탕한 생각을 내지 말고 남의 아내를 범하지 말라. 그러나 어떤 사람이 곧고 깨끗하여 음행하지 않으면 천상과 인간에서 복락을 누릴 것이다. 그러므로 그대들은 사음을 행하지 말고 음탕한 생각을 내지 말라.

만일 어떤 사람이 거짓말과 꾸미는 말로 싸우고 시비하면 곧 지옥 아귀 축생에 떨어질 것이다. 왜냐하면 거짓말을 했기 때문이다. 그러나 어떤 사람이 거짓말을 하지 않으면 입에서 향기가 나고 명예와 덕망이 멀리 퍼질 것이다. 그러므로 그대들은 거짓말을 하지 말라.

만일 어떤 사람이 술 마시기를 좋아하면 나는 곳마다 지혜가 없고 어리석을 것이다. 그러므로 그대들은 부디 술을 마시지 말라. 그러나 어떤 사람이 만일 술을 마시지 않으면 나면서부터 총명하며, 어리석지 않고, 경전을 두루 알며, 마음이 어지럽지 않을 것이다. 그러므로 그대들은 항상 이와 같은 계율을 잘 지키는 수행을 해야 할 것이다.

증일아함 제7권 제14 〈오계품五戒品〉 제1-10경

장아함《유행경》에 보면 아난 존자는 임종 직전의 부처님께 "이제 우리는 누구를 스승으로 삼아야 합니까?"라고 묻는다. 이에 대해 부처님은 "계로써 스승을 삼으라〔以戒爲師〕"고 대답했다. 원효 대사는 〈발심수행장發心修行章〉이라는 글에서 계율의 공덕에 대해 "계는 천상에 오르는 사다리다〔戒爲天上梯〕"라고 했다. 또 서산 대사는 《선가귀

감》에서 "선은 부처님의 마음, 교는 부처님의 말씀, 율은 부처님의 행동〔禪是佛心 敎是佛言 律是佛行〕'이라고 했다.

예부터 부처님과 큰스님들이 이렇게 지계의 중요성을 강조한 데로 이유가 있다. 계戒란 심신心身을 바르게 하며, 좋은 습관을 길들이며, 그릇됨을 막고 나쁜 것을 고치는 방법이기 때문이다. 그래서 불자들은 수계를 할 때 '입지게立志偈'를 외우며 이렇게 다짐한다.

이제부터 이 몸이 부처를 이룰 때까지 〔自從今身至佛身〕
굳게 금계를 지켜 범하지 않겠나이다 〔堅持禁戒不毀犯〕
원컨대 모든 부처님은 증명하옵소서 〔唯願諸佛作證明〕
이 몸을 버릴지라도 물러나지 않으리다 〔寧捨身命終不退〕

지금 우리는 부처님 앞에서 했던 이 약속을 얼마나 지키고 있는지 모르겠다.

두 가지 보시 두 가지 은혜

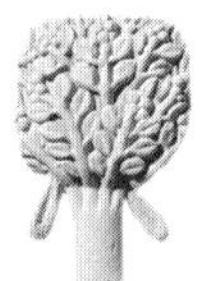 부처님이 사위국 기원정사에 계실 때의 일이다. 어느 날 부처님은 제자들에게 두 가지 보시와 은혜에 대해 이렇게 말씀했다.

"수행자들이여, 세상에는 두 가지 보시가 있다. 어떤 것이 두 가지 보시인가. 하나는 법의 보시〔法施〕요 또 하나는 재물의 보시〔財施〕니라. 세상의 모든 보시 중 법의 보시가 최상의 보시니라. 그러므로 항상 법의 보시에 힘쓰도록 하라.

수행자들이여, 세상에는 두 가지 업이 있다. 어떤 것이 두 가지 업인가. 하나는 도를 닦는 업〔有法業〕이요 또 하나는 재물을 모으는 업〔有財業〕이니라. 세상의 모든 업 중에 도를 닦는 업보다 나은 것이 없다. 그러므로 항상 도 닦는 업을 닦는 데 힘쓰도록 하라.

수행자들이여, 세상에는 두 가지 은혜가 있다. 어떤 것이 두 가지 은혜인가. 하나는 진리를 가르쳐준 은혜〔法恩〕요, 또 하나는 재물을 베풀어준 은혜〔財恩〕니라. 세상의 모든 은혜 중에 최상의 은혜는 법을 베풀어준 은혜니, 항상 법은에 감사하는 마음을 갖도록 하라.

수행자들이여, 세상에는 두 가지 종류의 사람이 두 가지 모습을 보여주고 있다. 어떤 것이 두 가지 종류의 사람이고, 어떤 것이 두 가지 모습을 보여주는 것인가. 하나는 어리석은 모양을 한 사람이고 또 하나는 지혜로운 모양을 한 사람이다. 어리석은 이는 자기가 할 수 없는 일을 하려고 하고, 자기가 할 수 있는 일은 하지 않으려고 한다. 이것이 어리석은 사람의 두 가지 모습이니라. 그러나 지혜로운 이는 자기가 할 수 없는 일은 하지 않고, 자기가 할 수 있는 일은 기꺼이 한다. 이것이 지혜로운 사람의 두 가지 모습이니라.

그러므로 수행자들이여, 그대들은 항상 재시보다는 법시에 힘쓰며, 유재업보다 유법업을 닦는 데 힘쓰며, 재은보다는 법은에 감사하며, 어리석은 모습보다는 지혜로운 모습을 갖추기에 힘써야 하느니라.

증일아함 제7권 제15 〈유무품有無品〉 제3-6경

경전을 읽다 보면 아무리 거룩한 부처님 말씀이지만 마음으로부터 동의하기 어려운 때도 있다. 이 경에서 말하는 것도 그 중 하나다.

법시가 재시보다 훌륭하다고 하는데, 반드시 그런 것인지 의문이 생긴다. 배고픈 사람에게 먹을 것을 주는 것이 설법을 해주는 것보다 현실적이지 않느냐는 것이다. 도를 닦는 것이 돈을 버는 것보다 낫다는 주장도 선뜻 동의하기가 어렵다. 세상은 경제가 없으면 돌아가지 않는데 생업을 팽개치고 도나 닦으라는 것은 무리한 주문인 것 같다. 은혜를 갚는 것도 물질이 오고가는 것이 좋지, 말로만 고맙다고 하는 것은 아무래도

성에 차지 않는다.

　그렇지만 너무 현실적인 이해득실만 따지는 것은 좀 경망스럽다. 부처님이 말씀한 뜻은 보다 심원한 데 있다고 보이기 때문이다. 예를 들어 노숙자에게는 빵을 주는 것보다는 빵 만드는 기술을 가르쳐주는 것이 중요한다. 빵 만드는 기술을 가르쳐야 한다는 것이 법시法施의 정신이다. 돈을 벌 때도 상식과 양심에 따라 깨끗하게 벌어야 한다. 그렇지 않으면 뒷탈이 난다. 도리에 맞게 양심적으로 돈을 벌라고 하는 것이 유법업有法業의 정신이다. 보은도 마찬가지다. 마음을 담지 않은 선물은 은혜를 갚는 것이 아니라 모욕이다. 바로 이 점을 강조한 것이 법은法恩이다.

　눈앞의 현실적인 이해득실로만 사는 사람이 어리석은 사람이다. 보다 근본적인 문제를 생각하고 대처해 나가는 사람이 지혜로운 사람이다. 부처님은 이 경에서 보다 근본적인 문제를 생각하는 지혜의 길로 가라고 말씀하고 있는 것이다.

돼지같은 수행자 소같은 수행자

 부처님이 사위국 기원정사에 계실 때의 일이다. 어느 날 부처님은 까마귀와 돼지, 노새와 소의 비유를 들어 수행자들을 가르쳤다.

"어떤 사람이 까마귀와 같은 수행자인가. 그는 한적한 곳에 있으면서 음욕을 익혀 온갖 나쁜 짓을 행하다가 문득 스스로 뉘우치고 부끄러워하며 자기가 한 일을 모두 남에게 말한다. 그렇게 하는 까닭은 남들이 이 사실을 알고 조롱할까 두려워하기 때문이다. 그것은 비유하자면 이렇다. 즉 까마귀는 배고픔에 못 이겨 고통 받다가 더러운 것을 먹고는 곧 주둥이를 닦는 것과 같다. 그것은 다른 새가 '이 까마귀는 더러운 것을 먹었다' 고 비난할까 두려워해서다. 수행자가 나쁜 짓을 하고 그 허물을 남에게 말하는 것도 그와 같다.

어떤 사람이 돼지와 같은 수행자인가. 그는 한적한 곳에 있으면서 음욕을 익혀 온갖 나쁜 짓을 하고도 스스로 뉘우치거나 부끄러워할 줄 모른다. 그는 도리어 남에게 '나는 다섯 가지 향락을 누리는데 저들은 그러지 못한다' 고 자랑까지 한다. 그것은 비유하자면 돼지가 항상 더러운 것을 먹고 더러운 곳에 누워 있으면서 다른 돼지들에게 뽐내는 것과 같다. 수행자가 스스로 음욕을 익혀 나쁜 짓을 하고도 부끄러워하지 않는 것도 이와 같다.

어떤 사람이 노새와 같은 수행자인가. 그는 수염과 머리를 깎고 불법을 배우되 감관이 안정되지 못하여 육근으로 육경을 대하면 온갖 어지러운 생각을 낸다. 그래서 위의와 법도가 없고 걸음걸이와 행동거지가 모두 계율에 어긋난다. 그래서 사람들이 그를 보면 '아, 이 사람은 겉모습만 수행자 같구나' 하고 조롱한다. 그러면 그는 '나도 수행자다, 나도 수행자다' 하고 강변한다. 그것은 마치 노새가 소떼 속에 들어가 스스로 일컬어 '나도 소다, 나도 소다' 하는 것과 같다. 그러나 그 노새는 귀를 보아도 소가 아니고 뿔이나 꼬리도 소와 닮지 않았으니, 소들은 그를 뿔로 받거나 발로 밟는 것과 같다.

어떤 사람이 소와 같은 수행자인가. 그는 수염과 머리를 깎고 가사를 입고 견고한 믿음으로 집을 나와 불법을 배운다. 그는 모든 감관이 안정되어 육경六境을 대하되 감관을 잘 보호한다. 그래서 그의 행동은 위의와 법도가 있고 걸음걸이와 행동거지가 모두 계율에 어긋나지 않는다. 그래서 사람들은 멀리서도 그가 오는 것을 보면 '잘 오시오, 친구여. 제때에 공양을 받아 모자람은 없었는지요' 하고 인사를 한다. 그것은 마치 좋은 소가 소떼 속에 들어가 스스로 일컬어 '나는 소다' 라고 스스로 일컬으면 다른 소들은 털과 꼬리와 뿔과 소리가 같은 것을 알고 서로 친근하게 다가와서 몸을 부비고 핥아주는 것과 같다."

증일아함 제7권 제16 〈화멸품火滅品〉 제3-4경

돌아보면 요즘 우리 주변에도 이 경에서 지적한 '타락한 수행자'가 없지 않다. 역사적으로도 이런 사례가 많았다. 《고려사》나 《조선왕조실록》 등에는 타락한 수행자의 기록이 자주 나타난다. 조선시대의 야사를 모아놓은 《용재총화》에는 당취승黨聚僧에 관한 언급도 보인다. 당취승이란 타락한 수행자들이 아예 무리를 지어서 돌아다니며 행패를 부렸다는 데서 유래한 말이다. 그러나 이런 일이 어디 불교뿐이겠는가. 다른 종교도 더하면 더했지 덜하지는 않을 것이다.

불법이 지금까지 유지돼 온 것은 '타락한 돼지' 같은 수행자보다는 '점잖은 소' 같은 수행자가 절대다수였기 때문이다. 그래서 그분들은 더욱 존경을 받았다. 요즘 한국불교도 '점잖은 소' 같은 분들이 훨씬 더 많다. 몇몇 타락한 수행자로 인해 훌륭한 수행자마저 사시斜視로 볼 일이 아니다.

'지심귀명례, 상주일체 승가야중!'

깨달음을 이루는 두 가지 힘

 부처님이 사위국 기원정사에 계실 때의 일이다. 어느 날 부처
님은 수행자들에게 자신이 어떻게 해서 정각을 이루게 되었
는지에 대해 말씀했다.

"여기에 두 가지 힘이 있다. 어떤 것이 두 가지 힘인가. 하나는 참는
힘〔忍力〕이고 또 하나는 사색하는 힘〔思惟力〕이다. 만일 내가 이 두 가지
힘이 없었다면 마침내 위없이 바르고 참된 깨달음을 이루지 못했을 것
이다. 또 이 두 가지 힘이 없었다면 저 우루빌라에서 6년 동안 고행하지
못했을 것이다. 악마에게 항복받고 위없는 바르고 참된 도를 이루어 도
량에 앉지 못했을 것이다. 그러나 나에게는 이 참는 힘과 사색하는 힘이
있었다. 그래서 악마에게 항복받고 위없으며 참되고 바른 도를 이루어
정각도량에 앉을 수 있었던 것이다.

수행자들도 이 두 가지 힘을 기르면 수다원의 경지에 이르고, 사다함
의 경지에 이르며, 아나함의 경지에 이르고, 아라한의 경지에 이르게 된
다. 그리하여 더 이상 남음이 없는 열반〔無餘依涅槃〕의 세계에서 반열반할

수 있을 것이다.

그러므로 그대들은 이와 같이 참는 힘과 사색하는 힘을 기르는 수행을 하는 데 게으르지 말아야 할 것이다."

증일아함 제7권 제16 〈화멸품火滅品〉 제8경

 대승불교 백과사전으로 불리는 《대지도론》권14 인욕바라밀 항에 부처님의 전생담으로 다음과 같은 얘기를 전해주고 있다.

오랜 옛날 인욕선인이라는 수행자가 있었다. 그가 숲에서 자비와 인욕행을 닦고 있던 어느 날, 가리왕迦利王이 궁녀들을 데리고 놀러 나왔다. 사냥도 하고 유희도 즐기던 왕은 술에 취해 잠이 들었다. 왕이 잠든 사이 꽃나무 사이로 구경을 다니던 궁녀들은 인욕선인의 거룩한 모습을 보고 존경하는 마음이 생겼다. 궁녀들은 선인에게 예배하고 옆에 앉았다. 선인은 이들에게 자비와 인욕을 찬양하는 설법을 들려주었다. 그녀들은 인욕선인의 풍모에 반해 돌아갈 줄 모르고 설법을 들으며 즐거워했다.

한참이 지나 잠에서 깨어난 가리왕은 궁녀들이 보이지 않자 크게 화를 냈다. 왕은 칼을 빼들고 숲을 헤매다가 궁녀들이 인욕선인의 설법을 듣는 모습을 발견했다. 왕은 질투를 느껴 화를 내며 선인에게 "너는 무엇을 하는 사람이냐"고 물었다. 선인은 "자비와 인욕을 닦는 수행자"라고 했다. 화가 난 왕은 그의 귀를 베고 코를 베고 손발을 자른 뒤, "이런 상황에서도 화를 내지 않을 수 있느냐?"고 물었다. 선인은 "그렇다"고

했다. 왕은 다시 "그걸 어떻게 믿느냐"고 했다. 수행자는 "내가 실로 자비와 인욕을 닦아 화내는 마음이 없다면 피가 젖으로 변화하게 하소서"라고 발원했다. 그러자 정말로 몸에서 흐르던 피가 젖으로 변했다고 한다. 신라시대 이차돈이 순교하자 우윳빛 피가 솟았다는 것은 이 장면에서 차용된 것이다.

읽다 보면 끔찍한 느낌이 들기까지 하는 이 인욕선인의 설화는 우리가 목적하는 바를 성취를 위해서 어떻게 참아야 하는가를 보여준다. 수행을 비롯한 모든 일의 성취란 이 같은 극단적 고난과 한계를 돌파하는데서 완성되는 것인지도 모른다. 과거와는 전혀 다른 새로운 자아란 그런 과정을 통해서만이 탄생되기 때문이다.

우리는 부처님이나 훌륭한 수행자들을 만나면 자신도 모르게 무릎을 꺾는다. 이것은 성공한 사람에게 보내는 존경이기도 하다. 마라톤에서 우승한 사람에게 월계관을 씌워주고, 고시에 합격한 사람에게 특별한 축하를 보내는 것도 같은 맥락이다. 우리도 존경받고자 한다면 어떤 어려운 일도 참으면서 실력을 닦아야 한다. 그것밖에 다른 수가 없다.

의식을 집중하는 훈련

부처님이 사위국 기원정사에 계실 때의 일이다. 어느 날 부처님의 아들 라훌라 비구가 찾아와 안나반나(安邪般邪, 數息觀) 수행법에 대해 물었다. 이에 부처님은 이렇게 가르쳤다.

"라후라여, 안나반나 수행을 하고자 하면 먼저 사람이 없는 한적한 곳을 찾아서 몸과 마음을 바르게 하고 가부좌를 하고 앉으라. 그런 다음 일체의 잡념을 없애고 의식의 초점을 코끝에 집중시켜라. 날숨이 길면 긴 줄 알아채고 들숨이 길면 긴 줄 알아채며, 날숨이 짧으면 짧은 줄 알아채고 들숨이 짧으면 짧은 줄 알아채라. 날숨이 차가우면 차가운 줄 알아채고 들숨이 차가우면 차가운 줄 알아채라. 날숨이 따뜻하면 따뜻한 줄 알아채고 들숨이 따뜻하면 따뜻한 줄 알아채라. 이렇게 온몸의 들숨과 날숨에 관하여 모두 다 알아채야 한다.

어떤 때는 숨이 있으면 있다고 알아채고 어떤 때는 숨이 없으면 없다고 알아채야 한다. 만일 그 숨이 폐장에서 나오면 폐장에서 나오는 줄 알아채며, 혹은 그 숨이 폐장으로 들어가면 폐장으로 들어간다고 알아채야 한다.

라훌라여, 수행자가 이와 같이 안나반나를 닦아 행하면 곧 근심과 걱정을 없애고 온갖 번뇌가 사라지며 큰 과보를 성취하여 감로(甘露, 不死)의 법을 얻게 되리라."

라훌라는 부처님의 가르침을 받고 자리에서 일어나 예배하고 조용한 숲인 안다동산으로 들어갔다. 그곳에 있는 어떤 나무 밑으로 가서 몸과 마음을 바르게 하고 일체의 잡념을 없앤 다음 부처님이 가르쳐준 대로 호흡법을 실천했다.

이렇게 수행을 하자 라훌라는 곧 욕심에서 해탈하여 다시는 어떤 악도 없어졌다. 다만 머트러운 생각과 세밀한 생각만 있어서 기쁨과 편안함을 생각하는 제1선정을 얻게 되었다. 다음에는 머트러운 생각과 세밀한 생각마저 없어지고 안으로 스스로 기뻐하면서 마음을 온전히 하여, 거기서 생기는 생각과 기쁨으로 제2선정을 얻게 되었다. 다음에는 기쁜 생각도 없고 스스로 깨달아 알고 몸으로 즐거 하며 성현들이 늘 즐거 구하는 호심護心을 얻어 제3선정을 얻게 되었다. 다음에는 괴로움과 즐거움이 이미 사라지고 다시는 근심과 걱정이 없으며 괴로움도 즐거움도 없고 호심이 깨끗해지는 제4선정을 얻게 되었다.

라훌라는 이 삼매의 힘으로 마음을 깨끗하게 해 아무 더러움도 없고 몸은 유연해졌다. 그리하여 자기가 온 곳을 알고 하던 일을 기억했다. 또 수없는 과거의 전생 일을 모두 분별했다. 삼매의 힘으로 마음이 청정하여 아무 번뇌가 없어져 모든 중생들이 마음먹는 것을 다 알게 됐다. 또 하늘눈이 열려서 중생들이 나고 죽는 이유와 얼굴이 곱고 추한 이유,

그들이 받는 과보에 대해서도 훤히 알게 되었다. 이렇게 해서 존자 라훌라는 모든 욕망과 번뇌에서 해탈하여 다시는 생사윤회에서 헤매지 않고 청정한 범행을 성취하여 아라한이 되었다.

증일아함 제7권 제17 〈안반품安般品〉 제1경

요즘 우리나라에도 부처님이 이 경전에서 라훌라에게 가르쳤던 관법觀法 수행이 도입되어 많은 관심을 끌고 있다. 주로 남방불교에서 실천해 온 이 수행법은 한국불교 전통의 간화선看話禪과는 여러 모로 비교된다. 간화선보다 실천하기기 쉽다는 점에서 주로 재가 불자 사이에서 호응을 얻고 있다. 일부에서 우열논쟁도 벌어지고 있다.

그러나 간화선이나 관법 수행에 우열을 논하는 것은 무의미하다. 두 수행법은 모두 의식을 집중하여 번뇌를 극복하는 방법이다. 수행자는 근기나 적성에 따라 하기 쉬운 것을 선택하면 된다. 서울 가는 길이 하나뿐이라고 우기는 것이야말로 어리석은 일이다.

좋은 친구 나쁜 친구의 차이

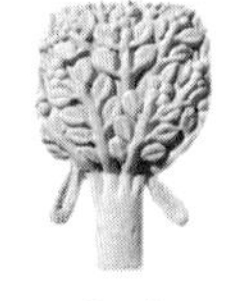부처님이 사위국 기원정사에 계실 때의 일이다. 어느 날 생루
生漏라는 바라문이 찾아와 좋은 친구와 나쁜 친구를 어떻게
구분하는지에 대해 물었다. 이에 부처님은 달의 비유로 설명했다.

"바라문이여, 비유하자면 나쁜 친구는 보름달과 같다. 보름달은 처음에는 밝고 환하지만 밤낮이 돌아가면 점점 줄어든다. 나중에는 아예 보이지도 않는다. 바라문이여, 나쁜 친구도 그와 같아서 날이 갈수록 믿음이 없고 계율과 지식과 보시와 지혜가 없어지고, 목숨이 끝난 뒤에는 지옥에 떨어진다. 그러므로 나쁜 친구를 보름달과 같다고 하는 것이다.

바라문이여, 비유하자면 좋은 친구는 초승달과 같다. 초승달은 처음에는 희미하지만 밤낮이 돌아가면 점점 환해진다. 보름이 되면 완전하게 둥글어져 모든 사람이 쳐다보게 된다. 바라문이여, 좋은 친구도 그와 같아서 날이 갈수록 믿음이 더하고 계율과 지식과 보시와 지혜가 더해져서 목숨이 끝난 뒤에는 천상에 태어난다. 그러므로 좋은 친구를 초승달과 같다고 하는 것이다."

부처님은 또 어느 날 수행자들에게 나쁜 벗과 좋은 벗의 차이에 대해 이렇게 설명했다.

"나쁜 벗이 하는 짓을 보면 좋은 벗과 분명히 다르다. 그는 속으로 생각한다.

'나는 훌륭한 가문에서 태어났지만 집을 나와 도를 닦는다. 이에 비해 다른 사람은 하천한 집에서 태어나 집을 나와 도를 배운다. 나는 열심히 정진하여 여러 가지 바른 법을 받는데 다른 사람은 그렇게 하지 않는다. 나는 삼매를 성취하였는데 다른 사람은 삼매가 없어 마음이 어지럽다. 나는 지혜가 많은데 다른 사람은 어리석다. 나는 항상 시주들에게 평상과 음식과 침구와 약을 보시 받는데 다른 사람들은 그렇지 못하다.…'

그래서 나쁜 벗은 항상 남을 헐뜯고 우습게 여기고 스스로를 뽐낸다.

그러나 좋은 벗이 하는 행동은 나쁜 벗과 다르다. 그는 속으로 이렇게 생각한다.

'나는 훌륭한 가문에서 태어났지만 집을 나와 도를 닦는다. 이에 비해 다른 사람은 하천한 집에서 태어나 집을 나와 도를 배운다. 그러나 내 몸은 저들과 다를 바 없다. 나는 지금 바른 계율을 가지는데 다른 사람은 그렇게 하지 않는다. 그러나 내 몸은 저들과 다를 바 없다. 나는 삼매를 성취하였는데 다른 사람은 삼매가 없어 마음이 어지럽다. 그러나 내 몸과 저들과는 다를 바 없다. 나는 지혜가 많은데 다른 사람은 어리석다. 그러나 내 몸은 저들과 다를 바 없다. 나는 항상 시주들에게 평상과 음식과 침구와 약을 보시 받는데 다른 사람들은 그렇지 못하다. 그러나 내 몸과 저들과는 다를 바 없다.…'

그래서 좋은 벗은 항상 남을 우습게 여기지 않고 스스로도 겸손하다.

나는 지금 그대들에게 나쁜 벗과 좋은 벗을 구분하는 방법에 대해 말했다. 그러므로 그대들은 나쁜 벗이 하는 훌륭하지 못한 짓을 멀리 떠나라. 대신 좋은 벗이 하는 훌륭한 생각과 행동을 늘 따라하고 그와 함께 수행하도록 노력하라."

증일아함 제8권 제17 〈안반품安般品〉 제8-9경

이 세상에서 가장 훌륭한 친구는 누구일까. 좀 외람된 말이지만 부처님이다. 그분은 비유하자면 초승달과 같은 분이다. 처음에는 희미하지만 가까이할수록 보름달같이 환해지기 때문이다. 또한 그분은 고귀한 신분으로 출가했으면서도 스스로 뽐내지 않고 온순하고 겸손했다. 이런 분을 오랜 친구로 둔 우리라면, 우리도 남에게 좋은 친구가 되어야 한다. 잘난 척하지 말고 온순하고, 사귈수록 보름달같은 친구가 되어야 한다. 우리 모두가 이런 좋은 친구가 되도록 해야 한다.

세상이 바르게 돌아가려면

부처님이 왕사성 죽림정사에 계실 때의 일이다. 그 무렵 악인 데바닷다가 반역을 꾀하기 위해 빔비사라 왕의 아들 아자타사투 왕자에게 찾아가 이렇게 말했다.

"옛날에는 사람들의 수명이 길었는데 지금은 채 100년을 넘기지 못합니다. 왕자여, 아소서. 사람의 수명은 덧없습니다. 왕위에 오르기 전에 목숨을 마친다면 어찌 원통하지 않겠습니까. 그러니 왕자여, 지금 부왕의 목숨을 끊고 왕위에 올라 이 나라 백성들을 다스리소서. 이제 나도 사문 고타마를 죽이고 가장 높은 자리인 아라한 등정각이 될 것입니다. 그러면 이 마가다는 새 임금과 새 부처가 태어나는 것입니다. 어찌 통쾌하지 않겠습니까. 그것은 해가 구름을 헤치고 나와 비추지 않는 곳이 없는 것과 같고, 구름이 사라진 하늘에 달이 뭇 별 가운데서 가장 밝은 것과 같은 것입니다."

데바닷다의 꼬임에 빠진 왕자는 부왕을 감옥에 가두고 대신을 새로 임명한 후 스스로 왕이 되었다. 그 무렵 왕사성에서 걸식을 하던 부처님

제자들은 죽림정사로 돌아와 이 사실을 소상하게 아뢰었다. 그러자 부처님은 제자들에게 이렇게 말씀했다.

"만일 임금으로서 정치와 교화를 바른 도리로 행하지 않으면 그때는 대신들도 법이 아닌 짓을 행할 것이다. 대신들이 법이 아닌 짓을 행하면 그때는 왕의 태자도 법이 아닌 짓을 행할 것이다. 왕의 태자가 법이 아닌 짓을 행하면 신하와 관리들도 법이 아닌 짓을 행할 것이다. 신하와 관리들이 법이 아닌 짓을 행하면 백성들도 법이 아닌 짓을 행할 것이다. 백성들이 법이 아닌 짓을 행하면 군대들도 법이 아닌 짓을 행할 것이다. 군대들이 법이 아닌 짓을 행하면 그때는 해와 달이 운행을 잘못해 때를 맞추지 못할 것이다.

해와 달이 때를 맞추지 못하면 곧 절후가 없어질 것이요, 절후가 없어지면 해와 달은 자리를 잃고 광채가 없어질 것이다. 해와 달이 광채가 없어지면 별들이 변괴를 나타낼 것이요, 별들이 변괴를 나타내면 폭풍이 일어날 것이다. 폭풍이 일어나면 하늘과 땅과 신이 성을 낼 것이요, 하늘과 땅의 신이 성을 내면 바람과 비가 때를 맞추지 않을 것이다. 그때는 곡식이 땅에 있어도 자라지 못할 것이요, 사람이나 날짐승이나 벌레들은 형색이 변하고 수명이 매우 짧아질 것이다.

그러나 만일 어떤 때에 어떤 왕이 법대로 다스리면, 신하들이 바른 법을 하고, 마침내 만물이 바른 법도를 행하여 군신은 화목하여 친소가 없으며, 중생들은 형색이 광채가 나고 먹는 것은 잘 삭아 탈이 없으며, 수명은 매우 길어져 사람들의 사랑과 존경을 받을 것이다."

이어서 부처님은 군주가 나라를 바르게 다스리는 것은 "마치 소떼가

물을 건널 때처럼 길잡이 소가 바르게 가면 따르는 소떼도 바르게 가지
만, 길잡이 소가 바르지 못하면 따르는 소떼도 바르게 가지 못한다”면
서 “수행자들도 부디 나쁜 법을 버리고 바른 법을 행하라”고 당부했다.

증일아함 제8권 제17 〈안반품安般品〉 제11경

'상탁하부정上濁下不淨' 이라는 말이 있다. 윗물이 맑아야 아랫물
이 맑다는 뜻이다. 특히 국정의 최고책임자의 경우, 그가 어떻
게 처신하느냐는 국가의 안정과 발전에 직결된다.

우리나라의 지도자들은 국민으로부터 존경받는 분이 드물었다. 대다
수의 전직 대통령은 국민에게 스트레스만 주었다. 독재와 부패, 친인척
비리, 패거리 정치로 국민을 실망시켰다. 고위 공직자와 관료, 국회의원
의 비리도 꼬리를 물었다. 이런 지도자 밑에서 살아온 국민들은 얼마나
고통스러웠는지 모른다.

모름지기 남의 윗자리에 오른 사람은 스스로 처신을 신중하게 할 일
이다.

데바닷다의 청부살인

 부처님이 왕사성 죽림정사에 계실 때의 일이다. 어느 날 악인 데바닷다는 아자타사투 왕에게 부처님을 살해하자고 제의했다.

"대왕이시여, 부처님은 매일 같이 아침이면 성에 들어와 걸식을 합니다. 그때 왕께서 소유하고 있는 사나운 코끼리에게 술을 먹여 풀어 놓으면 부처님을 밟아죽이게 할 수 있습니다."

왕은 데바닷다의 말을 듣고 '내일 아침에는 술 취한 코끼리를 풀어 놓을 것이니 아무도 밖으로 나오지 말라'고 명을 내렸다. 소문을 들은 성 안의 사람들은 이 사실을 부처님에게 전했다. 그리고 내일 아침에는 성 안으로 걸식을 나오지 말아달라고 요청했다. 그러나 부처님은 이들의 요청을 물리쳤다.

"걱정하지 말라. 여래의 몸은 아무나 해칠 수 없다. 저들이 온 세상을 술 취한 코끼리로 가득 채운다 할지라도 여래의 몸에 털끝 하나 다치게 할 수 없으리라. 왜냐하면 여래는 세상에 나와 결코 남을 해친 일이 없었으므로 남의 해침도 받지 않을 것이다."

이렇게 말씀한 부처님은 다음 날 아침 왕사성 거리로 걸식을 하러 나갔다. 사람들은 이를 보고 놀라서 큰소리로 웅성거렸다. 아자타사투 왕은 부처님이 아침 탁발을 나온 것을 확인하고 조련사를 시켜 코끼리에게 독한 술을 먹이게 했다.

"부처님은 어리석은 사람이다. 닥쳐올 변고의 징조도 알지 못하니 어찌 성인이라 할 수 있으랴. 너는 빨리 코끼리에게 술을 먹여 내보내라. 부처님을 해치게 하라."

사나운 코끼리가 술에 취해 날카로운 칼을 매달고 밖으로 달려 나갔다. 시자 아난다는 술 취한 코끼리가 부처님을 향해 달려오자 피할 것을 권했다. 그러나 부처님은 두려움 없이 술 취한 코끼리 앞으로 걸어갔다.

그러자 이상한 일이 일어났다. 술 취한 사나운 코끼리가 무슨 일인지 부처님 앞에서 칼을 버리고 무릎을 꿇으며 여래의 발을 핥는 것이었다. 이때 부처님은 코끼리의 머리를 어루만지며 이렇게 타일렀다.

"분노의 마음으로 나쁜 짓을 하면 지옥에 떨어지고 독사나 뱀의 몸을 받게 되나니, 그러므로 마땅히 성내는 마음을 버려서 다시는 축생의 몸을 받지 말라."

이 모습을 지켜본 많은 사람들은 크게 감동하여 마음이 깨끗해졌다. 또한 코끼리는 목숨을 마친 뒤 하늘나라에 태어났다.

증일아함 제9권 제18 〈참괴품憓愧品〉 제5경

 신문을 보면 심심치 않게 등장하는 기사가 '청부살인'에 관한 것이다. 돈만 주면 누구든 죽여준다는 것인데 그 내용이 한결 같

이 기가 막히는 것들이다.

얼마 전에는 어떤 교수가 죽을 뻔했다. 돈이 필요한 그의 아내와 자식이 심부름센터에 의뢰해 그를 죽이려고 한 것이다. 30대 가장의 보험금을 노려 아내와 두 자식의 청부살해를 의뢰했다가 적발된 적도 있다. 보험금 때문에 남편을 청부살해한 30대 아내가 구속된 사건도 있었다. 모두가 보험금 등 재화를 노려 가까운 가족인 남편과 아내, 부모와 자식을 죽이려 한 사건이었다. 이들 사건은 우리 사회가 얼마나 반인륜적으로 치닫고 있는가를 보여주는 것이어서 어처구니가 없다.

데바닷다가 술 취한 코끼리를 풀어 부처님을 살해하려 한 것도 일종의 청부살인 미수사건이었다. 자식이 돈 때문에 부모를 살해하려 한 것이나, 제자가 자신의 이익을 위해 스승을 죽이려 한 것 모두 용서받지 못할 죄악이다. 교단을 장악하려고 불순한 음모를 꾸민 데바닷다는 청부살인 교사자敎唆者다. 이런 사람을 '일천제一闡提'라고 한다. 1천 분의 부처님이 나타나도 구제받기 어려운 사람이라는 뜻이다. 두려운 일이다.

애욕의 강물을 건너간 성자

부처님이 사위국 기원정사에 계실 때의 일이다. 어느 날 난타 비구가 세속으로 돌아가려고 한다는 소문이 들렸다. 부처님은 사람을 시켜 난타를 데려와 자초지종을 물었다.

"그대는 어찌해서 법의法衣를 벗고 세속으로 돌아가려 하는가?"

"저는 이성에 대한 욕망이 불꽃처럼 일어나 견딜 수 없나이다."

"난타여. 대개의 사람들은 주색酒色에 대한 욕망을 버리지 못하고 만족할 줄 모른다. 그 결과 수행을 망치게 된다. 그러나 두 가지를 잘 억제하고 범행을 닦으면 번뇌가 없는 과보를 얻게 되리라. 마치 지붕을 촘촘하게 엮으면 비가 새지 않는 것처럼 범행을 닦으면 음욕과 성냄이 사라지게 된다."

그러나 음욕이 발동한 난타 비구는 부처님의 말씀을 마음으로부터 승복하지 않았다. 부처님은 '불로써 불을 끄리라' 면서 난타를 데리고 여행을 떠났다. 부처님은 난타를 데리고 원숭이들이 사는 향산香山의 바위굴로 갔다.

“이곳의 애꾸눈 원숭이와 너의 아내 손타리와 비교하면 누가 더 아름
다운가?”

“저 원숭이는 개에게 코를 물린 사람처럼 못생겨서 손타리와는 비교
가 되지 않습니다.”

이번에는 천녀天女들이 노니는 곳으로 갔다. 거기에는 숨막히게 아름
다운 천녀들이 노래하며 춤추고 있었다.

“이곳 천녀들과 너의 아내 손타리와 비교하면 누가 더 아름다운가?”

“저 동굴의 애꾸눈 원숭이가 손타리와 비교할 수 없듯이 이 천녀와
손타리의 아름다움도 비교할 수 없습니다. 어떻게 하면 저 천녀들과 함
께 즐겁게 지낼 수 있을는지요?”

“청정한 범행을 닦으라. 그러면 그 공덕으로 저 천녀들과 함께 지낼
수 있을 것이다.”

이렇게 약속한 부처님은 다시 난타를 데리고 지옥으로 갔다. 지옥에
는 여러 중생들이 고통을 받고 있었다. 그 중 커다란 기름가마솥이 하나
가 비어 있었다. 옥졸은 궁금해하는 난타에게 그 가마솥이 어떻게 쓰일
지에 대해 말해주었다.

“여기는 아비지옥입니다. 저 가마솥은 난타가 청정한 범행을 닦아 그
복으로 천상에 태어나 천녀들과 쾌락을 누리다가 목숨을 마치면 이곳에
와서 살게 될 집입니다.”

옥졸의 설명을 들은 난타는 식은땀을 흘렸다. 부처님은 두려워하는
난타에게 이렇게 말했다.

“그대가 영원한 즐거움인 열반을 얻고자 하면 지止와 관觀을 열심히

닦으라."

난타는 환속할 것을 포기했다. 그 대신 안타원安陀園으로 들어가 몸과 마음을 바로 하고 열심히 수행했다. 그리하여 머지않아 애욕의 강물을 건너간 아라한이 되었다.

증일아함 제9권 제18 〈참괴품慚愧品〉제7경

독신 수행자에게 가장 큰 장애는 이성에 대한 욕망의 문제를 어떻게 해결하느냐 하는 것이다. 분노나 물질적 탐욕 같은 다른 것은 마음만 잘 다스리면 어느정도 해결이 가능하다. 이에 비해 이성異性에 대한 욕망의 문제는 이성理性만으로는 통제가 어렵다. 율장의 많은 부분이 이성에 대한 욕망을 통제하는 규율에 할애되고 있는 것은 이런 이유에서다.

문제는 이렇게 규율로 통제를 한다고 해도 마음대로 되지 않는 데 있다. 그러면 어떻게 해야 하는가. 옛날 수행자들은 고골관枯骨觀이나 부정관不淨觀을 닦았다. 이 몸은 죽으면 썩어서 백골이 된다. 아무리 아름다운 미녀도 세 치만 들어가면 똥오줌과 피고름이 가득하다고 관찰하는 것이다.

그런데 이렇게 해도 안 된다면 어떻게 해야 할까? 그때는 다시 부처님께 여쭈어 볼 일이다.

귀 있는 자는 들으라

부처님이 깨달음을 성취하고 아직 마가다의 정각도량에 계실 때의 일이다. 보리수 아래서 명상에 잠긴 부처님은 이렇게 생각했다.

'내가 얻은 이 법은 알기도 어렵고 깨닫기도 어렵고 생각하기도 어렵다. 이 법은 번뇌가 사라지고 미묘한 지혜를 가진 사람만이 깨달을 수 있고 알 수 있다. 이치를 분별하여 배우기를 게을리 하지 않아야 깨달음의 기쁨을 얻을 수 있다. 이처럼 미묘한 법을 사람들을 위해 설법한다 하더라도 사람들은 이 법을 받들어 행하지 않으면 나는 헛수고만 하게 된다. 그러니 나는 차라리 침묵을 지키리라. 수고로이 설법하지 않으리라.'

부처님이 이러한 생각을 하자 세상을 다스리는 범천왕梵天王은 매우 근심이 되었다. 여래가 출현하신 것은 설법을 하기 위함인데 부처님이 침묵하면 이 세상은 악법이 횡행하여 눈을 잃고 방황하게 될 것이기 때문이다. 이에 범천왕은 하늘에서 내려와 부처님 앞에 예배하고 설법해 주실 것을 간곡하게 권청했다.

"원컨대 여래께서는 중생을 위하여 미묘한 법을 널리 설하여주옵소서. 중생들 가운데는 훌륭한 근기를 가진 자도 있사온데, 만일 그들도 설법을 듣지 못한다면 진리의 눈을 잃게 되고 버려진 아이처럼 되고 말 것입니다. 비유하면 연꽃이 진흙 속에서 싹을 틔우기는 했지만 물 속에서 벗어나지 못하는 것과 같나이다. 중생들도 그와 같아서 근기는 이미 익었으나 생로병사에 시달려 설법을 듣지 못하고 그만 죽는 자도 있습니다. 어찌 가엾다 하지 않겠나이까. 하오니 원컨대 세존께서는 저들을 위해 법을 설하여주옵소서. 지금이 바로 그때이옵니다."

부처님은 범천왕이 권청하는 뜻을 아시고 또 일체 중생을 불쌍하게 여기는 마음을 일으켜 다음과 같이 말씀했다.

"범천이 지금 나에게 와서 설법하여주기를 간청하는구나. 그렇다면 내 이제 감로의 문을 열 터이니 귀 있는 사람은 듣고 법의 요지를 잘 분별하여 낡은 믿음을 버리도록 하라."

범천왕은 부처님이 설법을 결심한 것을 확인하고 이제 중생들은 바른 가르침을 얻게 될 것을 기뻐하며 천상으로 돌아갔다.

증일아함 제10권 제19 〈권청품勸請品〉 제1경

포교란 무엇인가. 법당에 사람만 많이 모이게 하는 것이 아니다. 다른 절에 나가는 사람을 우리 절로 나오도록 하는 것은 더더욱 아니다. 포교는 첫째, 아직 진리를 믿지 않는 사람〔未信者〕을 교화하여 진리를 믿는 사람〔決信者〕으로 만드는 것이다. 둘째, 어리석음을 진리하고 믿는 사람〔迷信者〕을 교화하여 올바르게 믿는 사람〔正信者〕을 만드는 것이다. 셋째, 아직 얕은 믿음을 가진 사람〔淺信者〕을 교화하여 깊은 믿음을 가진 사람〔深信者〕으로 만드는 것이다.

부처님이 설법을 시작한 것은 이 일을 하기 위해서였다. 불교교단에 총무원이 있고 본사가 있는 것은 이 일을 계승하기 위해서다. 절을 짓고 법당을 장엄하는 것은 설법과 교화를 위해서다. 학교나 유치원, 병원과 복지시설을 짓고 운영하는 것도 이 일을 효과적으로 하기 위해서다. 방송국을 세우고 신문을 만드는 것도 포교를 더 잘하기 위해서다.

《화엄경》'전법게'는 우리가 어떤 자세로 포교활동에 나서야 하는가를 깨우쳐준다.

가령 부처님을 머리에 이고 수억 겁을 지나고 〔假使頂戴經盡劫〕
몸으로 의자를 만들어 부처님을 모신다 해도 〔身爲床座遍三千〕
만약 전법을 해서 중생을 제도하지 못한다면 〔若不傳法度衆生〕
끝내 부처님의 은혜를 갚았다 하지 못하리라 〔畢竟無能報恩者〕

유녀의 아름다운 보시

부처님이 마가다에 계시다가 베살리로 오셨을 때의 일이다. 부처님은 베살리 북쪽의 암라나무 동산에 머물며 제자들을 가르치고 있었다. 이 소식을 들은 아름다운 유녀遊女 암라팔리는 깃털로 장식된 화려한 수레를 끌고 부처님을 친견하러 왔다. 부처님은 제자들에게 그녀를 보더라도 "마음을 한결같이 하여 흔들림이 없어야 한다"고 주의를 주었다.

부처님을 친견한 암라팔리는 훌륭한 가르침에 큰 감동을 받고 그 자리에서 부처님과 제자들을 초청했다. 부처님은 이를 승낙했다. 암라팔리는 뛸 듯이 기뻐하며 자리에서 일어났다. 돌아가는 길에 그녀는 성 안의 귀공자들을 만났다. 그들도 부처님이 오셨다는 말을 듣고 공양청장供養請狀을 올리려고 숲으로 가는 중이었다.

"그대는 어디를 가는데 그렇게 바삐 가는가?"

"나는 부처님과 그 제자들을 초청해 놓고 집으로 가는 중이오. 내일 아침 공양을 올리려면 빨리 가서 준비해야 하므로 바쁩니다."

"그런가? 우리도 부처님을 초청하러 가는 길인데 난처하게 되었구려. 그대에게 1천 냥을 드릴 테니 내일 우리가 부처님과 제자들을 공양할 수 있도록 양보해주면 고맙겠소."

그러나 암리팔리는 일언지하에 거절했다.

"1천 냥이 아니라 2천 냥 3천 냥 5천 냥을 준다고 해도 양보할 수 없습니다. 부처님이 이르기를 '중생은 재물과 목숨에 대해 집착하지만 내일을 보장하지 못한다' 고 했습니다. 나의 목숨이 내일을 보장하지 못하는데 어떻게 복 짓는 일을 양보하겠습니까."

그들은 암라팔리의 양보를 받지 못하자 부처님을 찾아뵙고 설법만 듣고 돌아갔다.

한편 암라팔리는 집으로 돌아와 밤새도록 음식을 장만했다. 부처님은 약속대로 다음날 아침 암라팔리의 집을 방문했다. 암라팔리는 공양을 올린 뒤 이렇게 사뢰었다.

"이 암라팔리 동산을 부처님과 비구중에게 바쳐 그분들이 여기서 지내도록 하고 싶습니다. 원컨대 이 동산을 받아주옵소서."

부처님은 암라팔리의 희사를 기쁜 마음으로 받아들이면서 이렇게 칭찬했다.

"그대는 과수원 숲으로 시원한 쉼터를 마련했다. 다리를 놓아 사람들을 건너게 했다. 길가에는 화장실을 지어 사람들의 고달픔을 쉬게 했다. 남에게 낮이나 밤이나 안온을 주었다. 그대가 받을 복은 헤아릴 수 없도다."

증일아함 제10권 제19 〈권청품勸請品〉제11경

‘요정料亭’이란 기생들이 따라주는 술을 마시며 가무도 즐기는 유흥음식점을 말한다. 밀실정치가 한창이던 1970년대 박정희정권 시절 서울에는 유명한 요정이 세 군데 있었다. 삼청각, 대원각, 청운각이 그곳이다. 삼청각은 정치인들이 많이 모이는 곳이고, 대원각은 재계 인사들이 자주 찾던 곳이었다고 한다. 이 요정들은 1990년대 강남에 룸살롱들이 성황을 이루면서 서서히 사라져갔다.

이 중 가장 극적인 변화를 보인 곳은 대원각이다. 대원각은 1997년 길상사라는 절로 바뀌었다. 독실한 불자였던 김영한 여사가 1000억 원이 넘는 재산을 아무 조건 없이 불교계에 희사함으로써 이루어진 ‘아름다운 사건’이었다.

1987년 당시 미국에 거주하고 있던 김여사는 평소 존경하던 법정 스님이 미국을 방문하자 찾아뵙고 희사의 뜻을 밝혔다. 법정 스님이 이를 거절하자 김여사는 10년 뒤 대원각이 소유한 7000여 평에 이르는 땅과 40여 동의 건물을 모두 송광사 서울분원 명의로 등기하고 스님에게 관리를 부탁했다. 이렇게 태어난 길상사는 지금 서울에서 가장 모범적인 사찰로 운영되고 있다. 마치 암라수원이 부처님 당시 중요한 포교거점이었던 것처럼.

제2부

바람을 거스르는 향기

부처님의 전생 로맨스

부처님이 사위성 기원정사에 계실 때의 일이다. 어느 날 담마루치가 자기의 전생에 대한 명상을 하다가 부처님을 찾아왔다. 부처님은 그에게 '참 오랜만에 보는구나' 하면서 반가이 맞아주었다. 그렇지만 비구들은 곁에 있는 제자에게 왜 오랜만이라고 하시는지 궁금했다. 이를 알아챈 부처님은 그 사연을 이렇게 말해주었다.

"과거 무수한 세월 이전에 정광定光 여래가 출현하셨을 때의 일이다. 발마鉢摩라는 나라의 아냐달 범지에게는 뛰어난 제자 한 사람이 있었다. 모든 공부를 다 마치고 시험을 통과하자 스승은 그에게 '초술超術'이라는 이름을 지어주었다. 초술은 스승의 허락을 받아 발마국 도성으로 들어가 학술 강론을 했다. 사람들이 감복하여 많은 선물을 주었다. 초술은 이익을 탐하는 사람이 아니므로 다른 것은 돌려주고 금 5백냥과 금지팡이, 금물통만 받았다.

초술이 은혜를 갚기 위해 스승에게 돌아가려고 하는데 사람들이 거리를 청소하고 깃발을 내거는 모습이 보였다. 정광 여래가 오시면 공양을 올리기 위해 광명왕光明王은 꽃을 팔지도 사지도 못하게 했다. 초술은 자기도 부처님에게 꽃을 공양하고 싶었다. 그때 초술 앞에 바라문의 딸인 선미善味라는 아름다운 처녀가 꽃을 들고 지나갔다. 그는 5백 냥을 줄 테니 꽃을 팔라고 했다. 선미는 왕이 꽃이나 향을 팔거나 사지 말라고 했다면서 거절했다, 초술은 거듭 사정했다. 선미는 초술에게 마음이 끌려서 조건을 내걸었다.

'당신은 참 훌륭하신 분입니다. 나는 후생에서라도 당신 같은 분과 부부되기를 원합니다. 허락한다면 꽃을 팔겠습니다.'

'그렇지만 나와 결혼하면 이별을 해야 합니다. 수행을 하자면 집을 떠나야 하기 때문입니다.'

'결혼만 해주신다면 떠나는 것을 막지는 않을 것입니다.'

초술은 선미에게 약속을 하고 꽃을 사서 정광 여래가 오시는 길에 뿌렸다. 그런데 꽃길을 가던 정광 여래가 걸음을 멈췄다. 발이 빠지는 진흙탕 때문이었다. 초술은 자신의 머리를 풀어 진흙탕을 덮고 부처님을 지나가게 했다. 친구 담마루치는 '부처님이 어떻게 남의 머리털을 밟을 수 있을까' 하고 생각했다. 그렇지만 정광 여래는 초술의 갸륵한 마음을 가상하게 여기고 '그 공덕으로 오는 세상에 석가모니라는 부처님이 되리라'는 수기를 내렸다."

여기까지 말씀한 부처님은 그때의 아냐달이 백정왕이며, 초술이 당신이며, 선미가 야수다라며, 친구 담마루치가 지금의 담마루치라고 인연을 말했다.

증일아함 11권 제20 〈선지식품善知識品〉 제3경

이 이야기는 부처님이 출가하기 전 결혼한 아내 야수다라와의 전생에 얽힌 인연담이다. 《본생경》에는 이름이 초술이 아니라 선혜善慧로 나온다. 거기에는 야수다라와의 로맨스가 없다. 다만 머리를 풀어 공양하는 장면만 있다. 야수다라와의 인연이 자세하게 나오는 자료는 《불본행집경》 3권 〈수기결정품〉이다. 여기에서 초술은 운동자雲童子, 선미는 현賢이라는 처녀로 나온다. 그녀는 우담바라 일곱 송이중 다섯 송이는 팔고 두 송이는 자기 몫으로 공양을 올려 부부 되기를 발원한다. 꿈처럼 아름다운 로맨스가 아닐 수 없다.

'옷깃만 스쳐도 5백생 인연'이라는 말이 있다. 이 이야기에서 보듯이 부처님이 아내 야수다라와 사랑의 인연을 맺은 것도 수많은 과거 전생의 인연 때문이었다. 마찬가지로 지금 우리가 만나서 사랑하는 그 사람도 과거생부터 인연을 맺어온 탓이다. 생각만 해도 한없이 귀한 인연이다.

그런데 때로는 그 좋은 인연을 악연으로 바꾸는 사람도 있다. 사랑의 인연을 원수로 만드는 것은 참으로 슬픈 일이다.

현명한 충고에 귀 기울이라

 부처님이 사위국 기원정사에 계실 때의 일이다. 어느 날 부처님은 이렇게 말씀했다.

"수행자들이여, 설법을 하고자 해도 설법을 할 수 없는 사람이 두 종류가 있다. 하나는 믿음이 없는 사람에게 믿음을 가지라고 설법하기가 어려운 것이고, 또 하나는 인색한 사람에게 보시하라고 설법하기가 어렵다.

믿음이 없는 사람에게 믿음을 가지라고 말하면 그는 곧 화를 내며 그 말을 한 사람을 해칠 생각을 한다. 마치 코를 다친 사나운 개의 코를 어루만져주면 더 사나워지듯이, 믿음이 없는 사람에게 믿음을 가르쳐주면 그는 더욱 화를 낸다. 인색한 사람에게 보시하라고 가르치는 것도 같다. 그는 그런 말을 들으면 화를 내고 말한 사람을 해칠 생각을 한다. 마치 아직 곪지 않은 종기를 칼로 째면 그 고통을 참을 수 없듯이, 인색한 사람에게 보시를 가르치면 그는 더욱 화를 낸다.

그러나 수행자들이여, 설법을 하기가 쉬운 사람도 두 종류가 있다. 하나는 믿음을 가진 사람에게 믿음을 가지라고 설법하는 것이고, 또 하나는 인색하지 않은 사람에게 보시하라고 설법하는 것이다.

믿음이 있는 사람에게 믿음을 가지라고 말하면 그는 기뻐한다. 마치 병든 사람을 위해 치료하는 약을 말하면 그는 곧 병을 고칠 것을 기대하며 기뻐하듯이, 믿음을 가진 사람에게 믿음을 말하면 그는 기뻐하면서 마음이 변치 않는다. 인색하지 않은 사람에게 보시를 하라고 말하면 그는 기뻐한다. 마치 잘생긴 남녀가 스스로 세수하기를 좋아하고 얼굴을 단정하게 하는 것을 좋아하는데 누가 꽃을 가지고 와서 선물을 하면 그 얼굴은 더욱 아름다워지고, 다시 좋은 옷을 선물하면 더욱 기뻐하는 것처럼, 탐욕이 없는 사람에게 보시하는 것을 말하면 그는 더욱 기뻐한다. 그러므로 수행자들이여, 그대들은 믿음과 보시를 배우고 탐욕을 내지 말라. 이렇게 수행하기를 게을리 하지 말라."

증일아함 11권 제20 〈선지식품善知識品〉 제9경

어떤 사람도 한 생애를 살아가는 동안 허물이 전혀 없는 사람은 없다. 죄송한 말이지만 완벽한 인격을 갖췄다는 부처님일지라도 허물이 있을 수 있다. 부처님은 데바닷다의 배신이나 코삼비 비구들의 분열과 같은 문제를 제대로 다스리지 못했다. 요즘 식으로 말하면 자신이 저지른 과오는 아니더라도 '지도자로서 리더십'이 부족했다는 지적을 받을 일이다.

부처님도 그렇다면 우리는 인격적 결함이나 고집에 의해 과오를 범하는 일이 한둘이 아닐 것이다. 이때는 현명한 사람의 조언을 받아들이는 것이 좋다. 입에 단 약만 먹고, 귀에 듣기 좋은 말만 듣기를 원해서는 안 된다. 그렇게 하다가 자신을 망치고 이웃을 망친 사람이 한둘이 아니다. '꿀도 약이라면 쓰다' 면서 뱉어버리는 것이야말로 어리석은 일이다.

현명한 충고에 귀를 기울이지 않는 것은 인생을 파멸로 이끄는 독이다. 그래서 《채근담》은 이렇게 충고한다.

귀로는 항상 귀에 거슬리는 말을 듣고, 마음속에는 항상 마음에 거슬리는 일이 있다면 그것은 곧 덕을 발전시키고 행실을 갈고 닦는 숫돌과 같다. 그러나 말마다 귀를 기쁘게 해주고, 일마다 마음을 즐겁게 해준다면 그것은 곧 인생을 무서운 독극물 속에 파묻는 것과 같다.
〔耳中常聞逆耳之言 心中常有拂心之事 緯是進德修行的砥石 若言言
　悅耳 事事快心 便把此生 埋在斟毒中矣〕

남의 충고를 받아들일 줄 아는 귀를 가져야 한다. 마음을 열고 귀를 열어 놓아야 한다. 그것이 우리 인생을 향상시키는 지름길이다.

갚기 어려운 부모님의 은혜

 부처님이 사위국 기원정사에 계실 때의 일이다. 어느 날 부처님은 제자들에게 은혜를 갚는 일이 얼마나 중요한가에 대해 이렇게 말씀했다.

"만일 어떤 사람이 은혜를 알고 은혜를 갚을 줄 안다면 그는 마땅히 공경할 만하다. 조그만 은혜도 잊지 말아야 하거늘 하물며 큰 은혜는 어떻겠는가. 그는 나에게서 천리만리 떨어져 있어도 내 곁에 있는 것이나 다름없다. 왜냐하면 나는 항상 은혜 갚는 일을 찬탄하기 때문이다.

그러나 만일 은혜를 기억할 줄 모르고 갚을 줄도 모르는 사람이 있다면 그는 나와 가깝지 않다. 비록 가사를 입고 내 곁에 있어도 내 제자가 아니다. 왜냐하면 나는 항상 은혜 갚을 줄 모르는 사람을 좋아하지 않기 때문이다. 그러므로 그대들은 크든 작든 항상 은혜 갚기를 좋아해야 하느니라."

부처님은 이어서 모든 은혜 중에서 부모님의 은혜가 얼마나 큰지에 대해서 이렇게 말씀했다.

"이 세상에서 두 사람에게는 아무리 착한 일을 많이 해도 그 은혜를 갚을 수 없다. 아버지와 어머니가 그 두 사람이다. 수행자들이여, 어떤 사람이 왼쪽 어깨에 아버지를 모시고 오른쪽 어깨에 어머니를 모시고 천년만년 의복과 음식과 평상과 침구와 의약을 풍족하게 하여 공양했다고 하자. 또 그 부모가 어깨 위에서 오줌과 똥을 누더라도 자식은 그 은혜를 다 갚지 못할 것이다.

그대들은 알아야 한다. 부모의 은혜는 너무나 지중하다. 우리를 안아주고 길러주고 때때로 보살펴주기를 쉬지 않은 까닭에 우리가 저 해와 달을 보게 된 것이다. 그래서 그 은혜를 갚기 어렵다고 하는 것이다. 그러므로 수행자들이여, 부모에게 공양하고 항상 효순하되 그 시기를 놓치지 말라. 그대들을 이와 같이 생각하고 공부해 나가야 하리라."

증일아함 11권 제20 〈선지식품善知識品〉 제5, 제11경

옛날 중국의 양보楊黼라는 청년이 집을 떠나 사천으로 가던 중에 어떤 노스님을 만났다. 스님은 그에게 "어디로 가는 중이냐?"고 물었다. 그는 "무제보살無際菩薩의 제자가 되러 가는 길"이라고 했다. 그러자 스님은 "보살을 찾아가느니, 차라리 부처를 찾아가는 것이 낫지 않겠는가?"라고 했다. 양보가 "부처는 어디에 계십니까?" 하고 물으니 스님이 이렇게 가르쳐주었다.

"집에 가면 이불을 뒤집어쓰고, 신발을 거꾸로 신은 채 뛰어나오는 사람이 있을 거요. 그분이 바로 부처님이오."

양보가 스님의 말을 곧이듣고 곧장 집으로 돌아오니 때는 이미 한밤

중이었다. 양보가 문을 두드리자 잠자리에 들었던 어머니가 옷 입을 새
도 없이 담요를 둘둘 말아 몸을 가리고 신을 거꾸로 신은 채로 뛰어 나
왔다. 크게 깨달은 양보는 이후 정성껏 부모를 봉양했다고 한다.

《부모은중경》에서는 부모님의 은혜를 열 가지로 나누어 설명한다.

1. 잉태한 후 열 달 동안 지키고 보호해준 은혜　　〔懷耽守護恩〕
2. 출산을 당하여 고통과 수고를 겪은 은혜　　〔臨産受苦恩〕
3. 출산 후 모든 근심을 잊어버린 은혜　　〔生子忘憂恩〕
4. 쓴 것을 삼키고 단것은 뱉어 먹여준 은혜　　〔咽苦吐甘恩〕
5. 진자리 마른자리를 골라 뉘여준 은혜　　〔廻乾就濕恩〕
6. 젖을 먹어 길러준 은혜　　〔乳哺養育恩〕
7. 더러운 몸과 옷을 깨끗하게 해준 은혜　　〔洗濯不淨恩〕
8. 먼 길을 떠나면 항상 걱정해준 은혜　　〔遠行憶念恩〕
9. 자식을 위해서는 죄짓는 것도 마다 않는 은혜　〔爲造惡業恩〕
10. 끝까지 자식을 연민히 여기는 은혜　　〔究竟憐愍恩〕

생각할수록 눈물이 나는 가르침이다.

바보 출라판타카의 깨달음

부처님이 사위국 기원정사에 계실 때의 일이다. 어느 날 판타카 존자가 동생 출라판타카를 불러 이렇게 말했다.

"만일 계율을 지키지 못하겠거든 속세로 돌아가라."

동생은 이 말을 듣고 절 문밖으로 나가 눈물을 흘렸다. 외출에서 돌아오던 부처님은 문밖에서 울고 있는 출라판타카에게 사연을 물었다. 그는 형에게 쫓겨난 연유를 말했다.

"울지 마라. 나는 위없는 깨달음을 얻었지만 너의 형에게 배워서가 아니다. 내가 가르칠 테니 울지 마라."

부처님은 출라판타카를 데리고 정사로 들어가 빗자루를 잡게 하고 이렇게 가르쳤다.

"먼지를 쓸고 때를 닦아라〔拂塵除垢〕"

그러나 그는 '쓸고' 를 외우면 '닦아라' 를 잊어버리고, '닦아라' 를 외우면 '쓸고' 를 잊어버렸다. 그래도 성의를 다해 다섯 글자를 외우기를 계속했더니 얼마 뒤 그 말을 외우게 됐다. 그러자 이번에는 무엇을 쓸고 닦을까를 생각했다. 그것은 때〔垢〕를 없애라는 것이었다. 다시 무엇이 때인가를 생각하니 그것은 재나 흙이나 기왓장이나 돌이요, 없애라는 것은 깨끗하게 하라는 것인 줄 알게 되었다. 그는 다시 부처님이 왜 이것을 가르쳤는가를 생각했다.

'그것은 내 몸에 티끌과 때가 있는 것과 같다. 그것을 없애는 것이 깨끗해지는 것이다.… 내 몸의 때란 무엇인가. 집착과 번뇌와 속박이다. 이것을 없앤다는 것은 무엇인가. 지혜다.… 그렇다. 이제는 지혜의 빗자루로 집착과 번뇌와 속박을 쓸어버리자.…'

출라판타카는 오온五蘊의 집착에서 벗어나 욕망에서 해탈하고, 스스로 해탈했음을 알아차렸다. 해탈의 지혜를 얻어 더 이상의 윤회를 반복하지 않을 것을 알게 되었다. 그는 기쁜 마음으로 부처님을 찾아가 이 사실을 아뢰었다.

"때란 집착과 번뇌와 속박이요, 지혜란 그것을 없애는 것입니다."

"그렇다 비구여. 때란 집착과 번뇌와 속박이요, 지혜란 그것을 없애는 것이니라."

그는 감격하여 이렇게 말했다.

"수행은 다섯 마디의 말로 만족합니다. 부처님이 말씀하신 바 그대로 지혜로 능히 속박을 없애는 것이니, 그밖의 다른 것은 의지할 필요가 없나이다."

부처님도 기뻐하면서 출라판타카의 말을 인정했다.

"그렇다. 지혜로 능히 속박을 없애는 것이니 그밖의 다른 것은 의지할 필요가 없나니라."

증일아함 11권 제20 〈선지식품善知識品〉 제12경

 '판타카 스토리'는 뒷얘기가 더 재미있다. 《근본설일체유부비나야》 권31에는 부처님이 출라판타카를 이렇게 칭찬했다고 전한다.

어리석은 사람이 스스로 어리석다고 말하면 〔愚人自說愚〕

이것을 이름하여 지혜로운 사람이라 한다 〔此名爲智者〕

그러나 어리석으면서 스스로 지혜롭다 하면 〔愚者妄稱智〕

이 사람이야말로 참으로 어리석은 사람이다 〔此爲眞愚癡〕

그러나 비구니 스님들은 출라판타가가 지혜로운 사람이 됐다는 말을 믿지 않았다. 그들은 어느 날 출라판타카가 부처님을 대신해 설법하러 온다는 말을 듣고 우습게 생각했다. 그래서 출라판타카가 오면 비웃어주자고 모의를 했다.

마침내 존자가 된 출라판타카가 설법을 하러 절에 왔다. 그들은 약속대로 출라판타카를 비웃어주려고 했다. 그런데 어쩐 일인지 입이 벌어지지 않았다. 아라한이 된 출라판타카의 얼굴에는 평안과 거룩함이 넘쳐났기 때문이다. 이를 아는지 모르는지 판타카는 성의를 다해 진실한 마음으로 설법을 했다. 그들은 누구의 설법을 들은 것보다 더 크게 감동받고 깨우침을 얻었다고 한다.

청춘의 아름다움은 어디로 갔나

부처님이 사위성 기원정사에 계실 때의 일이다. 어느 날 제자들은 아침 탁발을 나갔다가 시간이 너무 일러 외도들이 있는 곳에서 쉬고 있을 때였다. 외도들은 비구들이 오는 것을 보고 "부처님의 가르침과 우리의 도道가 별로 다른 것이 없다"고 말했다. 비구들은 탁발을 마치고 돌아와 이 사실을 부처님께 아뢰고 과연 그런지를 여쭈었다.

"아니다, 그렇지 않다. 그들은 욕심과 육체와 느낌에 집착한다. 그러나 나는 그것이 가져올 화禍를 알고 있으므로 그것에 집착하지 말라고 가르친다. 왜냐하면 그것은 집착할 대상이 아니기 때문이다.

탐욕은 안眼·이耳·비鼻·설舌·신身 다섯 가지 감각기관이 색色·성聲·향香·미味·촉觸의 대상을 만나면 생긴다. 그러나 여기에 집착하면 근심이 생긴다. 예를 들어 어떤 사람이 어려움을 무릅쓰고 열심히 일을 해서 재물을 얻었다고 하자. 그는 고생 끝에 얻은 재물을 왕이나 도둑에게 빼앗기지 않으려고 여러 가지 방법을 생각했다. 그런데 땅에 묻으려니 뒤에 잊어버릴까 걱정이고, 이자를 놓자니 받지 못할까 걱정이고, 그

냥 놔두자니 집안에 나쁜 자식이 태어나 탕진할까 걱정을 한다. 그러니 욕심은 큰 걱정이 되는 것이다.

육체는 어리거나 젊었을 때는 매우 아름답다. 그래서 아름다운 육체를 가진 사람을 보면 사랑하고 기뻐하게 된다. 그러나 여기에 집착하면 근심이 생긴다. 예를 들어 아무리 아름다운 여인이라 하더라도 나이가 80세 90세 100세가 되면 몸뚱이는 낡은 수레처럼 이가 빠지고 등이 굽고 숨이 가빠진다. 그것만 해도 걱정인데 중병에 걸려 누워서 대소변을 받아내면 더 걱정일 것이다. 아름답던 몸이 무너져 무덤으로 간다. 그 시체는 까마귀와 독수리가 와서 쪼아 먹거나 벌레가 와서 파먹는다. 짐승이 와서 반쯤 파먹다가 떠나면 창자와 피와 더러운 것이 드러난다. 나중에는 그것마저 없어지고 뼈만 하얗게 남는다. 그 뼈는 다시 흩어져 나뭇가지처럼 굴러다닌다. 그러다가 끝내는 그것마저 썩어서 흙이 된다. 본래는 그처럼 아름답던 육체가 저렇게 변한 것을 보게 되면 즐거움이 도리어 괴로움이 되고 만다. 이것을 알게 될 때 얼마나 걱정스럽겠는가.

느낌이란 어떤 상태에 대해 즐거움과 괴로움과 괴롭지도 즐겁지도 않다고 느끼는 것이다. 그러나 여기에 집착하면 근심이 생긴다. 예를 들어 맛있는 것을 먹는 것은 즐거운 듯하지만 그 즐거움을 잃을까 걱정이 되고, 맛이 없는 음식을 먹고 괴로운 느낌이 되면 그런 느낌이 계속될까 걱정이 된다. 즐겁지도 괴롭지도 않은 상태에서는 언제 괴로움이 찾아올까 걱정을 하게 된다.

그러므로 수행자들은 욕심과 육신과 느낌에 집착하면 그것이 큰 걱정이 되고 괴로움이 되는 줄 알고 그 집착을 버려야 한다. 그대들은 항상

이렇게 생각하고 고요한 곳에서 고요하게 명상하기를 게을리 하지 말아
야 할 것이다."

증일아함 12권 제21 〈삼보품三寶品〉 제9경

TV를 보면서 새삼 놀라는 것은 아름다운 미인들의 등장이다. 어느 용궁에 숨어 있다가 이제 나왔을까 싶게 아름다운 미인은 보는 것만으로도 즐겁다. 반대로 월궁 항아姮娥보다 아름답던 옛날의 미인들은 어떻게 됐을까를 생각하면 왠지 쓸쓸한 생각이 든다.

화려한 청춘을 뽐내던 여배우들도 나이가 들면 어머니 역할에서 할머니 역할로 넘어간다. 그리고 얼마 뒤에는 소식도 없이 사라진다. 아, 슬프고 부질없는 인생이여!

드러낼수록 아름다운 세 가지

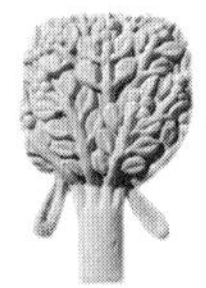 부처님이 사위국 기원정사에 계실 때의 일이다. 어느 날 부처님은 수행자들에게 이렇게 말씀했다.

"덮어두면 아름답고 드러나면 아름답지 못한 일이 세 가지가 있고, 반대로 드러나면 아름답고 덮어두면 아름답지 못한 일도 세 가지가 있다.

어떤 것이 덮어두면 아름답고 드러나면 아름답지 못한 세 가지 일인가. 첫째는 여자다. 여자는 덮어두면 아름답고 드러내면 묘하지 않다. 둘째는 바라문의 주술이다. 바라문의 주술을 덮어두면 아름답고 드러내면 묘하지 않다. 셋째는 삿된 소견이다. 삿된 소견은 덮어두면 아름답고 드러내면 묘하지 않다. 이것이 덮어두면 아름답고 드러내면 묘하지 않은 일이다.

이와는 반대로 어떤 것이 드러나면 아름답고 덮어두면 아름답지 못한 세 가지 일인가. 첫째는 해와 달이다. 해와 달은 드러나면 아름답고 덮어두면 아름답지 않다. 둘째는 여래의 법이다. 여래의 법은 드러나면 아름답고 덮어두면 아름답지 않다. 셋째는 여래의 말씀이다. 여래의 말씀은 드러나면 아름답고 덮어두면 아름답지 않다. 이것이 드러나면 아름답고 덮어두면 아름답지 못한 일이다."

부처님은 이어 제자들에게 이렇게 당부했다.

"여자와 주술과 삿된 소견은 드러나지 않아야 가장 아름다운 것이다. 해와 달, 여래의 법과 여래의 말씀은 드러나야 가장 아름다운 것이다. 그러므로 수행자들이여, 여래의 법을 밝게 드러내고 덮어지지 않도록 힘쓰라. 그대들은 이와 같이 수행 해나가야 할 것이다."

증일아함 12권 제22 〈삼공양품三供養品〉 제4경

《이솝우화》에 이런 이야기가 있다.

아라비아 사막에 사는 어떤 사람이 여행을 하다가 천막을 치고 야영을 하게 되었다. 그날은 바람이 심하게 불고 기온도 내려가 몹시 추웠다. 시간이 한밤중쯤 됐을 때였다. 같이 여행을 하던 약대가 천막 속으로 머리를 들이밀면서 말했다.

"날씨가 너무 추워요. 미안하지만 머리만 이 속에 넣게 해주세요."

아라비아 사람은 같이 가는 입장이라 거절하지 못하고 그렇게 하라고 했다. 그랬더니 조금 있다가 약대는 천막 속으로 앞다리를 들이밀면서 말했다.

"다리가 아파서 안 되겠습니다. 좀 봐주세요."

아라비아 사람은 그 정도까지는 박절하게 거절할 수 없어 그러라고 했다. 그러자 조금 있다가 약대는 천막 속으로 쑥 들어오면서 말했다.

"천막을 들치고 서 있으니 찬바람이 불어서 안 되겠습니다. 아예 들어가겠습니다."

약대가 큰 몸집을 천막에 들여 놓자 주인은 밖으로 밀려나고 천막은 약대가 차지하게 되었다.

이 우화는 안 되는 것을 단호하게 거절하지 못하면 어떤 결과가 오는지를 깨우쳐준다. 인생에서도 그렇다. 훌륭한 인격을 갖추고자 한다면 좋지 않은 것, 남들이 싫어하는 것은 설사 미련이 남더라도 과감하게 버려야 한다. 예를 들어 술만 먹으면 주정을 하는 사람이라면 술을 절제하거나, 술자리에는 아예 가지 않는 것이 좋다. 괜히 어슬렁거리다가 실수라도 하는 날에는 돌이키기 어려운 낭패를 당한다. 반대로 옳은 일이고 훌륭한 일이라면 누가 반대를 하더라도 과감하게 밀고 나가는 것이 좋다. 예를 들어 양보를 하고 선행을 베푸는 것이 일시적으로 손해를 가져온다고 해도 좋은 일이라면 주저 없이 실천하는 것이 좋다. 그러면 반드시 좋은 일이 생긴다.

드러낼 것은 드러내고 드러내지 말 것은 드러내지 말아야 한다. 할 것은 하고 하지 말 것은 과감하게 하지 말아야 한다. 미련이나 인정 때문에 주저하면 일을 그르치고 후회하기 쉽다.

청춘과 건강과 장수를 원한다면…

 부처님이 사위국 기원정사에 계실 때의 일이다. 어느 날 부처님은 이렇게 말씀했다.

"수행자들이여, 세상 사람들이 정말로 좋아하는 것 세 가지가 있다. 사람들은 그것을 너무 좋아하여 다 탐내고 사랑한다. 그 세 가지란 무엇인가. 첫째는 청춘이요, 둘째는 건강이요, 셋째가 장수다. 사람들은 이 세 가지를 정말로 좋아하고 사랑한다.

그러나 수행자들이여, 이와는 달리 세상 사람들이 싫어하고 탐내지 않는 것도 세 가지가 있다. 어떤 것이 세 가지인가. 첫째는 늙음이요, 둘째는 병듦이요, 셋째는 죽음이다. 사람들은 청춘을 좋아하지만 반드시 늙게 되니 늙음을 싫어하는 것이다. 사람들은 건강을 좋아하지만 반드시 병들게 되니 병듦을 싫어하는 것이다. 사람들은 장수를 좋아하자만 반드시 죽게 되니 죽음을 싫어하는 것이다.

그러므로 수행자들이여, 그대들이 지금은 비록 젊지만 반드시 늙을 것이니 늙지 않기를 구해 열반의 세계로 나아가야 한다. 그대들이 비록 건강하더라도 반드시 병들 것이니 방편으로써 병에 걸리지 않도록 해야 한다. 그대들이 비록 생명이 있더라도 방편으로써 목숨이 끝나지 않도록 하라.”

증일아함 12권 제22 〈삼공양품三供養品〉 제8경

만약 우리 인생에서 청춘만 있고 늙음이 없거나, 건강만 있고 병듦이 없거나, 장수만 있고 죽음이 없다면 얼마나 좋겠는가. 그러나 그런 행복은 부처님도 누리지 못했다. 누구도 피할 수 없다. 진시황은 늙지 않고 죽지 않으려고 사방에 사람을 풀어 불로초와 불사약을 찾았다지만 그런 약은 어디에도 없었다. 인생의 비극은 여기에 있다. 불교의 출발은 이 비극의 인식에서 비롯된다.

하지만 이 문제와 관련해 불교가 내놓는 대답이란 것도 별로 신통한 것은 아니다. 부처님이라 하더라도 늙음과 죽음이라는 객관적인 현실 자체를 변화시킬 방도를 알고 있는 것은 아니다. 다만 불교의 대답에서 한 가지 귀담아 들어야 할 것은 늙음과 병듦과 죽음을 인식하는 방법에 관한 권고다. 부처님은 우리가 처한 현실을 있는 그대로 직시하라고 말한다. 앞의 경전에서 부처님이 하신 말씀도 현실을 냉정하게 인식하라는 것이다. 문제의 해결방법은 여기가 출발점이다.

사람들이 늙음과 병듦과 죽음을 고통스럽다고 느끼는 것은 청춘과 건강과 장수에 집착하기 때문이다. 청춘과 건강과 장수는 모든 사람이 버리지 못하는 욕망이다. 죽음의 벼랑에 매달려서도 청춘과 건강과 장수의 욕망을 버리지 못하는 것이 인간이다. 이 욕망이 모든 집착과 번뇌와 고통의 현실을 만들어낸다. 아웅다웅 싸우고 지지고 볶는 것도 욕망과 집착 때문이다. 그래서 부처님은 욕망과 집착을 버리라고 말한다. 욕망과 집착의 사이즈를 줄여야 고통의 무게도 작아진다는 것이다.

결론은 이렇다. 모든 사람이 청춘과 건강과 장수를 바라지만 또한 늙음과 병듦과 죽음은 피할 수 없다. 이것은 하늘이 두 쪽 나도 변할 수 없는 현실이다. 따라서 그것이 변하지 않기를 바라고 집착하는 것은 어리석은 일이다. 집착에서 벗어나야 고통에서 벗어날 수 있다. 이렇게 인생의 현실을 있는 그대로 아는 것이 바로 '깨달음'이다.

인생의 현실을 바로 보고 '그렇구나' 하고 깨닫는 순간, 우리는 살아가는 방법을 바꾸게 된다. 미워하기보다는 사랑하고, 욕심보다는 나누려는 마음이 여기서 생긴다. 불교가 제시하는 이러한 대답은 일부 종교가 죽음에서 부활을 말하고 욕망을 전제로 영생을 말하는 것과 크게 다른 점이기도 하다.

바람을 거스르는 향기

 부처님이 사위국 기원정사에 계실 때의 일이다. 어느 날 존자 아난다가 한적한 곳에서 명상을 하다가 이런 생각을 했다.

'이 세상에 과연 바람을 거슬러서도 향기를 풍기고, 바람결을 따라서도 향기를 풍기고, 바람을 거슬리거나 바람결을 따라서나 언제나 향기를 풍기는 향이 있을까?

존자 아난다는 자리에서 일어나 부처님을 찾아뵙고 "과연 이 세상에 그런 향과 같은 일이 있을 수 있을까"를 여쭈어 보았다. 부처님은 "그런 향이 세 가지가 있다"고 했다. 존자 아난다가 다시 물었다.

"이 세상에 과연 어떤 향이 있기에 바람을 거슬러서도 향기를 풍기고, 바람결을 따라서도 향기를 풍기고, 바람을 거슬리거나 바람결을 따라서나 언제나 향기를 풍기는 향이 있다고 하시는지요?"

"첫째는 계율의 향〔戒香〕이고, 둘째는 들음의 향〔聞香〕이고, 셋째는 보시의 향〔布施香〕이 그것이다. 이 세 가지 향은 바람을 거슬러서도 향기를 풍기고, 바람결을 따라서도 향기를 풍기고, 바람을 거슬리거나 바람결을 따라서나 언제나 향기를 풍기는 향이다.

이 세상의 모든 향 가운데서 이 세 가지 향은 가장 훌륭한 향이며, 견줄 만한 것이 없는 향이다. 그것은 비유하자면 소에서 타락駝酪이 생기고, 타락에서 소酥가 생기며, 소에서 제호醍醐가 생기지만 그 중에서 가장 좋은 것은 제호인 것과 같다.

그러므로 아난아. 그대들은 열심히 정진하여 이 세 가지 향을 얻도록 노력해야 할 것이다.”

증일아함 13권 제23 〈지주품地主品〉 제5경

때는 1980년대 여름 어느 날. 전라남도 곡성에 있는 태안사에 젊은 손님 한 사람이 찾아들었다. 어떤 신문사에서 일하는 기자였는데, 그 절에 주석하는 큰스님을 인터뷰하러 온 것이었다. 그가 절에 들어섰을 때는 오후 1시가 조금 넘은 시간이었다. 마침 해제 기간이라 절 마당은 고요한 침묵만 가득할 뿐 스님들도 별로 눈에 띄지 않았다.

젊은 객이 사람을 찾으려고 뒤뜰로 갔더니 어떤 노스님이 연탄불을 갈고 있었다. 인기척을 내고 찾아온 사연을 이르니 노스님은 젊은이를 객실로 안내를 했다. 객은 절집 예의대로 노스님께 큰절로 인사를 드렸다. 노스님은 맞절로 인사를 받았다. 인사가 끝나자 스님은 객에게 점심 공양을 물었다. 아직 식전食前이라고 하자 스님은 손수 공양간으로 가서 점심상을 차려서 가져왔다.

젊은 객은 공양을 마치고 밥상을 물리며 공양주 보살에게 “큰스님은 어디 계시냐?”고 물었다. 공양주는 “아까 뵌 그분이 바로 큰스님”이라고 했다. 젊은 객은 심하게 뒤통수를 얻어맞은 것처럼 정신이 아득했다. 객은 공양주 보살의 안내를 받아 큰스님이 계신 방으로 가서 명함을 내민 뒤 무릎을 꿇고 앉았다. 그랬더니 큰스님도 무릎을 꿇었다. 젊은 객이 죄송해하면서 편히 앉으시라고 권했다. 노스님은 객부터 먼저 편히 앉으라고 했다. 할 수 없이 객이 평좌를 하자 그때야 스님도 평좌를 했다. 그리고는 맑은 차 한잔을 내놓으면서 젊은 객의 이런저런 질문에 친절하게 응답해주었다.

절 문을 나오면서 젊은 객은 어느 큰스님을 찾아뵐 때보다 더 큰 감동으로 가슴이 벅차오르는 것을 느꼈다. 마치 좋은 향기를 쐰 것처럼 온몸에서는 은은한 향내가 나는 것 같았다. 그 향기는 시간이 가도, 바람이 불어도 좀처럼 사라지지 않는 향기였다. 그는 겸손과 하심이 온몸에 배인 노스님을 한 번 친견한 것만으로도 평생 잊지 못할 가르침을 안고 살아가게 됐다.

그때 젊은 객을 맞았던 노스님은 몇 해 전 입적한 '청화淸華 스님'이시다.

삼독심을 버린 자의 행복

 부처님이 사위국 기원정사에 계실 때의 일이다. 어느 날 부처님은 제자들에게 삼독의 과보에 대해 이렇게 말씀하셨다.

"세 가지 악한 생각이 있다. 어떤 것이 세 가지 악한 생각인가. 탐내는 생각, 화내는 생각, 남을 해치려는 어리석은 생각이 그것이다. 이것을 중생의 세 가지 악한 생각이라 한다.

그러나 수행자들이여, 잘 알아두어야 한다. 만일 탐내는 생각을 가지면 목숨을 마친 뒤에 지옥에 떨어질 것이다. 만일 화내는 생각을 가지면 목숨을 마친 뒤에 개나 닭이나 뱀이나 지네 등의 축생으로 태어날 것이다. 만일 남을 해치려는 어리석은 생각을 가지면 목숨을 마친 뒤에 아귀로 태어나 온몸이 불타면서 그 고통은 말하기 어려울 것이다.

수행자들이여, 이것이 이른바 중생들이 세 가지 생각을 하게 되면 지옥과 축생과 아귀에 태어나는 이유니라.

반대로 착한 세 가지 생각이 있다. 어떤 것이 세 가지 착한 생각인가. 탐욕에서 벗어나려는 생각, 화내지 않으려는 생각, 남을 해치려 하지 않는 생각이 그것이다.

만일 어떤 중생이 탐욕에서 벗어나려는 생각을 하면 그는 목숨을 마친 뒤에 인간 세상에 태어날 것이다. 만일 어떤 중생이 화내지 않으려는 생각을 하면 그는 목숨을 마친 뒤에 천상에 태어날 것이다. 만일 어떤 중생이 남을 해치려는 어리석은 생각을 하지 않는다면 그는 목숨을 마칠 때 다섯 가지 결박을 끊고 거기서 반열반할 것이다.

그러므로 수행자들이여, 그대들은 항상 세 가지 악한 생각에서 멀리 떠나 세 가지 착한 생각을 하도록 하라. 그러면 큰 이익이 있을 것이다."

증일아함 13권 제23 〈지주품地主品〉 제8,10경

옛날 이스라엘에 두 형제가 살고 있었다. 형은 결혼하여 아내도 있었고 자식도 여러 명 있었으나 동생은 아직 미혼이었다. 부지런히 농사를 짓던 두 사람은 아버지가 돌아가시자 유산을 반씩 나누어 가졌다. 사과와 옥수수를 수확하던 날, 두 사람은 그것을 똑같이 반으로 나누었다. 각자의 몫은 자기 창고에 따로따로 넣어두었다.

그날 밤 동생은 나누어 가진 몫의 상당 부분을 형의 창고에 옮겨 놓았다. 형은 식구도 많은데 혹시 식량이 모자랄까 봐 염려가 되었기 때문이었다. 한편, 그날 밤 형도 자기의 몫에서 많은 양을 떼어서 동생의 창고에 옮겨 놓았다. 자기는 아내와 자식들도 있으니 노후를 걱정할 필요가 없지만, 미혼인 동생은 혼자 살고 있으니 많이 힘들 거라는 생각에서였다.

날이 밝자 두 사람은 각자의 창고에 가보고 깜짝 놀랐다. 창고에 있는 물건의 양이 어제와 조금도 달라져 있지 않았던 것이다. 그 뒤로도 사흘 동안 똑같은 일이 반복됐다. 두 형제는 참으로 이상한 일이라고 생각했다.

나흘째 되던 날 밤이었다. 형과 아우는 지난 며칠처럼 물건을 옮기다가 중간에서 마주쳤다. 형과 동생은 그제야 이유를 깨닫고 서로 부둥켜안고 눈물을 흘렸다. 두 형제가 부둥켜안고 울었던 곳은 지금도 예루살렘에서 가장 고귀한 장소로 전해지고 있다고 한다.

동화보다 더 아름다운 이 이야기는 유태인들이 '지혜의 바다'라고 부르는 《탈무드》에 나오는 미담美談이다. 그렇지만 요즘은 부모가 죽으면 재산 욕심 때문에 형제끼리 소송을 하는 것이 세태다. 욕심 때문에 서로 얼굴을 붉히고 싸우기가 예사다. 이것은 파멸로 향하는 지름길이다.

어진 마음으로 욕심을 버리면 싸울 일도 없고 소송할 일도 없어진다. 얼마나 지혜롭고 아름다운 일인가.

마음만 바꾸면 악인도 선인

부처님이 사위국 기원정사에 계실 때의 일이다. 어느 날 부처님은 밧지국에 사는 비사毘沙라는 악귀가 수없이 사람을 해친다는 소문을 들었다. 그는 신에게 지내는 제사를 핑계로 하루에 한 사람, 때로는 수십 명을 죽인다는 것이다. 사람들이 무서워서 도망을 가려고 하자 비사는 끝까지 쫓아가 제물을 잡아올 것이라고 겁을 주었다. 마을사람들은 비사와 협상을 했다. 하루에 한 명씩 동굴로 보낼 테니 한꺼번에 여러 명을 죽이지 말라는 것이었다. 그러나 산 사람을 제물로 바쳐야 하는 사람들의 고통은 이만저만이 아니었다.

어느 날 재산가인 선각 장자가 외동아들을 제물로 바쳐야 할 때가 됐다. 선각 장자는 아들 나우라를 목욕시킨 뒤 귀신의 동굴로 데리고 갔다. 부모는 울면서 누군가 이 아이를 구해주기를 기도하고 돌아왔다. 이처럼 참혹한 사정을 알게 된 부처님은 나우라가 바쳐진 동굴로 찾아갔다. 부처님은 공포에 떠는 나우라를 안심시키고 보시布施 · 지계持戒 · 생천生天의 차제설법을 했다. 그는 곧 마음이 깨끗하고 법안이 청정해져서 삼보에 귀의한 불자가 되었다.

얼마 뒤 악귀가 돌아왔다. 뜻밖에도 부처님이 와 계신 것을 안 악귀는 부처님을 해치고자 했으나 신력神力으로도 뜻을 이루지 못했다. 악귀가 당황하자 부처님이 말씀했다.

"과거의 네가 지은 업이 현재의 너의 모습이다. 현재 네가 짓는 업이 미래의 네 모습이다. 그러나 그대가 이제부터 몸과 입과 생각으로 열 가지 나쁜 업을 짓지 않으면 과거의 나쁜 업이 사라질 것이다."

"저는 지금 몹시 굶주렸습니다. 왜 저의 먹이를 빼앗으려고 하시는지요?"

"나는 과거에 보살도를 닦을 때 비둘기를 살리기 위해 내 몸을 내준 바 있다. 그런데 어찌 이 아이의 목숨을 너에게 맡기겠느냐."

악귀는 부처님의 말씀을 듣고 참회하는 마음을 일으켜 그 자리에서 출가했다. 악귀는 사문이 되어 마을로 내려가 부처님의 제자가 됐음을 알리고, 사람들의 근심을 덜어주었다. 나우라의 아버지 선각 장자는 기쁜 마음으로 부처님을 초청해 공양을 올렸다. 장자는 부처님의 허락을 얻어 많은 음식과 평상과 침구와 의약품을 승단에 보시했다.

증일아함 14권 제24 〈고당품高幢品〉 제2경

이 이야기는 아이를 돌보는 여신인 귀자모신鬼子母神 이야기와 플롯이 비슷하다.《잡보장경》9권 '귀자모실자연'에 수록된 귀자모 이야기는 다음과 같다.

옛날 왕사성 교외에 '환희하리티'라 불리는 야차녀가 있었다. 그녀는 1만 명의 자식을 키우는 어머니였다. 그러나 삿된 마음을 품고 성에 들어가 다른 사람의 어린아이를 빼앗아 산 채로 잡아먹었다. 사람들은 야차녀를 두려워하여 귀자모鬼子母라 불렀다.

어느 날 이 사실이 부처님에게 알려졌다. 부처님은 방편으로 아난 존자를 시켜 그녀의 막내아들인 애자愛子를 데려오게 했다. 남의 아이를 유괴하러 나갔다가 돌아온 그녀는 막내아들이 없어진 것을 알고 미친 듯이 울부짖었다. 밤낮으로 막내아들을 찾아 헤맸으나 허사였다. 그는 7일 간 성내를 헤매다가 부처님을 찾아왔다. 그녀는 '아들을 찾아주시면 다시는 남의 아이를 유괴해서 해치지 않겠으며, 삼귀오게를 받고 착하게 살겠다'고 다짐했다. 부처님이 그녀의 마음을 바꾼 것을 알고 아이를 내주었다. 그 뒤 그녀는 정말로 귀자모가 아닌 애자모愛子母로 살아갔다.

의정이 쓴 기행문《남해기귀내법전南海寄歸內法傳》에 의하면 이후 귀자모는 인도의 여러 사원에서 어린이를 수호하는 신으로 모셔졌다. 그 모습은 문간이나 부엌 주변의 벽화에 남아 있다고 한다.

영원한 것은 아무것도 없다

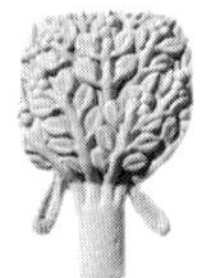 부처님이 사위국 기원정사에 계실 때의 일이다. 어느 날 부처님은 제자에게 이런 질문을 받았다.

"이 세상에서 변하지 않고 영원히 존재하는 물질[色]은 없는지요. 또는 감각[受]이나 표상[想]과 의지[行]와 의식[識] 중 하나라도 변하지 않고 영원히 존재하는 것은 없는지요?"

"수행자여, 이 세상에서 변하지 않고 영원히 존재하는 물질은 존재하지 않는다. 감각이나 표상과 의지나 의식 중 하나라도 변하지 않고 영원히 존재하는 것은 없다. 만약 그런 것이 있다면 굳이 괴롭다고 할 것도 없다. 그런 것이 없기 때문에 그것을 바르게 알고 괴로움의 근본을 없애기 위해 수행을 하는 것이다."

부처님은 좀더 자세히 가르쳐주려고 흙을 조금 집어서 손톱 위에 올려놓고 그에게 물었다.

"이 흙이 얼마나 많은 양인가?"

"그것은 넓은 대지에 비하면 아주 작은 양입니다."

"수행자여, 만일 이만큼이라도 물질이나 감각이나 의지나 현상이나 의식이 영원히 존재하는 것이 있다면, 수행자는 그것을 알고 괴로움에서 벗어나려고 하는 일이 없을 것이다. 그러나 손끝의 흙만큼도 변하지 않는 존재가 없기 때문에, 수행자는 그것을 바르게 알고 범행을 닦아 괴로움에서 벗어나고자 하는 것이다."

여기까지 말씀한 부처님은 수행자들에게 거듭 색色·수受·상想·행行·식識이 변치 않고 영원히 존재하는 것인가, 영원히 존재하지 않는 것인가를 물었다. 수행자들은 부처님이 방금 가르친 대로 '영원히 존재하는 것이 없다' 고 대답했다.

"그렇다면 과연 그것을 나〔我〕요, 나의 것〔我所〕이요, 나의 본질〔我體〕이라고 할 수 있는가?"

제자들은 당연히 아니라고 대답했다. 그러자 부처님은 비구들을 칭찬하면서 이렇게 말했다.

"그렇다, 수행자들이여. '모든 것은 변하지 않는 영원한 것이 없다〔無常〕'고 관찰하는 것이 옳다. 그러므로 수행들은 모든 존재〔色受想行識〕를 싫어하게 되고, 싫어하면 탐착하지 않게 되고, 탐착하지 않으면 해탈하게 된다. 해탈을 얻게 되면 '이제 더 이상 미혹의 삶을 되풀이하는 일이 없을 것이다' 라고 알게 된다."

증일아함 14권 제24 〈고당품高幢品〉제4경

 모든 불교사상의 이론적 바탕이 되는 것이 무상無常이라는 개념이다. 그 무상의 개념을 설명하는 것이 바로 이 경전이다. 이 경

에서 부처님은 인생과 세계를 구성하는 물질과 정신의 복합체인 오온五蘊, 色·受·想·行·識 중 어떤 것도 상주하며 영원히 변치 않는 것은 없다고 말한다. 그것만으로는 부족했던지 부처님은 흙을 조금 주워서 손톱 위에 올려놓고 '이 세상에서 이만큼이라도 변하지 않는 것은 없다'고 부연한다.

사실 조금만 지혜롭게 관찰해 보면 이 세상에서 손톱 위의 흙만큼도 변하지 않는 것이란 없다. 그래서 인생은 고통스러운 것이다. 불교는 이 고통을 극복하는 방법을 가르쳐주려고 존재하는 종교다. 이것은 불교의 모든 사상이 '모든 것이 무상하다'는 해석 위에서 출발하고 있음을 말해준다. 이 생각을 압축해서 표현한 것이 바로《금강경》의 다음과 같은 게송이다.

이 세상에 있는 일체의 존재는　　　　〔一切有爲法〕

꿈이요 환상이요 물거품 같다　　　　〔如夢幻泡影〕

또한 그림자요 이슬이요 번갯불과 같으니　　〔如露亦如電〕

마땅히 이와 같이 관찰해야 하리라　　　〔應作如是觀〕

초천법륜의 역사적 의미

부처님이 마가다의 보리수 아래서 깨달음을 얻은 직후의 일이다. 어느 날 부처님은 당신이 깨달은 '지극히 미묘해서 보통사람은 알기 어렵고 깨닫기 어려운 법'을 누구에게 설법할까를 생각했다. 알라라 카라마와 웃다라카 라마풋타를 떠올렸으나 그들은 이미 죽고 없었다. 그 대신 과거에 함께 수행하던 다섯 명의 수행자는 아직 바라나시에 있었다. 부처님은 그들을 찾아갔다. 그들은 부처님이 오는 것을 보고 이렇게 의견을 모았다.

"저기에 타락한 수행자 고타마가 온다. 우리는 그에게 아는 척도 하지 말고, 일어나 자리를 권하지도 말고, 말도 건네지 말자."

그렇지만 그들은 약속과는 달리 부처님이 가까이 오자 자기도 모르는 사이에 일어나 자리를 권했다. 그들은 부처님에게 "그대는 어디에 있다가 왔는가?" 하고 물었다. 그러자 부처님이 말했다.

"그대들은 나를 '그대'라고 부르지 말라. 나는 위없는 깨달음을 얻은 여래如來니라."

“그대는 고행을 하면서도 깨달음을 얻지 못했다. 하물며 고행을 버리고서 어찌 깨달음을 얻은 여래하고 하는가?”

“그대들은 내 얼굴이 이렇게 환하게 빛나는 것을 본 적이 있는가? 내가 거짓말하는 것을 들은 적이 있는가? 나는 이미 불사不死의 법을 얻었다. 그대들은 나의 설법을 들으라.”

부처님은 이들에게 괴로움의 진리〔苦聖諦〕와, 괴로움의 원인이 되는 진리〔苦集聖諦〕와, 괴로움에서 벗어난 진리〔苦集滅聖諦〕와, 괴로움에서 벗어나는 방법에 관한 진리〔苦集滅道聖諦〕, 이 네 가지 진리에 대해 설법했다. 다섯 수행자 중 카운디냐는 가장 먼저 번뇌가 없어지고 법의 눈이 깨끗해졌다. 부처님은 기뻐하면서 그를 ‘아즈냐타 카운디냐깨달은 교진여’라고 불렀다.

이어 부처님은 두 사람이 설법을 듣는 동안 세 사람이 나가 걸식하고, 세 사람이 설법을 듣는 동안은 두 사람이 나가 걸식하게 했다. 이렇게 하여 다섯 명의 수행자가 다 열반을 얻고 아라한이 되었다. 그리하여 이 세상에는 다섯 명의 아라한과 부처님을 더해 여섯 명의 아라한이 태어나게 되었다.

증일아함 14권 제24 〈고당품高幢品〉제5경

만약 부처님이 바라나시로 다섯 수행자를 찾아가 설법하지 않았다면 불교는 이 세상에 태어나지 않았을 것이다. 그런 의미에서 불교는 그 종교적 출발을 초전법륜에 두고 있다고 해야 한다. 불교의 종교적 사명도 바로 포교활동에 있다.

그런데 무슨 이유에서인지 우리나라 불교는 이 포교의 사명에 소홀하고 있다. 일차적 책임이 있는 출가 수행자들은 대승을 표방하면서도 엉뚱한 일에만 몰두하려고 한다. 그러는 사이 한때 국민의 절반 이상이 불교신자이던 나라가 이제는 소수종교로 전락할 처지에 놓였다. 더 큰 문제는 많은 사람들이 하나둘 정법에서 멀어져 가고 있는 것이다. 이는 중생구제를 제일사명으로 하는 불교의 입장에서 보면 '책임을 방기하는 죄'를 짓는 것이다.

이래서는 안 된다. 무엇인가 특단의 대책을 마련해야 한다. 그 방법의 하나로 제안하고 싶은 것이 '일인오화一人五化' 운동이다. 초전법륜에 나섰던 부처님을 본받아 한 사람이 다섯 사람씩 교화하여 정법으로 인도하자는 것이다. 모든 출가 수행자는 부처님을 본받아 1년에 최소한 다섯 사람을 교화한 뒤 참선을 하든 염불을 하든 하자는 것이다. 재가 신도도 1년에 다섯 사람을 교화해서 절에 나오도록 하는 것을 의무화하자는 것이다. 그것만이 한국불교가 낙후된 포교 사업을 만회하는 길일 것이다. 부처님의 은혜를 갚고 복 받는 길이다.

부처님의 세 가지 교화 방법

부처님이 우루벨라에 이르렀을 때의 일이다. 나이란자나 강에는 5백 명의 제자를 거느린 우루벨라 가섭이라는 외도가 있었다. 부처님은 그에게로 가서 하룻밤 묵어갈 것을 청했다. 그는 불을 뿜는 독룡毒龍이 있는 동굴에서라면 묵어도 좋다고 했다. 부처님은 두려움도 없이 동굴에 들어가 독룡을 교화했다. 아침에는 독룡을 발우에 담아서 나왔다. 우루벨라 가섭은 부처님의 위신력에 감복하여 제자가 되기를 청했다. 우루벨라 가섭을 따르던 500명의 외도들도 스승을 따라 한꺼번에 제자가 되기를 청했다.

"잘 왔구나, 비구들이여. 나의 법은 미묘하다. 부지런히 범행을 닦으라."

우루벨라 가섭과 그를 따르던 500명의 수행자들은 주술용 도구를 모두 강물에 내던지고 불교교단의 새로운 일원이 됐다.

우루벨라 가섭에게는 두 명의 동생이 있었다. 한 사람은 나제 가섭, 또 한 사람은 가제가섭이었다. 그들은 각기 300명과 200명의 제자를 거느리고 있었다. 어느 날 강에 나가 보니 우루벨라 가섭이 사용하던 의식 용구가 떠내려 왔다. 놀라서 강 상류로 올라왔더니 형이 부처님의 제자가 되어 있었다.

"형님은 남의 존경을 받는 스승이더니 남을 존경하는 제자가 됐습니다. 어떻게 된 일입니까?"

"부처님의 법이 가장 묘하다. 이것보다 나은 것이 없다."

우루벨 라가섭의 말을 들은 두 동생은 형을 따라 부처님 제자가 됐다. 그를 따르던 무리들도 머리를 깎고 제자가 됐다. 이렇게 해서 한꺼번에 1천여 명의 제자를 얻은 부처님은 세 가지 방법〔三事敎化〕으로 이들을 교화했다. 신족교화〔神足敎化〕, 언교교화〔言敎敎化〕, 훈회교화〔訓誨敎化〕가 그 것이다. 신족교화란 여러 가지 장애에 걸림이 없이 신변자재한 모습을 보여줌으로써 교화하는 것이다. 언교교화란 말로써 가르치되 '깨달음으로 나가기 위해서는 이것을 버리고 저것을 두라' 고 하는 것이다. 훈회교화란 마을에 들어가거나 할 때 '이것은 하지 말고 저것은 하지 말라' 고 가르치는 것이다. 부처님은 이렇게 1천명의 비구를 가르쳐서 그들이 모두 아라한이 되도록 하였다.

증일아함 15권 제24 〈고당품高幢品〉 제5경

흔히 부처님의 설법을 팔만사천 법문이라고 한다. 설법한 내용이 그만큼 많다는 뜻이다. 이는 부처님의 오랜 활동 기간과 무관치 않다. 예수는 30세에 신의 계시를 받고 3년 정도 활동하다가 죽었다. 《성경》의 내용이 비교적 간단한 것은 이 때문이다. 이에 비해 부처님은

114

35세에 정각을 이룬 뒤 열반에 들던 80세까지 45년 간 활동했다. 부처님은 이 기간 중에 참으로 많은 사람들을 만나 설법했다. 당연히 설법의 양과 불경의 내용이 방대할 수밖에 없다.

부처님 설법의 특징은 대상자의 근기나 상황에 따라 적절한 방편을 선택하는 것이다. 슬픔이나 욕심도 남자와 여자가 다르고 부자와 과부가 다르다. 부처님은 이들에게 병에 따라 약을 주듯이 근기에 따라 설법했다. 이를 응병여약應病與藥의 대기설법對機說法이라 한다. 부처님을 '대의왕大醫王'이라고도 하는 것도 같은 의미다.

부처님의 교화활동을 성격별로 구분하면 경전에서 지적한 대로 세 가지로 대별된다. 이 중 가장 인상적인 것은 역시 초기 전도활동 시대에 있었던 가섭 3형제와 사리풋타의 귀의였다. 가섭 3형제는 불을 섬기는 사화외도事火外道였는데 신족교화로 귀의시켰다. 사라풋타와 목갈나라는 수학자 산자야의 제자였는데 언교교화로 귀의시켰다. 이들은 각각 1천 명과 250명의 제자를 이끌고 집단개종을 했다. 부처님 제자를 '1250명의 비구'라고 통칭하게 된 것은 여기서 유래한 것이다.

부처님이 귀향했던 이유

부처님이 마가다의 나이란자라 강가에 계실 때의 일이다. 사화외도 가섭 삼형제를 교화하신 부처님은 고향인 카필라바스투로 가서 석가족을 교화하고자 했다. 부처님은 존자 우다이를 시켜 먼저 고향으로 가서 부친인 슛도다나 왕에게 고향 방문 소식을 전하게 했다. 슛도다나 왕은 부처님이 고향을 방문한다는 소식을 듣고 매우 기뻐했다. 사람들을 시켜 길을 닦고 청소를 하며 부처님 일행을 맞을 준비를 했다.

부처님은 이레 뒤에 제자를 거느리고 고향으로 금의환향했다. 슛도다니 왕은 성 밖 교외까지 나와서 부처님을 영접했다. 부처님은 오랫만에 만나는 부왕에게 축복의 말을 했다.

"대왕께서는 무궁한 수명을 누리게 될 것입니다. 대왕께서는 바른 법으로 나라를 다스려 교화하시되 삿된 법은 멀리하시기 바랍니다. 대왕께서 이렇게 바른 법으로 나라를 다스리고 교화한다면 목숨이 끝난 뒤에는 반드시 천상에 태어날 것입니다."

　부처님은 부왕과 함께 성 안으로 들어가 자리에 앉았다. 부왕은 맛있는 음식을 마련해 손수 부처님과 그 제자들에게 공양했다. 공양을 받은 부처님은 부왕을 위해 설법했다. '누구나 보시와 지계를 실천하면 천상에 태어날 수 있다'는 차제설법이었다. 숫도다나 왕은 설법을 듣고 마음의 눈이 열렸다. 설법을 마친 부처님은 자리에서 일어나 교외에 있는 살로동산으로 돌아가 머물렀다. 다음날에는 다시 성 안으로 들어가 '괴로움〔苦〕과 괴로움의 원인〔集〕과 괴로움이 사라짐〔滅〕과 괴로움이 사라지는 방법〔道〕'에 대해 설법했다. 설법을 들은 사람들은 법안法眼이 열렸다.

　부처님이 고향에 머무는 동안 많은 석가족들이 출가했다. 그 중에는 나중에 부처님을 배반한 데바닷다, 오랫동안 부처님을 시봉한 아난다, 열심히 정진하다가 눈이 먼 아니룻다, 세속의 인연을 그리워하다가 꾸지람을 들은 난타 등이 포함돼 있었다. 이렇게 한꺼번에 여러 사람이 출가를 하자, 숫도다나 왕은 부처님과 상의한 후 형제가 있으면 한 사람은 남기고 출가하도록 했다.

증일아함 15권 제24 〈고당품高幢品〉 제5경

　부처님의 고향 방문은 포교의 역사에서 매우 의미심장한 사건 중 하나다. 그것은 누구보다 먼저 가족을 교화해야 한다는 것을 상징적으로 보여주고 있다는 점이다. 많은 불자들은 '종교는 개인적인 것이므로 강요할 문제가 아니다'라고 한다. 옳은 말씀이기는 하다. 그러나 이 문제는 다른 측면에서 생각해 볼 점이 있다.

우리가 불교를 믿는 것은 생사윤회의 괴로움에서 벗어나기 위해서다. 그 방법은 부처님의 가르침을 믿고 실천하는 것이다. 또한 그것은 부모나 자식이 서로 대신해줄 수 있는 것이 아니다. 부처님을 아들로 둔 어버지라도 스스로 닦지 않고서는 안 된다. 진정으로 가족을 사랑한다면 친족부터 교화해야 하는 이유가 여기에 있다. '일자출가 구족생천一子出家 九族生天'이라는 말은 친족들이 누구보다 먼저 교화를 받을 수 있기 때문에 생긴 것이다. 부처님은 그래서 고향을 방문한 것이다. 그런데 지금 우리는 어떻게 하고 있는가?

어떤 큰스님에게 누님이 한 분 있었다. 사람들은 그에게 "동생이 큰스님이시니 극락왕생은 따 놓은 당상"일 것이라고 했다. 그래서 그런지 누님은 수행을 하지 않았다. 그 누님이 어느 날 스님을 찾아왔다. 때는 마침 공양 시간이었는데 스님은 식사를 했느냐고 물어보지도 않았다. 누님이 섭섭해하자 스님은 "동생이 밥을 먹으니 누님도 배가 부를 것"이라고 했다. 누님이 "말도 안 된다"고 하자 "그럼 내가 깨달은 것이 누님과 무슨 상관이냐"고 했다. 누님은 그때야 크게 깨우쳤다고 한다.

미움을 미움으로 갚지 말라

부처님이 코삼비의 코시타 동산에 계실 때의 일이다. 그 무렵 코삼비의 비구들은 항상 싸우기를 좋아하여 온갖 악행을 범했다. 서로 욕하고 칼이나 막대기를 휘둘러 다치게 했다. 부처님은 이들을 찾아가 여러 가지 말로 타일렀다.

"너희들은 서루 싸우지 말고 시비하지 말라. 한 스승을 섬기는 제자들이니 물과 젖이 어울리듯 화합해야 하거늘 왜 싸우는가."

그러나 비구들은 말을 듣지 않았다. 도리어 이렇게 말대꾸를 했다.

"이 일은 저희들의 일입니다. 부처님께서는 걱정하실 필요가 없으니 참견하지 마십시오."

부처님은 다시 이들에게 부모를 죽인 원수를 갚기 위해 나섰던 장생 왕자의 이야기를 들려주었다. 옛날 장수왕의 아들 장생이 아버지를 죽인 원수 범마달왕을 죽이지 않고 용서했듯이 서로 이해하고 용서하라는 것이었다. 원한은 용서해야 갚아진다는 가르침이었다.

부처님은 거듭해서 이렇게 말씀했다.

"수행자들이여, 알아야 한다. 옛날 세속의 왕들도 싸우는 것이 어리석은 줄 알고 서로 참고 견디었다. 집을 나와 도를 닦는 그대들은 견고한 믿음을 가지고 탐욕과 미움과 어리석음을 버려야 하거늘, 서로 화순하지 않고 참을 줄 모르고 참회하여 고치지 못하니 안타깝구나. 수행자들이여, 그대들은 한 스승의 제자인데 싸우는 것은 옳지 않다. 그러니 부디 싸우지 말라. 싸우지 말고 시비하지 말며, 서로 사랑하고 가엾게 여겨 일체중생을 괴롭히지 않는 것이 모든 부처님이 바라는 바니라."

그러나 그들은 끝내 부처님의 말씀을 듣지 않았다. 더이상 이들을 설득하는 것이 어렵다고 판단한 부처님은 코삼비를 떠나 밧지국으로 가셨다. 그곳에는 아니룻다와 난디와 캄빌라가 수행하고 있었다. 그들은 규칙을 정해서 어떤 사람이 걸식을 나가면 남은 사람은 청소를 했다. 음식이 넉넉하면 넉넉한 대로, 모자라면 모자라는 대로 나누어 먹었다. 서로 다투거나 시기하지 않았다. 부처님은 이들을 칭찬하시면서 남은 우기 동안 이들과 함께 안거를 했다.

증일아함 16권 제24 〈고당품高幢品〉 제8경

부처님이 생존해 있을 때 교단은 분열의 위기를 두 번이나 경험한다. 하나는 데바닷다가 교단을 장악하려고 음모를 꾸민 일이다. 또 하나는 코삼비 비구들의 다툼이었다. 특히 코삼비 사건은 아주 부끄러운 일이었다. 경전의 문면에서 보듯이 거친 말을 하는 것은 물론이고 서로 주먹다짐까지 했던 것 같다. 부처님은 이들을 간절하게 타일렀다.

미움으로써 미움을 갚으려 하지 말라　　　〔不可怨以怨〕

미움을 끝내려면 미움을 버려야 한다　　　〔終以得休息〕

인내와 용서만이 평화를 얻게 해준다　　　〔行忍得息怨〕

이것은 변치 않는 참다운 진리라네　　　〔此名如來法〕

《법구경》에 나오는 이 게송은 바로 코삼비 비구들을 가르치기 위한 것이었다. 어이없는 것은 부처님의 만류에도 불구하고 '우리가 알아서 할 테니 관여하지 말라' 면서 싸움질을 계속한 것이다. 부처님은 이로 인해 무척 마음이 상하셨던 것 같다. 말없이 혼자서 코삼비를 떠난 것에서 이를 짐작할 수 있다. 이 사건의 후일담은 남전율장 《마하박가》에 상세하게 나온다. 코삼비의 불자들은 부처님이 떠나자 그곳 수행자들에게 공양도 올리지 않고 합장도 하지 않았다. 그들은 할 수 없이 그곳을 떠나 부처님을 찾아가 참회하고 화해했다고 한다.

미움과 분노는 남에게도 상처를 주지만 스스로를 해치기도 한다. 몸속에 나쁜 피를 돌게 해서 건강에도 좋지 않다고 한다. 언제나 남을 사랑하고 용서와 인내로 화합의 길을 가야 할 이유가 여기에 있다.

지식인의 사회적 책무

 부처님이 사위국 기원정사에 계실 때의 일이다. 어느 날 부처님은 제자들에게 과일의 비유를 들어 이렇게 말씀했다.

"네 가지 종류의 과일이 있다. 어떤 과일은 설고도 익은 것 같고. 어떤 과일은 익고도 선 것 같다. 또 어떤 과일은 겉도 설고 속도 선 것 같고, 어떤 과일은 겉도 익고 속도 익은 것 같은 과일이다.

사람도 이와 같다.

어떤 사람이 설고도 익은 것 같은가. 그는 오고갈 때 행동이 산만하지 않고, 눈빛이 늘 법다워 보인다. 그러나 그는 계율을 범하고, 바른 행을 행하지 않으며, 사문이 아니면서 사문인 척하는 사람이다. 어떤 사람이 익고도 설은 것 같은 사람인가. 그는 성질도 급하고, 행동이 추하며, 눈길이 단정하지 않고, 좌우를 두리번거린다. 그러나 항상 계율을 지키며, 위의를 잃지 않으며, 조그만 허물을 보아도 두려워하는 사람이다. 어떤 사람이 겉도 설고 속도 선 것 같은 사람이라 하는가. 그는 계율도 지키지 않고 예절도 모른다. 사문이 아니면서 사문인 척 하는 사람이다. 어떤 사람이 겉도 익고 속도 익은 사람이라 하는가. 그는 계율을 잘 지키고 행동을 조심한다. 위의와 예절을 모두 성취하였으며, 조그만 허물을 보아도 두려워하는 사람이다. 그대들은 이 네 가지 과일 중에 잘 익은 과일과 같은 사람이 되어야 한다.”

부처님은 다시 구름의 비유를 들어 이렇게 말씀했다.

“네 종류의 구름이 있다. 어떤 구름은 우레는 치는데 비는 내리지 않고, 어떤 구름은 비는 내리는데 우레는 치지 않는다. 또 어떤 구름은 우레도 치고 비도 내리며, 어떤 구름은 우레도 치지 않고 비도 내리지 않는다.

사람도 이와 같다. 어떤 사람이 우레는 치는데 비는 내리지 않는 사람인가. 그는 경전을 읽거나 소리 내어 잘 외운다. 그러나 남을 위해 널리 설법하지 않는 사람이다. 어떤 사람이 비는 내리는데 우레는 치지 않는 사람인가. 그는 온갖 착한 법을 닦아 털끝만큼의 실수도 없다. 그러나 그는 경전을 소리 내서 외우지도 않고 남을 위해 설법하지도 않는 사람이다. 어떤 사람이 비도 내리지 않고 우레도 치지 않는 사람인가. 그는 행동에 법도가 없고 경전을 소리 내서 외우지도 않고 남을 위해 설법하지도 않는 사람이다. 어떤 사람이 우레도 치고 비도 내리는 사람인가. 그는 행동이 단정하며 배우기를 좋아하며 배운 것은 남을 위해 설법해서 받들어 가지게 하는 사람이다. 그대들은 이 네 가지 구름 중에 우레도 치고 비도 내리는 사람이 되도록 해야 한다.”

증일아함 17권 제25 〈사제품四諦品〉 제7, 10경

부처님을 '비유의 천재'라고 하거니와 이 경에서도 부처님은 비유로써 제자들을 가르치고 있다. 여기서 '익은 과일과 덜 익은 과일'의 비유는 품위 있는 행동에 관한 것이 이야기다. '우레와 비'의 비유는 수행자의 설법에 관한 이야기다. 특히 '우레와 비'의 비유는 설법하지 않는 제자를 은근히 나무라는 것이어서 주목된다.

'우레가 쳤으면 비가 내려야 한다'는 것은 수행자가 수행을 했으면 설법을 해야 한다는 뜻이다. 왜 그렇게 해야 하는가. 알다시피 수행자는 사회적 생산활동에 종사하지 않는다. 경제적 측면에서 보면 무위도식배에 다름아니다. 그러나 잡아함《경전경耕田經》의 설법에서 보듯이 수행자는 '마음 밭〔心田〕'을 갈아 이웃을 이롭게 하기 위해 밭을 갈지 않는 것이다. 그렇다면 마음 밭을 간 수행자가 남에게 설법하는 것은 당연한 일이다. 그것은 의무이자 책임이다. 이 비유설법은 바로 그것을 강조한 것이다. 이 경은 스님들뿐만 아니라 지식인들의 사회적 책무를 일깨워주는 것이어서 참 많은 것을 생각하게 한다.

불방일은 모든 수행의 근본

부처님이 사위국 기원정사에 계실 때의 일이다. 어느 날 부처님은 모든 수행의 근본이 되는 가장 훌륭한 일이 어떤 것인지에 대해 여러 가지 비유를 들어 말씀했다.

"산과 강과 온갖 풀과 다섯 가지 곡식은 다 땅을 의지해서 자란다. 이 세상의 모든 훌륭한 도는 방일하지 않는 데서 생긴다. 그래서 방일하지 않는 수행자는 네 가지 끊기〔四意斷〕를 닦고 또 닦는다.

여러 조그만 나라의 왕과 조금 큰 나라의 왕은 다 전륜성왕에게 와서 의지한다. 그와 마찬가지로 서른일곱 가지 훌륭한 가르침〔三十七助道品〕 가운데서도 방일하지 않는 법이 최고다. 그래서 방일하지 않는 수행자는 네 가지 끊기를 닦고 또 닦는다.

모든 별빛 가운데 달빛이 최고인 것처럼, 여러 착한 공덕을 만드는 서른일곱 가지 훌륭한 수행법 가운데 방일하지 않는 것이 가장 높고 귀하다. 그래서 방일하지 않는 수행자는 네 가지 끊기를 닦고 또 닦는다.

참파카 꽃, 수나마 꽃을 비롯해 천상과 인간의 모든 꽃 가운데 바시카 꽃이 제일인 것처럼 모든 착한 공덕을 만드는 서른일곱 가지 수행법 가운데 방일하지 않는 것이 제일이다. 그래서 방일하지 않는 수행자는 네 가지 끊기를 닦고 또 닦는다.

그러면 어떤 것이 네 가지인가. 아직 생기지 않은 나쁜 법은 방편을 써서 생기지 않도록 하고〔未生惡令不生〕, 이미 생긴 나쁜 법은 방편을 써서 없어지게 하고〔已生惡令滅〕, 아직 생기지 않은 좋은 법은 방편을 써서 생기게 하고〔未生善令生〕, 이미 생긴 좋은 법은 방편을 써서 더욱 많아지고 오래 가도록 하는 것〔已生善令增長〕이다. 수행자는 이와 같이 네 가지 끊기를 닦는 데 게으르지 말아야 한다."

증일아함 18권 제26 〈사의단품四意斷品〉 제1-4경

인생에서 게으름만큼 해롭고 치명적인 습관은 없다. 그럼에도 불구하고 이 게으름만큼 몸에 붙이기 쉽고 고치기 어려운 습관도 없다. 인도 격언에 '달리기보다 걷는 것이 좋고, 걷기보다 서 있는 것이 좋다. 서 있기보다는 앉아 있는 것이 좋고, 앉아 있기보다는 누워 있는 것이 좋다' 는 말이 있다. 그러나 오래 누워 있는 자는 죽은 자뿐이다.

게으른 사람은 결코 부지런한 사람을 이길 수 없다. 《이솝우화》에 나오는 '토끼와 거북이의 경주' 가 좋은 예다. 누가 보아도 거북이는 토끼의 경쟁상대가 되지 않는다. 토끼는 이 점을 과신하고 중간에 풀밭에 누워 낮잠을 잔다. 그 사이 거북은 쉬지 않고 부지런히 걸어서 먼저 목적지에 도착한다. 이 우화는 느린 걸음이 문제가 아니라 얼마나 부지런하게 사는가가 더 중요하다는 것을 가르쳐준다. 그런데 지금 우리는 어떻게 살고 있는가.

옛날 영국의 어느 게으른 시골 지주가 연간 500파운드를 벌어들일 수 있는 부동산을 갖고 있었다. 그는 빚에 쪼들려 반은 팔고, 나머지는 어느 부지런한 농부에게 20년 기한으로 임대해주었다. 그런데 그 기한이 끝나갈 무렵 농부는 임차료를 갚으면서, 땅을 팔지 않겠느냐고 물었다. 지주는 깜짝 놀라면서 물었다.

"그것 참 이상하군. 나는 지금의 두 배나 되는 땅을 갖고도 돈을 벌지 못했는데 당신은 1년에 200파운드의 임대료를 내고도 몇 년 안에 그걸 살 수 있다니! 도대체 그 비결이 뭐요?"

"그야 간단합니다. 당신은 앉아 있었고, 저는 일어나 움직였죠. 당신이 침대에 누워 자신의 부富를 즐기는 동안 저는 아침에 일찍 일어나 열심히 일했습니다."

수행도 마찬가지다. 나태하면 성불은커녕 악도에서 벗어날 기약조차 막막하다는 것이다.

늙음은 부서진 수레와 같나니…

 부처님이 사위성 기원정사에 계실 때의 일이다. 어느 날 아난
존자는 부처님의 늙은 육신을 보고 슬픈 얼굴로 이렇게 말했다.

"거룩하신 몸도 과거와는 다르옵니다. 거룩하신 몸이 왜 이렇게 쪼글
쪼글하나이까?"

"네 말처럼 나의 몸은 이전과 다르구나. 왜냐하면 사람의 몸이란 늙
고 병들어 죽는 것을 피할 수 없기 때문이니라. 나도 벌써 늙어 나이가
80세가 넘었구나."

다음날 부처님은 아난 존자와 사위성으로 걸식을 나갔다가 파세나디
왕의 궁전 앞을 지나게 되었다. 궁전 앞에는 낡아서 부서진 수레가 여러
대 버려져 있었다. 아난다는 그 수레를 보고 이렇게 말했다.

"저 수레도 옛날에는 매우 아름답더니 오늘 보니 부서진 기와조각과
같나이다."

"그렇구나. 네 말처럼 저 수레들도 옛날에는 매우 아름다웠을 것이
다. 그러나 오늘은 낡고 부서져 다시는 쓸데가 없게 됐다. 물건도 이렇

거늘 하물며 사람 몸은 어떻겠느냐. 비록 백년을 산다 해도 이 몸은 무너져 죽음으로 돌아가느니라.”

그때 마침 수행자들에게 아침 공양을 올리던 파세나디 왕이 부처님께 여쭈었다.

“여래의 몸도 늙음과 병듦과 죽음이 있나이까?”

“그렇다. 여래에게도 생로병사生老病死가 있다. 여래도 사람일 뿐이다.”

부처님은 탁발을 마치고 기원정사로 돌아와 수행자들에게 말씀했다.

“세상 사람들은 네 가지를 좋아한다. 젊음과 건강과 장수와 은애를 좋아한다. 또 네 가지를 싫어한다. 늙음과 병듦과 죽음과 은애가 모였다가 흩어지는 것을 싫어한다. 그러나 누구도 좋아하는 것만 좋아하고 싫어하는 것을 피할 수는 없다. 이 사실을 깨닫고 거룩한 계율과 삼매와 지혜와 해탈의 도를 배우면 생로병사의 뿌리를 끊고 다시는 후생을 받지 않을 것이다. 그러므로 그대들은 나지도 않고 늙지도 않고 병들지도 않으며 죽지도 않는 고요한 열반을 성취하도록 하여야 한다.”

증일아함 18권 제26 〈사의단품四意斷品〉 제6경

남자들이 술자리에서 하는 농담 가운데 이런 것이 있다.

“나이 50이 넘으면 배운 여자나 못 배운 여자나 똑같다. 60이 넘으면 화장한 여자나 안 한 여자나 똑같다. 70이 넘으면 돈이 있는 여자나 없는 여자나 똑같다. 80이 넘으면 남편 있는 여자나 없는 여자나 똑같다. 90이 넘으면 죽은 여자나 산 여자나 똑같다.”

이 농담은 은근하게 여성들의 미모나 성적 매력에 관한 것을 주제로

삼는 것이어서 점잖지는 않다. 농담의 대상을 여성에게만 적용하는 것
도 객관적 진실에 부합하는 것이 아니다. 남성의 경우도 이 비유와 크게
다르지 않기 때문이다. 그런 점에서 보면 이 농담의 진짜 주제는 '인생
의 나이 듦에 대한 허무'에 있다고 해야 할 것이다.

시간의 속도는 나이에 비례한다고 한다. 10대의 시간은 시속 10km
로 가지만 20대는 20km, 50대는 50km, 70대는 70km로 달린다는 것이
다. 이런 비유는 나이든 사람일수록 실감한다. 세월이 이렇게 빠른 속
도로 달려서 이르는 종착역은 무덤이다. 부처님조차도 당신의 늙은 육
신을 바라보며 '낡고 부서진 수레'에 비유하는 장면은 우리를 쓸쓸하
게 한다.

문제는 이렇게 늙음과 병듦과 죽음에 직면한 우리가 어떻게 살아야
할 것인가 하는 점이다. 지금처럼 계속 미워하며 욕심부리며 살아갈 것
인가, 화해하고 사랑하며 살아갈 것인가…. 살 날은 적고 죽을 날은 가
깝다. 각자가 알아서 결정할 일이다.

어떻게 죽음을 맞을 것인가

부처님이 사위국 기원정사에 계실 때의 일이다. 어느 날 독실한 재가 불자인 파세나디 왕이 외출한 사이에 왕의 모후가 임종을 했다. 왕에게는 불사밀不奢蜜이라는 신하가 있었다. 그는 왕의 슬픔을 달래기 위해 꾀를 냈다. 5백 마리의 흰 코끼리와 말, 5백 명의 보병과 기녀, 5백 명의 바라문과 사문, 5백 벌의 의상과 보배로 장엄하고 화려한 상여를 꾸몄다.

외출에서 돌아오던 왕은 이 화려한 행렬을 보고 누구의 행렬인지 물었다. 신하는 이렇게 대답했다.

"어떤 장자의 어머니가 죽었는데 저것들을 염라대왕에게 보내 죽은 이의 목숨을 대신하려고 보내는 행렬이라고 합니다."

"그것은 미련한 짓이다. 코끼리와 말을 대신 희생한들 죽은 사람은 살릴 수 없다. 바라문과 사문들이 빌어도 안 되고, 기녀를 보내 달래도 어림없다. 군사를 보내 싸워도 안 되고, 보물로 뇌물을 써도 안 될 일이다. 태어난 사람이 죽지 않을 방법은 없다. 슬퍼해도 소용없다."

대신은 그제서야 왕에게 모후의 죽음을 알렸다.

"실은 오늘 모후께서 임종했습니다. 태어난 사람은 모두 죽는 것이니 너무 슬퍼 마옵소서."

왕은 슬픔을 누르고 궁으로 돌아가 절차에 따라 장례를 치르고 부처님을 찾아갔다. 부처님은 왕을 위로하며 이렇게 말씀했다.

"왕이여. 너무 슬퍼하지 마시오. 일체 중생은 다 죽음으로 돌아가오. 아무리 애를 써도 그렇게 되지 않을 수 없소. 사람의 몸은 눈덩이나 흙덩이를 뭉쳐 놓은 것 같아서 반드시 부서지게 돼 있소. 아지랑이 같아서 허망하고 진실한 것이 아니오. 거기에 집착하는 것은 빈 주먹으로 어린아이를 속이는 것과 같소. 그러니 이 몸을 믿지 말고 근심도 하지 마시오."

부처님은 또 이렇게 죽음의 불가피성을 말씀했다.

"죽음은 교묘한 말이나 주술이나 약이나 부적으로 막을 수 있는 것이 아니오. 늙음은 청춘을 부수어 아름다움을 없애고, 병은 건강을 부수고, 죽음은 목숨을 부수고, 항상하다고 믿는 모든 것은 덧없음으로 돌아가는 것이오. 대왕도 여기에서 벗어날 수 없소. 그러나 이런 것을 미리 알고 몸과 마음을 다스려 법을 깨닫게 되면 죽은 뒤에 천상에 태어나고, 그렇지 않으면 지옥에 떨어질 것이오."

증일아함 18권 〈사의단품四意斷品〉 제7경

 언제부턴가 우리들은 웰빙Well-being이란 말을 입에 달고 산다. 웰빙의 관심은 한마디로 어떻게 해야 잘 살 것인가 하는 것이다.

이런 관점에서 보면 웰빙은 매우 종교적인 화두다. 그런데 우리의 웰빙은 상업주의와 결합해서 엉뚱한 쪽으로 발전했다. 황토방에서 생활하며 자연식을 먹는 것을 웰빙이라고 생각하는 식이다. 그렇지만 이렇게 산다고 진정으로 행복해질지는 의문이다. 우리 앞에는 언제나 죽음이 복병처럼 엎드려 있기 때문이다.

우리가 다시 고민해 볼 점은 잘사는 것 못지않게 잘 죽는 것이다. 죽음은 누구나 두렵고 피하고 싶지만 아무도 이를 피할 수 없다. 그렇다면 '잘 죽는 일Well-dying' 이야말로 우리가 깊은 관심을 가져야 할 주제다. 그렇다면 어떻게 해야 잘 죽을 수 있는가. 이에 대한 대답을 주기 위한 것이 일부 사찰에서 하는 '죽음체험학교' 라는 프로그램이다. 내가 오늘 죽는다고 가정한 뒤 유서도 써 보고 관 속에도 들어가 보는 것이다. 아직 정리하지 못한 일도 미리 정리하게 한다. 이렇게 하다 보면 지난날을 반성하게 되고 남은 시간을 정말로 잘 살겠다고 다짐을 하게 된다는 것이다. 참으로 잘 살고 싶다면 한 번쯤 실천해 볼 일이다.

성자도 피할 수 없는 업보

부처님이 왕사성 죽림정사에 계실 때의 일이다. 그 무렵 장로 목갈라나는 사리풋타와 함께 부처님을 모시고 있었다. 어느 날 그는 걸식을 하러 혼자 마을로 들어갔다. 평소 부처님과 제자들을 시기하던 집장執杖 바라문들은 목갈라나가 오는 것을 보고 해코지하기로 했다.

"저 사람은 부처님의 제자 중에서도 뛰어난 사람이다. 우리가 에워싸고 때려죽이자."

그들은 목갈라나를 둘러싸고 기왓장과 돌로 폭행을 가했다. 목갈라나의 온몸은 뼈가 드러나고 살이 문드러져 고통이 이만저만이 아니었다. 외도들은 목갈라나가 쓰러지자 그대로 내버려 두고 도망갔다. 간신히 정신을 차린 목갈라나는 죽을힘을 다해 정사로 돌아왔다.

상처투성이가 돼 돌아온 목갈라나는 오랜 친구사리풋타에게 자초지종을 털어놓았다.

"걸식을 나갔는데 집장 바라문들이 나를 에워싸고 돌과 몽둥이로 때려 이렇게 됐네. 지금 온몸은 너무나 고통스러워 견디기 힘들 정도네. 아무래도 열반에 들어야 할 것 같아 자네에게 이별의 인사를 하러 왔네.”

“자네는 부처님 제자 중에서 신통이 제일이네. 피하려면 큰 위력으로 피할 수도 있었을 텐데 왜 그렇게 하지 않았는가?”

“내가 지은 업보는 매우 깊고 무거운 것이네. 그 갚음은 언젠가 받아야 하는 것이므로 피하지 않았네. 만약 내가 허공으로 피했다면 거기서도 갚음을 받았을 것이네. 나는 지금 매우 고통스럽네. 자네를 봤으니 이제는 열반에 들고자 하네.”

목갈라나의 죽음을 예견한 사리풋타는 자리에서 일어났다. 그리고 자신도 열반에 들기 위해 부처님을 친견한 뒤 시자 균두 사미만 데리고 고향인 마수국으로 가서 임종을 맞았다. 목갈라나는 사라풋타를 화장한 사리가 도착한 것을 보고 이내 열반에 들었다.

이렇게 두 사람의 장로제자가 앞서거니 뒷서거니 먼저 떠나가자 부처님은 매우 안타까워하면서 이렇게 말했다.

“나는 지금 가지가 없는 큰 나무와 같다. 사리풋타와 목갈라나가 열반에 든 것은 큰 나무에 가지가 잘려나간 것 같다. 대중들을 살펴보니 마치 텅 빈 것 같구나. 그들이 없기 때문이다. 만일 두 사람이 있었으면 이렇게 쓸쓸하지는 않았을 것이다.”

증일아함 18권 제26 〈사의단품四意斷品〉 제9경

 어떤 사람이 억울한 일로 멀쩡하게 다니던 직장을 그만두게 됐다. 그는 분한 마음을 달래지 못해 이곳저곳 산천을 헤매고 다녔

다. 그가 어느 절에 갔을 때의 일이다. 그 절 노스님이 그에게 법문을 들려주었다.

"자네가 회사를 그만둔 것은 업장 때문일세. 과거에 지은 업이 현세에 나타난 것이네. 만약 자네가 그렇게라도 회사를 그만두지 않았으면 더 큰 일이 생겼을지 모르네. 예를 들어 저녁에 술이라도 먹고 길을 건너다 교통사고를 당해 죽었을 수도 있네. 그 화를 면하기 위해 회사를 그만두게 된 것이네. 회사를 다니다 죽는 것보다, 회사를 그만두고 살았으니 그게 더 좋은 일이네. 그러니 자네를 회사에서 사직시킨 사람이 은인일세. 그 사람이 부처님이고 귀인이니 감사하게 생각하게."

그는 처음에는 이 말이 귀에 들리지 않았다. 놀리는 것 같아 도리어 화가 났다. 그러나 곰곰이 생각해 보니 그럴 수도 있겠다 싶었다. 그는 마음을 고쳐먹고 평상심을 회복했다. 그랬더니 얼굴이 환해지고 아쉬운 대로 좋은 일도 생겼다.

업보란 이런 것이다. 목갈라나의 고백에서 보듯 그것은 누구도 피할 수 없다. 이 이치를 잘 아는 수행자는 억울한 일을 당해도 마음을 편하게 갖는다. 수행을 한 사람과 안 한 사람은 이 점이 다르다.

편안하게 잠자는 비결

아집을 버리고 정견을 따르라

부처님이 사위성 기원정사에 계실 때의 일이다. 어느 날 부처님은 비구들에게 이렇게 말씀했다.

"수행자에는 네 종류의 사람이 있다. 그들은 공경하고 높임을 받을 만하다. 그들은 어떤 사람인가. 믿음을 가진 사람, 법을 받드는 사람, 몸으로 증득하는 사람, 지혜가 밝은 사람이다.

믿음을 가진 사람이란 훌륭한 사람의 가르침을 받으면 독실하게 믿는 마음을 내서 의심하지 않는 사람을 말한다. 그는 부처님의 가르침에 대해 굳은 믿음이 있으며, 또한 훌륭한 아라한의 말을 믿는다. 결코 자기 소견이나 지혜에만 의지해 맡기지 않는다.

법을 받드는 사람이란 사람에 의지하기보다는 법에 의지하는 사람을 말한다. 그는 항상 누가 말을 하면 '업보란 있는가 없는가', '이것이 진실한 법인가 허망한 것인가', '이것은 여래의 말이요 법인가 그렇지 않은가'를 관찰한다. 그리하여 여래의 법인 줄 알면 받들어 가지지만 외도의 말이면 떠난다.

몸으로 증득한 사람이란 자기 몸으로 증득한 것만을 법으로 믿는 사람을 말한다. 그는 남을 믿지 않고 여래의 말도 믿지 않으며 모든 존자의 가르침도 믿지 않는다. 다만 자기가 증득한 것만을 믿는다.

지혜가 밝은 사람이란 세 가지 결박을 끊고 수다원과에서 물러나지 않는 법을 성취한 사람을 말한다. 그는 '보시의 공덕도 있고', '선악의 갚음도 있으며', '이승도 저승도 있으며, 부모도 있으며, 아라한의 가르침을 받는 이도 있다'고 말한다. 그는 몸으로 믿고 증득하여 스스로 편한 상태에 머물면서 지혜로써 교화한다.

수행자들이여, 이것이 이른바 네 종류의 수행자다. 그대들은 이중에서 다른 셋은 버리더라도 몸으로 증득하여 지혜를 얻는 법을 닦도록 하라."

증일아함 제19권 〈등취사제품^{等趣四諦品}〉 제10경

'산은 산이요 물은 물이로다.' 이 말은 전 조계종 종정 성철^{性徹} 스님이 종정으로 취임하면서 내린 법어 중 한 구절이다. 그런데 이 말은 원래 중국의 선사들이 했던 말이다.

운문 선사의 어록을 모아 놓은 《운문록^{雲門錄}》 상권에는 이런 말이 나온다.

제방의 수행자들이여, 망상을 피우지 말라. 하늘은 하늘, 땅은 땅, 산은 산, 물은 물, 수행자는 수행자 속인은 속인이다.

〔諸和尙子 莫妄想 天是天 地是地 山是山 水是水 僧是僧 俗是俗〕

또《속전등록》22권 청원유신青原惟信 선사 편에는 이런 구절이 있다.

> 이 노승이 30년 전 참선을 하기 이전에는 '산은 산이고 물은 물인 것
> 〔山是山 水是水〕'으로 보였다. 그 뒤 어진 스님을 만나 깨침의 문턱
> 에 들어서고 보니 '산은 산이 아니고 물은 물이 아니었다〔山不是山
> 水不是水〕.' 그러나 마침내 진실로 깨치고 보니, '산은 역시 산이고,
> 물은 역시 물이었다〔山秖是山 水秖是水〕.

이 법어의 뜻을 좀 더 단순화시켜 해석하면 상식과 정견을 따르라는
것이다. 우리는 세상만사를 너무 굴절시켜 해석하는 데 익숙하다. 하늘
에서 유성이 떨어지는 것을 보면 자연현상으로 이해하지 않고 누가 죽
을 괘로 해석한다. 모든 것을 음모론적 시각으로 바라보니 전혀 다른 결
론에 도달하는 것이다. 선사들은 이런 엉터리들을 향해 간명직절한 설
법을 한다. 상식과 정견正見으로 볼 줄 아는 것이 불교인이요 수행자라
는 것이다.

이 경에서 부처님이 '바른 소견과 지혜를 가지라'고 한 것이나, 선사
들이 '산은 산이요 물은 물'이라고 한 말씀에는 털끌만큼의 괴리도 없
다. 한 가지 우려되는 일이 있기는 하다. 이런 어줍지 않은 해설이야말
로 혹시 산을 물이라고 우기는 망견이 아닐지 하는 걱정이다.

편안하게 잠자는 비결

부처님이 아알라비 사당에 머물 때의 일이다. 어느 날 핫다카 장자 아들이 부처님을 찾아와 "어젯밤에 잘 주무셨는지요?" 하고 문안을 여쭈었다. 부처님은 "기분 좋게 잘 잤다"고 했다. 그러자 장자의 아들이 다시 물었다.

"지금은 한창 추운 때라 나뭇잎도 다 시들어 떨어졌습니다. 더구나 부처님께서는 얇은 옷을 입으시고 풀 자리에 누워 주무셨는데 괜찮으신 지요?"

"젊은이여. 잘 들어라. 만일 어떤 장자가 집을 굳게 단속해 먼지나 바람이 들어오지 않도록 하고, 방 안에는 좋은 침구가 있어 불편이 없으며, 넷이나 되는 미녀들은 얼굴이 단정하여 아무리 보아도 싫증이 나지 않으며, 등불도 은은하게 켜져 있으면 그는 잠을 잘 잘 수 있지 않겠는가?"

"그러하나이다. 좋은 친구가 있다면 기분 좋게 잘 수 있을 것입니다."

"그러나 만일 그에게 탐욕이 일어나나면 과연 편안하게 잠자리에 들

수 있겠는가?"

"편하게 잘 수 없을 것입니다. 왜냐하면 탐욕이 일어나 편하지 않기 때문입니다."

"그러면 성내는 마음이나 어리석은 마음이 일어나면 어떻겠느냐?"

"편하게 잘 수 없을 것입니다. 세 가지 독한 마음이 번뇌를 불러오기 때문입니다."

"그런데 젊은이여. 나는 그런 마음이 아주 다해서 남음이 없다. 그런 마음의 뿌리조차 없다. 잠자리에는 네 가지가 있다. 전륜성왕의 자리, 제석천왕의 자리, 범천왕의 자리, 부처님의 자리가 그것이다. 전륜성왕의 자리란 수다원을 얻은 자리요, 제석천왕의 자리란 사다함을 얻은 자리요, 범천왕의 자리란 아나함을 얻은 자리요, 부처님의 자리란 네 가지가 평등한 자리니라. 젊은이여 나는 음욕과 성냄과 어리석은 마음을 일으키지 않느니라. 그러므로 나는 편안하게 잠자리에 들 수 있었느니라."

증일아함 제20권 〈성문품聲聞品〉 제3경

의학적으로 불면증은 습관적으로 잠을 이루지 못하는 상태를 말한다. 원인으로는 뇌동맥경화나 고혈압으로 인한 뇌혈행 장애성, 자율신경이나 내분비의 이상, 정신병으로 인한 것 등이 있다. 특히 정신병의 약 30%는 불면이 주증세고, 정신질환 때문에 생긴 불면증은 자살의 위험도 있다는 것이 정신과 의사들의 설명이다.

불교적 설명도 이와 크게 다르지 않다. 부처님은 사람들이 편하게 잠자지 못하는 상태, 즉 불면의 이유가 정신적인 것에 있음을 지적한다.

탐욕과 분노와 무지가 번뇌를 불러오고 그것이 편안한 잠을 방해한다는 것이다. 실제로 우리의 경험도 이와 크게 다르지 않다. 불면증까지는 아니더라도 정신적으로 크게 흥분된 상태에서는 편안하게 숙면을 취할 수 없다. 잠자리가 편하지 않으면 자고 일어나도 온몸이 찌부둥하고 기분이 상쾌하지 않다. 오욕락 가운데 수면욕이 들어 있는 것을 보면 불면이 얼마나 큰 고통인가를 말해준다.

그러면 어떻게 해야 편하게 잠을 잘 수 있을까. 원적외선이 나온다는 황토벽돌집에 잔다고 불면증이 없어지는 것이 아니다. 비싼 옥돌침대에서 잔다고 잠자리가 편한 것도 아니다. 풀밭에서 자더라도 마음에 걱정이 없고 감관이 안정돼야 편하게 잘 수 있다. 번뇌를 다스리면 편안한 잠자리는 자동으로 보장된다는 것이다. 부처님은 《법구경》〈우암품〉에서 불면증에 시달리는 원인을 이렇게 진단했다. 치료에 도움이 됐으면 좋겠다.

잠 못 이루는 사람에게 밤은 길고 〔不寐夜長〕
피곤한 사람에게 길은 멀고멀구나 〔疲捲道長〕
어리석은 사람은 긴 고통에 시달리나니 〔愚生死長〕
정법을 알지 못하기 때문이로다 〔莫知正法〕

장로의 이름에 합당한 사람

부처님이 왕사성 죽림정사에 계실 때의 일이다. 어느 날 부처님이 제자들에게 둘러싸여 설법을 하고 있는데 어떤 장로 비구가 발을 뻗고 졸고 있었다. 이와는 달리 나이가 겨우 8살인 수마나 사미는 부처님에게서 멀지 않은 곳에서 가부좌를 하고 앉아 생각을 한곳에 모아 정진하고 있었다. 부처님은 다리를 뻗고 앉아 졸고 있는 장로 비구와 단정히 앉아 생각을 한곳에 모으는 사미를 보고 이렇게 말씀하셨다.

"수염과 머리를 깎았다고 해서 그를 장로라고 할 수 없다. 아무리 나이가 많아도 행이 따르지 않으면 어리석은 것이다. 네 가지 진리를 깨닫고 어떤 생명도 해치지 않으며, 더럽고 나쁜 행을 버려야 그를 진정으로 장로라 할 것이다. 내가 말하는 이른바 장로란 반드시 남보다 먼저 집을 떠난 사람을 말하는 것이 아니다. 착한 업을 닦고 바른 행동을 분별할 줄 아는 사람을 말한다. 그러나 아무리 나이가 어리더라도 모든 감각기관에 실수가 없으면 그 사람이야말로 장로의 이름에 합당하다. 그는 바른 법을 분별하여 행동하기 때문이다.”

부처님은 다시 비구들에게 졸고 있는 장로 비구와 생각을 한곳에 모으고 있는 사미에 대해 이렇게 말했다.

“이 장로 비구는 지난 5백 생 동안 죽 뱀으로 살았다. 만일 지금 목숨을 마친다면 다시 뱀으로 태어날 것이다. 왜냐하면 그는 하는 마음이 없기 때문이다. 삼보에 대해 공경하는 마음이 없으면 그는 몸이 무너진 뒤에 반드시 뱀으로 태어나느니라. 그러나 이 사미는 이레 뒤에 네 가지 신통〔四神足〕과 네 가지 진리를 얻고〔四聖諦〕, 네 가지 선정〔四禪定〕에서 자재를 얻고 네 가지 끊기〔四意斷〕를 잘 닦을 것이다. 왜냐하면 이 사미는 여래와 그 가르침과 가르침을 따르는 대중에 대해 공경하는 마음을 갖기 때문이니라.

그러므로 비구들이여, 그대들은 언제나 삼보를 공경하며 열심히 수행하도록 하라.”

증일아함 21권 〈수타품須陀品〉 제2경

서울의 한 채용정보업체가 직장인 2500여 명을 대상으로 ‘최고의 직장상사는 어떤 사람인가’를 조사했는데 그 결과가 매우 흥미롭다.

직장인들이 최고로 치는 직장상사 1위는 ‘악독해도 리더십과 일처리 능력이 뛰어난 상사’(43.4%), 2위는 ‘부하를 믿고 일을 맡겨주는 상사(24.2%), 3위는 ‘윗사람 눈치 안 살피고 소신껏 일하는 상사’(15.5%), 4위는 ‘형 같이 잘 챙겨주는 상사’(10.3%) 순이었다. 또 ‘직장상사에게 고마움을 느낄 때’를 질문하자 39%가 ‘업무 수행 시 실적이나 능력을 인정해주고 보상해줄 때’를 꼽았다. 이어서 ‘공은 부하에게 돌리고 책임질 일은 자신의 몫으로 돌릴 때’(28.9%), ‘부하의 일을 자신의 일처럼 챙겨주고 배려해줄 때’(19.6%) 등이 뒤를 이었다. 반대로 직장상사가 꼽는 ‘최고의 부하직원’으로는 ‘상사의 보좌역을 뚝 소리 나게 해내는 직원’(36.6%), ‘업무를 야무지고 빈틈없이 처리하는 직원’(26.5%), ‘자신감과 긍정적 사고방식을 가진 직원’(19.9%), ‘최선을 다하는 직원’(11.4%) 순이었다.

이 통계를 보면 직장에서 ‘어른 노릇’ 하기가 결코 수월하지 않음을 알 수 있다. 어른으로서 존경을 받으려면 아랫사람이 요구하는 실력과 인품을 갖추어야 하는데, 그게 그렇게 쉽지 않기 때문이다.

사실 어른 노릇이란 여간 스트레스 받는 일이 아니다. 그것은 어떤 의미에서 일종의 구속이다. 그렇지만 큰 책상과 혼자 쓰는 방을 주는 것은 이유가 있다. 상사, 또는 어른의 이름에 합당한 처신을 하라는 뜻이다. 그걸 잘 못 하면 거기서 나가야 한다. 냉정한 것이 세상의 이치여서 여기에는 승속의 차이가 없다.

석종사문은 모두 평등하다

 부처님이 사위성 기원정사에 계실 때의 일이다. 어느 날 부처님은 이렇게 말씀했다.

"이 세상에는 네 개의 큰 강이 있다. 네 개의 강이란 강가 강, 신두 강, 시타 강, 바차 강이다. 강가 강은 물소의 입에서 흘러 나와 동쪽으로 흐른다. 신두 강은 사자의 입에서 흘러나와 남쪽으로 흐른다. 시타 강은 코끼리 입에서 나와 서쪽으로 흐른다. 바차 강은 말 입에서 나와 북쪽으로 흐른다. 이 네 강물은 아나바타타 못을 에워싸고 흘러서, 강가는 동쪽 바다로 흘러들어 가고, 신두는 남쪽 바다로 흘러들어 간다. 시타는 서쪽 바다로 흘러들어 가고, 바차는 북쪽 바다로 흘러들어 간다. 그러나 강물이 바다로 들어간 뒤에는 본이름은 없어지고 다만 '바다' 라고만 불려진다.

또한 이 세상에는 네 가지 종성이 있다. 네 가지 종성이란 크샤트리아, 바라문, 수드라, 바이샤가 그것이다. 그러나 그들도 여래의 법에 들어와 수염과 머리를 깎고, 세 가지 법의를 입고 출가하여 도를 배우면

148

본래의 성은 없어지고 다만 석가의 제자 사문이라 불린다. 왜냐하면 여래의 대중은 큰 바다와 같고, 네 가지 진리는 큰 강과 같아서 온갖 번뇌를 없애고 두려움이 없는 열반성으로 들어가기 때문이니라.

그러므로 비구들이여, 네 가지 종족의 사람일지라도 수염과 머리를 깎고 견고한 믿음으로 집을 나와 도를 배우거든 본이름을 버리고 석가의 제자 사문〔釋種沙門〕이라고 스스로 일컬어라. 그대들은 법에 의해 태어났고 법을 좇아 출가를 했기 때문이니라.

그러므로 비구들이여, 그대들은 마땅히 석가의 아들이 되고, 석종사문이 되도록 하라. 마땅히 이와 같이 해야 하느니라.”

증일아함 제21권 〈고락품苦樂品〉 제9경

부처님이 고향을 방문했을 친척인 아니룻다, 아난다, 난타 등 6명의 귀족들도 출가를 했다. 그런데 이들의 머리를 깎아주던 이발사 우팔리는 이보다 앞서 출가하여 부처님의 제자가 됐다. 귀족들이 1주일 뒤에 출가해 선배에게 인사하려고 하는데 그 중에는 우팔리도 있었다. 그들이 주저하며 예배를 꺼리자 부처님은 엄하게 나무랐다. 이 경은 바로 그때의 설법을 기록한 것이다.

인도사회에서 계급제도의 기원은 매우 오래됐다. 기원전 13세기경 코카사스 북쪽에 살던 아리안들이 힌두쿠시를 넘어 인도로 침입해 왔다. 이들은 선주민先住民이었던 드라비다 족을 정복하고 노예로 삼았다. 아리안들은 이 제도를 정착시키기 위해 《리그베다》에 신화를 만들어 넣었다. 이에 따르면 ‘그푸르샤의 입에서 브라흐만〔婆羅門〕, 두 팔에서 크샤트리아〔武士, 王族〕, 넓적다리에서 바이샤〔平民〕, 두 발에서는 수드라〔賤民〕가 태어났다’는 것이다. 또《마누법전》을 통해서는 종성제도를 더욱 고착시키는 규정을 만들어냈다. 즉 브라만에게는 베다의 교수와 학습, 자기와 남을 위한 제사를 집행토록 하고, 크샤트리아에게는 인민을 보호하는 일, 보시하는 일, 제사지내는 일, 베다를 배우는 일을 하도록 했다. 바아샤에게는 가축 기르기, 보시하기, 제사지내기, 장사하기, 돈 빌려주는 일, 토지를 경작하는 일, 베다를 공부하는 일을 하게 했다. 수드라에게는 ‘원망과 슬픔 없이 다른 세 계급에게 봉사하는 것’을 신이 정한 일이라고 못박았다.

그러나 불교는 이를 부정했다. ‘계급제도를 부정하는 제도’를 불교교단에 도입하고, 새로운 사상을 전파했다. 불교의 가장 오래된《숫타니파다》136구에서 부처님은 이렇게 가르쳤다.

가문을 묻지 말고 행실을 물으라. 천한 가문에서 태어났어도 행실이 훌륭하면 그는 고귀한 사람이다. 반대로 훌륭한 가문에서 태어났어도 행실이 나쁘면 그는 천한 사람이다.

시댁식구를 교화한 며느리

 부처님이 사위국 기원정사에 계실 때의 일이다. 어느 날 기원정사를 기증한 수닷타 장자가 찾아와 부처님께 딸의 결혼문제를 상의했다.

"저에게 수마제라는 딸이 있는데 만부성滿富城의 만재滿財 장자가 며느리로 삼고 싶어 합니다. 그러나 만재 장자는 외도를 섬기는 사람입니다. 저는 그것이 마음에 걸립니다. 어떻게 하면 좋을는지요?'

"수마제가 만재 장자의 며느리가 되면 그 집안에 이익을 주고, 많은 사람을 교화할 것이다."

수닷타는 부처님의 말씀을 듣고 보름 뒤에 수마제를 시집보내기로 했다.

그런데 결혼 직후 한 가지 문제가 생겼다. 만부성 사람들은 성 안에 살던 처녀가 다른 성으로 시집을 가거나, 다른 성에 사는 처녀가 이곳으로 시집을 오는 것을 금하는 규칙이 있었다. 만재 장자는 수마제를 며느리로 삼음으로써 이 규칙을 어겨 벌칙을 받게 된 것이다. 만재 장자가 받아야 할 벌칙은 돼지를 잡아 국을 끓이고 고기와 술로 많은 범지_{梵志}를 공양하는 것이었다.

만재 장자는 벌칙을 받기 위해 음식을 준비하고 범지들을 초대했다. 만재장자 집에 초대된 범지들은 모두 벌거벗은 나형외도_{裸形外道}들이었다. 만재 장자는 새로 시집온 며느리 수마제를 그들에게 인사시키려고 했다. 그러나 수마제는 그렇게 할 수 없다고 했다.

"저들은 벌거벗은 채 맨살을 법의_{法衣}라고 우깁니다. 그것은 분별이 있는 말이 아니며 부끄러움을 모르는 짐승과 같은 짓입니다. 저는 그런 사람들에게 예배할 수 없습니다."

그러자 이번에는 수마제의 남편이 나서서 "이분들은 우리가 하늘처럼 섬기는 사람들"이라면서 인사를 드리라고 했다. 그러나 수마제는 "예의를 모르는 짐승 같은 사람에게는 예배할 수 없다"며 완강하게 거절했다. 이 일로 만재 장자는 커다란 근심이 생겼다. 누각에 올라가 생각하니 수마제를 며느리로 삼은 것이 후회됐다.

그때 수발이라는 범지가 지나가다가 왜 그토록 근심에 싸였는가를 물었다. 만재 장자가 자초지종을 설명하자 수발은 며느리가 섬기는 부처님을 한 번 만나보라고 했다. 만재 장자는 며느리를 시켜 부처님을 뵙고 싶다는 뜻을 전했다. 부처님은 목갈라나, 카사파, 아니룻다, 수붓티, 라훌라, 출라판타카 등을 먼저 보내고 당신은 나중에 사리풋타, 카운디냐, 아난다 등을 데리고 만재 장자의 집으로 갔다. 이 행차에는 파세나디 왕과 수닷타 장자도 동행했다.

만재 장자는 부처님의 거룩한 모습에 저절로 무릎을 꺾고 예배를 올렸다. 외도들은 그 모습을 보자 사자왕이 나타나면 모든 짐승들이 자취를 감추듯이 만재성을 떠났다. 부처님은 장자의 집에 들어가 공양을 받은 뒤 보시와 지계의 공덕으로 천상에 태어나는 법, 괴로움과 괴로움에서 벗어나는 사제법四諦法을 설했다. 만재 장자를 비롯한 많은 사람들은 그 자리에서 번뇌가 사라지고 법안法眼이 깨끗해졌다.

증일아함 제22권 〈수타품須陀品〉 제3경

수마제와 같은 얘기는 요즘 우리 주변에도 많다. 다만 그 결론이 반대다. 외도를 믿는 며느리가 들어와서 불자인 부모를 개종시킨다는 것이다. 이런 얘기를 들으면 기분이 매우 찜찜하다.

이렇게 안 되려면 방법은 딱 한 가지다. 어려서부터 자식이 삿된 소견에 빠지지 않도록 잘 가르치는 것이다. 그러자면 수닷타 장자처럼 부모부터 먼저 정법을 배우고 실천해야 한다. 부모가 '바담풍' 하면서 자식에게 '바람풍' 하라고는 할 수 없는 노릇이다.

수마제가 시댁식구를 교화했던 이야기는 너무나 유명해서 《수마제녀경》이라는 별도의 경전으로 남아 있을 정도다.

고행은 무익한 것이다

 부처님이 베살리 교외 숲에 머물 때의 일이다. 어느 날 부처님은 정각을 이루기 전 고행을 하던 때의 일을 이렇게 회상했다.

"나는 정각을 이루기전 대외산大畏山에 머물고 있었다. 낮이면 햇볕으로 대지가 달구어져 아지랑이가 피어오를 때 바깥에 나왔다가 밤이 되면 숲으로 들어갔다. 몹시 추운 밤에는 바람과 눈을 맞으며 바깥에 나갔다가 낮에는 숲으로 들어갔다.

나는 무덤 사이로 가서 죽은 사람의 옷을 주워 몸을 가렸다. 사람들은 그런 나를 보고 나무를 꺾어 때리거나 귓구멍이나 콧구멍을 찌르기도 했다. 침을 뱉거나 흙을 뿌리거나 오줌을 갈기는 사람도 있었다. 그런 모욕을 받고도 나는 화를 내지 않았다.

나는 배가 고프면 외양간에 가서 소똥을 집어먹고 끼니를 때웠다. 그러나 그것으로는 연명이 어려움을 알고 다음부터는 하루에 깨 한 알과 쌀 한 알씩 먹었다. 몸은 쇠약해져 뼈는 서로 맞붙고 정수리에는 부스럼이 생겨 가죽과 살이 절로 떨어졌다. 눈은 깊은 우물 속에 별이 나타나는 것과 같았다. 내 몸은 낡은 수레가 부서진 것처럼 뜻대로 되지 않았다. 내 엉덩이는 낙타 다리처럼 드러났다. 손으로 배를 만지면 곧 등뼈가 잡혔고, 등뼈를 만지면 뱃가죽이 손에 닿았다. 용변을 보고 싶어 자리에서 일어나려면 곧 쓰러졌다. 사람들은 나를 보고 죽은 것이 아니냐고 했다. 이처럼 쇠약해진 것은 제대로 먹지 않았기 때문이었다.

나는 다시 몸을 괴롭히는 수행을 했다. 가시나 널판자 위 쇠못 위에 눕기도 하고, 두 다리를 위로 올리고 머리를 땅에 두기도 했다. 다리를 꼬고 걸터앉거나 수염과 머리를 길러 깎지 않기도 했다. 한겨울에 얼음 물속에 들어가 앉기도 했다. 때로는 옷을 벗고 때로는 헤진 옷을 입기도 했다.

그러나 이러한 고행은 끝내 아무런 이익도 없었다. 나는 '이렇게 하는 것은 도를 성취하는 근본이 되지 못한다. 반드시 다른 길이 있을 것이다' 라고 생각했다. 나는 출가하기 전 나무 밑에 앉아 음욕과 욕심이 없이 선정에 들었을 때, 몸과 마음이 청정해지던 것을 기억해 내고 그 길이 옳은 것일지 모른다는 생각을 했다. 또 얼마만큼은 기력이 있어야 수행할 수 있을 것이라고 생각하고 약간의 음식을 먹기로 했다. 그러자 같이 수행하던 다섯 사람은 나를 가리켜 '참법을 잃고 삿된 길로 들어선 타락한 수행자' 라며 떠나갔다.

그때 멀지 않은 곳에서 길상이라는 범지가 부드러운 풀을 베고 있었다. 나는 그 풀을 얻어 나무 밑에 깔고 앉아 알기도 어렵고 깨닫기도 어려운 성현의 계율과, 지혜와, 해탈과, 삼매를 얻기 위해 명상에 잠겼다. 그렇게 수행을 하는 동안 탐욕이 사라지고 온갖 나쁜 생각이 사라지고 감각기관은 편안해졌다. 선정은 깊어졌고 마음은 깨끗해져서 모든 번뇌와 두려움이 사라졌다. 나는 드디어 번뇌가 다하여 해탈을 얻고, 위없는 진리를 깨달아 참된 도를 이루었다. 그러므로 그대들도 열심히 수행하여 참다운 도를 이루도록 하라."

부처님이 이렇게 말하자 제자들은 기뻐하며 그 가르침을 받들어 행하였다.

증일아함 제23권 〈증상품增上品〉 제8경

파키스탄 라호르박물관에 가보면 이 경전에서 묘사한 부처님의 고행상苦行像이 있다. 그것을 보면 부처님이 누누이 '고행의 무익함'에 대해 말씀했음에도 엉뚱한 생각을 하게 된다. '저런 진지함과 치열함이 없었으면 과연 정각을 성취할 수 있었을까?' 하는 것이다. 그래서 많은 사람들은 아직도 묵언默言과 장좌불와長坐不臥를 훌륭한 수행이라고 여기는지도 모른다. 하지만 고행이 곧 치열함은 아니다. 이것을 모르면 어리석은 사람이다.

유식함을 자랑하지 말라

부처님이 사위성 기원정사에 계실 때의 일이다. 어느 날 부처님의 큰 제자인 목갈라나와 아난다가 부처님의 가르침을 누가 잘 외우는가에 대한 내기를 했다. 이를 본 다른 제자들이 부처님을 찾아가 목갈라나와 아난다가 내기를 하려 한다고 아뢰었다. 부처님은 다른 제자를 시켜 두 사람을 데려오게 했다. 소환을 받은 두 사람이 오자 부처님은 그들을 나무랐다.

"이 한심한 사람들아. 그대들이 정말 '여래의 가르침을 누가 더 잘 기억하는지 소리를 내어 외워 보자'고 내기를 했는가?"

"그러하나이다. 세존이시여."

"그대들은 내가 서로 경쟁하라고 일러주는 설법을 들은 적이 있는가. 만약 그런 적이 있다면 나의 설법이 외도들의 그것과 무엇이 다르겠는가?"

"세존께서는 그런 말씀을 한 적이 없습니다."

"그렇다. 나는 처음부터 그런 것을 말한 적이 없다. 그런데 서로 승부를 다투어서야 되겠는가. 내가 설법하는 것은 그런 마음을 항복시키기 위한 것이다. 나의 설법을 듣는 사람은 항상 네 가지 인연을 생각하라. 즉 '이것은 법과 율에 맞는가 맞지 않는가' 만 생각하라. 그래서 만일 맞거든 받들어 행하여야 하느니라."

이어서 부처님은 수행자가 어떤 태도로 가르침을 받들어 지녀야 하는가에 대해 말씀했다.

"많이 외운다고 결코 이익 될 것이 없다. 나는 그런 것을 훌륭하다고 하지 않는다. 그것은 남의 소 머리를 세는 것과 같아서 수행자에게 중요한 일이 아니다. 외우는 것이 많으냐 적으냐보다는 그 가르침을 제대로 실천한다면 그것이야말로 가장 훌륭한 것이니 이는 수행자가 할 바라 할 것이다. 아무리 1천 문장을 외운다 한들 이치에 맞지 않으면 무슨 이익이 있을 건가. 그보다는 차라리 한 글귀라도 가슴에 새겨 도를 얻느니만 못하다.

그러므로 비구들이여. 지금부터는 다투는 마음으로 승부를 겨루지 말라. 왜냐하면 그것은 모든 사람들을 항복시키려 하기 때문이다. 만일 비구로서 승부를 겨루고자 하는 이가 있으면 법과 율로써 그를 다스려야 할 것이다. 그대들은 오직 수행에만 힘쓰라."

부처님의 꾸중을 들은 두 사람은 다시는 그렇게 하지 않을 것을 다짐하고 참회했다.

증일아함 23권 〈증상품增上品〉 제11경

이 경전을 읽다 보면 슬며시 입가에 웃음이 돈다. 목갈라나와 아난다가 누구인가. 부처님의 뛰어난 제자들이다. 그 두 사람이 서로 유식을 자랑한 것도 그렇지만, 내기를 했다니 도대체 무엇을 걸어 놓고 했을까 궁금해진다. 혹시 장난스럽게 탁발을 대신해주거나, 옷을 대신 빨아주기 내기는 아니었을까 하는 생각도 든다. 아니면 무슨 토론을 하면서 서로 주장을 굽히지 않다가 부처님에게 불려가 꾸지람을 들었을지도 모를 일이다. 어쨌거나 이분들이 장로제자들이라서 이 장면은 아무래도 실소를 자아내게 한다.

그건 그렇고, 우리는 여기서 부처님이 '유식을 자랑하지 말라'고 한 뜻이 어디에 있는가를 살펴야 한다. 지식은 실천을 위한 것이지 자랑을 하기 위한 것이 아니다. 유식은 백번 자랑해 봐야 수행자에게 아무런 도움이 안 된다. 도리어 남에게 '잘났어 정말!' 하는 비꼬임을 당할 수 있다. 그래서 《법구경》은 이 경전의 에피소드를 근거로 이렇게 가르치고 있다.

비록 가르침을 많이 외우고 익힌다 해도	〔雖誦習多義〕
게을러서 바르게 행하지 않으면	〔放逸不從正〕
다른 사람이 기르는 소를 헤아리는 것처럼	〔如牧數他牛〕
성스러운 수행의 열매를 얻기 어려우리라	〔難獲沙門果〕

아지랑이에 집착하는 인생

부처님의 제자 나라타 존자가 파탈리풋타에 있는 어느 장자의 숲에 있을 때의 일이다. 그 무렵 문다 왕의 첫째 부인이 목숨을 마쳤다. 부인을 매우 사랑했던 왕은 시신을 기름에 담가 옆에 둔 채 떠나보내지 않았다. 왕은 슬픔에 겨워 할 일도 제대로 못 할 지경이었다.

왕의 신하 중에 선념善念이라는 사람이 있었다. 선념은 왕에게 나라타 존자를 소개했다. 왕은 나라타 존자를 찾아가 설법을 청했다. 존자는 왕을 위해 이렇게 설법했다.

"대왕은 알아야 합니다. 꿈이나 허깨비, 물거품이나 눈덩이 같이 아무리 붙들어 놓으려 해도 그렇게 되지 않는 것이 다섯 가지가 있습니다. 유한한 것이 무한하기를 바라는 것, 사라질 것이 사라지지 않기를 바라는 것, 늙어갈 수밖에 없는 인생이 늙지 않기를 바라는 것, 병들 수밖에 없는 인생이 병들지 않기를 바라는 것, 죽을 수밖에 없는 인생이 죽지 않기를 바라는 것이 그것입니다.

대왕은 알아야 합니다. 유한한 것은 반드시 사라지게 되어 있습니다.

160

그것은 성현의 제자도 마찬가지입니다. 그러므로 '내가 지금 잃은 것은 나만이 아니라 다른 사람도 마찬가지' 라고 생각해야 합니다. 또 없어질 것은 반드시 없어지게 되어 있습니다. 그것은 성현의 제자도 마찬가지입니다. 그러므로 '지금 없어진 것은 나만이 아니라 다른 사람도 마찬가지' 라고 생각해야 합니다.

또 늙어갈 몸은 반드시 늙어 가게 되어 있습니다. 그것은 성현의 제자도 마찬가지입니다. 그러므로 '지금 늙어 가는 것은 나만이 아니라 다른 사람도 마찬가지' 라고 생각해야 합니다. 또 병들어 갈 몸은 반드시 병들게 되어 있습니다. 그것은 성현의 제자도 마찬가지입니다. 그러므로 '지금 병이 든 것은 나만이 아니라 다른 사람도 마찬가지' 라고 생각해야 합니다. 또 죽을 목숨은 반드시 죽게 되어 있습니다. 그것은 성현의 제자도 마찬가지입니다. 그러므로 '죽는 것은 나만이 아니라 다른 사람도 마찬가지' 라고 생각해야 합니다.

그럼에도 이런 일은 나에게만 있다고 생각하고 근심하고 걱정한다면 그것은 옳지 않습니다. 그렇게 하면 친척들을 걱정하게 하고 원수를 기뻐하게 합니다. 음식은 소화되지 않고 병이 생겨 그로 말미암아 목숨을 잃을 수도 있습니다. 그러나 이때 근심과 두려움의 가시를 빼면 생로병사에서 벗어나 다시는 재앙과 고뇌에 시달리는 일이 없을 것입니다."

설법을 들은 왕은 이 설법의 이름이 무엇이냐고 물었더니 존자는 '근심 병 고치기' 라고 대답해주었다. 대왕은 기뻐하면서 불법에 귀의해 우바새가 되었다.

증일아함 제24권 〈선취품善聚品〉 제7경

오랫동안 불교적 사유를 남은 시를 씨 온 설악산의 오현 스님이 얼마 전에 절창이라 할 만한 시 한 편을 발표했다. '아지랑이'라 고 제목을 붙인 이 시는 읽을수록 가슴을 친다.

나아갈 길이 없다 물러설 길도 없다
둘러봐야 사방은 허공 끝없는 낭떠러지
우습다
내 평생 헤매어 찾아온 곳이 절벽이라니

끝내 삶도 죽음도 내던져야 할 이 절벽에
마냥 어지러이 떠다니는 아지랑이들
우습다
내 평생 붙잡고 살아온 것이 아지랑이더란 말이냐

우리가 이 세상에 태어나 지금까지 아옹다옹해 온 것은, 그렇게 하다 보면 손에 잡히는 영원한 무엇이 있을 것이라는 환상 때문이었다. 하지 만 그렇게 믿으며 집착해 왔던 것 중 무엇이 영원한 것인가. 돈인가, 명 예인가, 권력인가, 청춘인가, 사랑인가, 아니면 또 다른 그 무엇인가…. 생각해 보면 그런 것은 '마냥 어지러이 떠다니는 아지랑이들'에 불과할 뿐이다. 그런 것을 붙들려고 여태껏 남을 속이고, 미워하고, 때로는 해 치기까지 했다면 우리 인생은 얼마나 우습고 불쌍한 존재인가.

작은 선행의 큰 공덕

 부처님이 사위성 기원정사에 계실 때의 일이다. 어느 날 부처님은 제자들에게 병든 사람이 빨리 낫기 위해서는 어떤 태도를 가져야 하는지에 대해 말씀했다.

"환자가 다섯 가지 나쁜 태도를 가지면 병이 잘 낫지 않는다. 첫째 음식을 가려서 먹지 않고, 둘째 때를 맞춰 먹지 않고, 셋째 약을 잘 먹지 않고, 넷째 근심과 성내는 마음이 많고, 다섯째 돌보는 사람의 마음을 헤아리지 않는 것이다. 이런 환자는 병이 쉽게 낫지 않는다.

그러나 환자가 다섯 가지 좋은 태도를 가지면 병이 잘 낫는다. 첫째 음식을 가려서 먹고, 둘째 때를 맞춰 먹고, 셋째 약을 잘 먹으며, 넷째 근심과 성내는 마음이 없고, 다섯째 돌보는 사람의 마음을 헤아려주는 것이다. 이런 환자는 병이 쉽게 낫는다.

그러므로 비구들이 만약 병을 얻어 앓게 되면 다섯 가지 나쁜 태도를 버리고 다섯 가지 좋은 태도를 가져야 하리라."

이어서 부처님은 환자를 돌보는 간병인이 어떤 태도를 가져야 하는지에 대해서도 말씀했다.

"환자를 돌보는 간병인이 다섯 가지 나쁜 태도를 가지면 환자의 병이 잘 낫지 않는다. 첫째 좋은 약을 분간할 줄 모르고, 둘째 게을러서 환자를 잘 돌보지 않으며, 셋째 참을성이 없어 화를 잘 내며, 넷째 환자와 친하게 이야기하지 않고 잠자기를 좋아하며, 다섯째 이익을 위해 간호하면서 마음을 다해 공양하지 않기 때문에 환자를 위해 설법해주지 않는 것이다. 이런 간병인은 환자를 잘 낫게 할 수 없다.

그러나 간병인이 다섯 가지 좋은 태도를 가지면 환자의 병이 잘 낫는다. 첫째 좋은 약을 분별할 줄 알고, 둘째 게으르지 않아 환자보다 먼저 일어나고 늦게 자며, 셋째 참을성이 많아 화를 잘 내지 않으며, 넷째 항상 이야기하기를 좋아하고 잠이 적으며, 다섯째 이익을 탐해 간호하는 것이 아니라 마음을 다해 공양하기 때문에 환자에게 설법해주는 것이다. 이런 간병인은 환자를 잘 낫게 할 수 있다.

그러므로 비구들이 만약 병든 사람을 돌보는 간병인이 된다면 다섯 가지 나쁜 태도를 버리고 다섯 가지 좋은 태도를 가져야 하리라."

증일아함 24권 〈선취품善聚品〉 제8-9경

어떤 사람이 보트 한 척을 가지고 있었다. 겨울이 되어 보트를 뭍으로 끌어올리다가 밑바닥에 있는 구멍 하나를 발견했다. 그는 날씨가 풀려 다시 보트를 물에 띄울 때쯤 수리하기로 하고 페인트공을 불러 칠만 해두었다.

겨울이 지나고 봄이 되자 아이들이 보트를 타고 싶다고 했다. 그는 무심결에 그렇게 하라고 했다. 아이들이 호수로 나간 지 두어 시간이 지났을 때였다. 그때서야 지난 해 수리하지 않았던 구멍이 생각났다. 놀라서 호숫가로 달려갔더니 아이들은 뱃놀이를 마치고 보트를 매는 중이었다. 그는 안도의 한숨을 내쉬며 보트 밑바닥을 살펴보았다. 그런데 이상하게도 뚫려 있던 구멍이 막혀 있었다. 페인트공이 페인트칠을 하면서 고쳐 놓았던 것이다. 그는 선물을 들고 페인트공을 찾아가 인사를 했다.

"부탁도 하지 않았는데 구멍 난 곳까지 손질해준 덕택에 제 아이들의 목숨을 건졌습니다. 정말 고맙습니다."

그러나 페인트공은 대수롭지 않다는 듯 웃기만 했다.

《탈무드》에 나오는 이 이야기는 우리의 보잘것없는 작은 선행이 때로는 남에게 얼마나 큰 도움이 되는가를 일깨워준다. 환자를 간호하는 것도 마찬가지다. 조금 더 관심을 갖고 보살피다 보면 죽어가던 사람이 살아날 수도 있다. 작은 배려가 이런 결과를 가져올 수 있다면 얼마나 고마운 일인가. 얼마나 아름다운 일인가.

보시의 다섯 가지 공덕

부처님이 베살리의 잔나비 숲에 계실 때의 일이다. 어느 날 인근에 사는 사자대장이 찾아와 예배하고 한쪽에 앉았다. 부처님이 그에게 늘 보시를 잘 하고 있는지를 물었더니 그는 이렇게 대답했다.

"때에 맞춰 항상 보시를 하되 조금도 모자라지 않게 합니다. 음식을 요구하면 음식을 주고 , 의복이나 향 · 수레 · 말 · 좌구를 요구하면 다 주나이다."

"너는 늘 보시를 하면서 아까워하지 않는다니 장하구나. 시주가 너처럼 보시를 하면 다섯 가지 공덕이 있다. 어떤 것이 다섯 가지인가.

첫째, 시주의 이름이 사방에 퍼져 사람들의 칭찬을 받을 것이다. 즉 '어느 마을에 가면 아무개는 항상 사문과 바라문을 대접하기를 좋아한다. 그는 보시를 하되 요구하는 것을 모두 주어서 모자람이 없게 한다'고 칭찬을 받게 된다. 둘째, 수행자 바라문 부자들 속에 들어가더라도 부끄러움도 두려움도 없을 것이다. 마치 짐승의 왕 사자가 사슴 떼 속에 들어가도 아무 부끄러움이 없는 것과 같다. 셋째는 사람들이 공경하고 우러러본다. 비유하면 마치 자식이 부모를 우러러보되 싫어하지 않는 것과 같이 한다. 넷째, 목숨을 마친 뒤에 반드시 천상에 오르거나 인간으로 태어난다. 천상에서는 하늘의 존경을 받고 인간세상에서는 사람들의 존경을 받는다. 다섯째, 지혜가 뛰어나 현세의 몸으로 번뇌를 없애고 후세까지 가지 않게 된다."

부처님은 이어서 보시의 공덕을 찬탄하고 더욱 보시를 행하라고 권했다.

"보시는 뒷세상의 좋은 양식이 되나니 반드시 구경처에 가게 되리라. 또한 선신이 항상 그를 돌보고 그리고 또 언제나 기뻐하리라. 왜냐하면 보시할 때 그 사람은 항상 기쁜 마음으로 하기 때문이다. 그래서 몸과 마음이 든든하고 온갖 좋은 공덕을 두루 갖추며, 삼매를 얻어 마음이 어지럽지 않으며 참다운 법을 여실하게 알게 되느니라. 그러므로 그대는 항상 보시하기를 즐겨 하라. 그렇게 하면 다섯 가지 공덕이 항상 그를 따르게 되리라."

증일아함 24권 〈선취품善聚品〉제10경

불교처럼 '나눔의 공덕'을 강조하는 종교도 드물다. 경전을 보면 부처님은 재가자의 보시 행위에 대해 최고의 수사를 붙여 찬탄한다. 출가자처럼 전문적인 수행이 어렵다면 선행을 베풀고 공덕을 쌓는 것이 훌륭한 수행이 된다는 것이다. 그 방법의 하나가 바로 보시다. 그 다음이 청정한 계를 지키라는 것이다. 그러면 천상에 태어나거나 한없는 복락을 누리게 된다는 것이다. 이를 차제설법次第說法이라 한다.

부처님의 이러한 가르침은 사회적으로도 매우 중요한 의미를 갖는다. 그것은 기부문화에 대한 종교적 뒷받침이다. 재가자가 경제활동을 하는 것은 재화를 축적하는 데만 목적이 있는 것이 아니다. 축적된 재화를 더 가치 있는 일에 사용하기 위한 목적도 있다. 도움이 필요한 사람이나 가난한 사람을 도와주는 것은 재화를 가장 보람 있게 사용하는 방법이다.

부처님은 보시의 공덕을 강조함으로써 나눔을 장려하고 사회적 불평등 문제를 종교적으로 해결하려는 노력을 기울였다. 보시에 대한 이러한 의미 부여는 적선과 기부에 대한 사회적 종교적 인식을 바꾸는 계기를 만들어냈다. 인도의 아쇼카 왕은 불교의 권고를 받아들여 국가적 차원에서 복지시설을 확충하고 '나눔 정신의 사회화'를 실현해 간 대표적 인물이다.

오늘날 우리에게 필요한 것도 이러한 나눔의 정신을 보다 확대하는 것이다. 보시는 개인적 차원에서는 공덕을 쌓기 위해, 사회적 차원에서는 개인적 부를 사회적으로 환원하기 위해 거듭 강조해도 부족함이 없는 아름다운 가치관이다.

떠돌이와 붙박이가 조심할 점

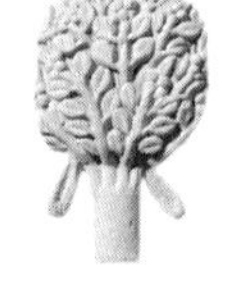

부처님이 사위성 기원정사에 계실 때의 일이다. 어느 날 부처님은 수행자가 오래도록 여행할 때의 경계할 점에 대해 이렇게 말씀했다.

"늘 돌아다니는 사람〔長遊行者〕에게는 다섯 가지 어려움이 있다. 첫째는 이제까지 듣지 못한 설법을 들을 수 없고, 둘째는 이미 배웠던 가르침도 쉽게 잊어버리게 되며, 셋째는 삼매를 얻지 못하고, 넷째는 얻었던 삼매도 잃게 되며, 다섯째는 설법을 들었어도 실천하지 못하게 되느니라. 이것이 늘 돌아다니는 사람이 겪는 다섯 가지 어려움이다.

그렇지만 많이 돌아다니지 않는 사람은 다섯 가지 좋은 일이 있다. 첫째는 이제까지 듣지 못한 설법을 들을 수 있고, 둘째는 이미 배웠던 가르침을 쉽게 잊어버리지 않으며, 셋째는 삼매를 얻게 되며, 넷째는 얻었던 삼매를 잃지 않으며, 다섯째는 설법을 들으면 잘 실천하게 되느니라. 이것이 많이 돌아다니지 않는 사람이 얻는 다섯 가지 좋은 일이다."

부처님은 또 수행자가 항상 한곳에 오래 머물 때 생기는 문제점에 대해서도 말씀했다.

"한곳에 오래 머물며 살면 다섯 가지 좋지 못한 일이 생긴다. 첫째는 자기가 사는 집에 집착해서 남이 뺏을까 두려워한다. 둘째는 재물에 집착이 생겨 잃어버릴까 걱정이 생긴다. 셋째는 세속사람처럼 재물 모으기에만 힘쓰게 된다. 넷째는 자기와 친한 사람만 좋아하고 남들이 그와 친해지는 것을 싫어한다. 다섯째는 늘 속인들과 왕래하기를 좋아하게 된다. 이것이 한곳에 오래 머물면 생기는 문제점이다.

그렇지만 한곳에 오래 머물지 않는 사람은 다섯 가지 좋은 일이 있다. 첫째는 자기가 사는 집에 집착하지 않으므로 남에게 뺏길 것을 두려워하지 않아도 된다. 둘째는 재물에 집착이 없으므로 잃어버릴까 걱정하지 않는다. 셋째는 세속사람처럼 재물 모으기에만 힘쓰는 일이 없게 된다. 넷째는 자기와 친한 사람에게 집착하지 않는다. 다섯째는 늘 속인들과 왕래하는 일이 적어진다. 이것이 한곳에 오래 머물지 않을 때 생기는 다섯 가지 좋은 일이다.

증일아함 25권 〈오왕품五王品〉 제7-9경

이 경전의 말씀을 얼핏 들으면 모순되는 것 같다. 한곳에 오래 머물러도 안 되고, 여기저기 돌아다녀도 이익이 없다면 도대체 어떻게 살라는 것인지 혼란이 느껴지기 때문이다. 이 말씀을 바르게 이해하자면 겉으로 드러난 뜻〔表詮〕과 속에 감춰진 뜻〔遮詮〕이 무엇인가를 잘 분별해 낼 줄 알아야 한다.

한곳에 오래 머물든 이곳저곳을 돌아다니든 수행에 뜻이 없는 사람은 늘 문제를 일으키게 된다. 자주 돌아다니는 사람은 설법을 자주 듣지 못하고 삼매를 성취하기 어려우며, 한곳에 오래 머무는 사람은 재물과 사람에 집착하여 도심을 잃기 쉽다. 이것이 겉으로 드러난 뜻이다. 반대로 한곳에 오래 머물든 이곳저곳 돌아다니든 수행에 뜻이 있는 사람은 늘 좋은 일만 생긴다. 한곳에 오래 머물면 설법을 자주 듣고 삼매를 성취할 수 있으며, 여러 곳을 여행하는 사람은 모든 집착으로부터 자유로워진다. 이것이 속에 감춰진 뜻이다. 요컨대 수행하려는 생각을 가진 사람은 언제나 좋은 일과 공덕이 쌓이지만, 수행에 뜻이 없는 사람은 어떤 일을 해도 나쁜 결과를 가져온다는 것이다.

《금강경》을 주석한 야보송에 이런 말이 있다.

바른 사람은 삿된 법을 말해도 바른 법이 되지만, 삿된 사람은 바른
법을 말해도 삿된 법이 된다.
〔正人說邪法 邪法悉歸正 邪人說正法　正法悉歸邪〕

바른 사람은 나쁜 말을 해도 바른 일을 위해 하지만, 삿된 사람은 바른말을 해도 삿된 짓을 하기 위해 한다는 뜻이다. 누가 그런 사람인지는 조금만 돌아봐도 금방 알 수 있다. 우리나라에는 유랑잡승이나 탐독재 화승이 별로 없지만.

전쟁의 참상과 그 결말

부처님이 바라나시 사슴동산에 머물고 있을 때였다. 그 무렵은 부처님도 성도한 지 얼마 안 되었고 코살라국의 파세나디 왕도 새로 왕위에 오른 직후였다. 왕은 이웃나라와 친교를 맺기 위해 카필라국에 사신을 보내 청혼을 했다. 청혼을 받은 카필라는 곤경에 빠졌다. 순수한 혈통을 지키려면 왕족을 보낼 수 없고, 청혼을 거절하면 보복이 두려웠다. 이때 카필라의 왕족인 마하나마에게는 여종과의 사이에서 난 비사바카티야라는 처녀가 있었다. 마하나마는 그녀를 아름답게 단장시켜 시집을 보냈다.

그녀는 곧장 임신을 해서 사내아이를 낳았다. 이름을 비루다카毘琉璃라고 했는데 얼굴이 단정하고 머리가 총명했다. 비루다카는 8세쯤 되었을 무렵 무술을 연마하러 외가인 카필라로 갔다. 그때 카필라에서는 강당을 새로 짓고 부처님을 초청하여 설법을 들으려고 했다. 아직 철부지였던 비루다카는 시종들과 함께 강당에 들어가 놀다가 부처님이 앉을 높은 사자좌에 앉았다. 이를 본 카필라 사람들은 화를 내며 '역시 종년의 자식이라 버르장머리가 없다'고 비난했다. 비루다카는 출생의 비밀을 알게 된 것도 충격이었지만 '종년의 자식'이라며 모욕을 당한 것이 더욱 분했다. 왕자는 마음속으로 복수를 다짐했다.

세월이 흘러 파세나디 왕이 죽자 비루다카가 왕위에 올랐다. 비루다카는 군사를 일으켰다. 이 소식은 곧 부처님에게도 전해졌다. 부처님은 비류왕이 카필라로 가는 길목에 있는 마른 나무 밑에서 명상을 하고 있었다. 비류왕이 부처님께 '잎이 무성한 니그로다 나무도 있는데 왜 마른 나무 밑에 앉아 계십니까?' 하고 물었다. 그러자 부처님은 이렇게 대답했다.

"친족의 그늘이 남보다 낫기 때문이오."

왕은 부처님의 뜻을 알고 군사를 돌렸다. 그러나 얼마 뒤 다시 군사를 일으켰다. 부처님은 다시 비류왕을 만류하고 군사를 되돌리게 했다. 그 뒤 왕이 다시 군사를 일으키자 부처님은 "전생의 업보란 하늘로 옮길 수도, 쇠그물로 덮을 수도 없다"고 한탄했다.

비류왕은 군사를 몰아 카필라를 공격했다. 수많은 카필라 사람들이 코살라의 군사들이 몰고 온 코끼리에 밟혀 죽었다. 참극을 보다 못한 카필라의 왕은 비류왕에게 "내가 연못에 들어가 있는 동안은 살육을 멈춰달라"고 부탁했다. 당시 카필라의 왕은 부처님의 사촌동생이자 비류왕의 외할아버지인 마하나마였다. 왕은 연못 속에 들어가서 나무뿌리에 머리를 자신의 묶고 시체가 떠오르지 못하게 했다. 그 사이에 많은 석가족이 탈출해 목숨을 건졌다.

카필라를 멸망시키고 돌아가던 비류왕은 니그로다 동산을 지나가다가 도망친 카필라의 여자들을 만났다. 왕은 술에 취해 그 중 한 여인을 불러 희롱하려고 하다가 거절당했다. 화가 난 왕은 숨어 있던 카필라의 여자들을 다 죽이고 말았다.

전쟁에서 승리한 비류왕은 드디어 개선했다. 그런데 궁으로 돌아와 보니 제타 태자는 유흥을 즐기고 있었다. 비류왕이 힐책을 하자 태자는 "차마 사람을 죽일 수 없어서 전쟁에 나가지 않았다"고 했다. 화가 난 왕은 칼을 빼서 그 자리에서 왕자를 베고 말았다.

하지만 비류왕의 이런 악행도 오래가지는 못했다. 전쟁이 끝난 뒤 시녀들을 데리고 아틸라 강에서 연회를 하던 왕은 갑자기 내린 비로 홍수를 만나 물에 빠져 죽었다. 벼락이 쳐서 궁궐은 불에 타고 말았다. 개선한 지 이레 만의 일이었다. 살육의 과보였다.

증일아함 26권 〈등견품等見品〉 제2경

석가족의 멸망을 전해주는 이 기록은 전쟁이 얼마나 비참한 것인지를 생생하게 보여준다.

증오와 살상의 과보가 어떤 것인가를 보여주는 이야기이기도 하다. 이를 소재로 대형 창작 뮤지컬이나 오페라를 만들어 공연하면 좋을 것 같다. 극적인 소재이니만큼 재미도 있고, 교훈도 얻고, 포교적 성과도 클 것이다.

이 세상이 파멸하는 이유

부처님이 사위국 기원정사에 계실 때의 일이다. 어느 날 생루 生漏 바라문이 부처님을 찾아와 이런 것을 여쭈었다.

"부처님께 한 가지 묻겠습니다. 무슨 인연 때문에 중생들은 없어지고 사라지며 줄어들게 되는 것인지요. 또한 무슨 인연 때문에 어제까지 있던 성곽이 무너지고 사람이 살던 곳이 오늘은 빈 터가 되는지요?"

"범지여, 그것이 알고 싶은가? 그것은 다 사람의 소행이 법답지 않기 때문이니라. 그래서 본래 성이 있었는데 오늘은 무너지게 하고, 사람이 살던 곳이 오늘은 빈 터가 되었느니라. 그것은 다 사람들이 간탐에 묶이고 애욕을 익혀 행하기 때문이니라. 그러므로 바람이 때를 맞추지 않고 비가 때를 맞추지 않아 심은 종자들이 자라지 못하여 흉년이 들고 죽은 사람이 길에 넘치게 되느니라. 이런 인연으로 나라가 무너지고 백성이 번성하지 못하게 되느니라.

또한 범지여, 사람들의 소행이 법답지 않으면 뇌성과 벽력같은 자연현상이 자주 일어나고 하늘은 우박과 비를 자주 내려 모판을 못 쓰게 만든다. 그렇게 되면 죽는 사람이 헤아릴 수 없이 많이 생기게 된다.

다시 범지여, 사람들의 소행이 법답지 않으면 서로 싸우고 다툰다. 주먹으로 때리기도 하고 기왓장이나 돌을 던져 각기 제 생명을 잃게 된다. 그렇게 서로 싸우면 그들은 각각의 자리에서 편하지 않게 되며, 마침내 나라의 임금도 편하지 않게 되어 군사를 일으켜 서로 죽고 죽임으로써 죽는 사람이 헤아릴 수 없이 많아진다. 혹은 칼에 죽고 혹은 창이나 화살에 죽는다. 이런 인연으로 백성들은 줄어들고 나라는 번성하지 못하느니라.

범지여, 사람들의 소행이 법답지 않으면 하늘과 땅의 신으로 하여금 도와줄 기회를 갖지 못하게 하여 재앙과 질병이 일어난다. 그리하여 사람들은 자리에 눕게 되는데, 그것을 이기는 사람은 적고 병으로 죽게 되는 사람은 많아지느니라."

생루 바라문은 부처님의 설명을 듣고 감격해서 이렇게 찬탄의 말씀을 올렸다.

"비법을 행함으로써 모든 재앙이 생긴다는 말씀은 매우 시원하고 즐겁고 유쾌하나이다. 그것은 마치 꼽추가 등을 펴고, 장님이 눈을 얻고, 어둠 속에서 등불을 보며, 눈 없는 이가 눈을 얻은 것과 같습니다. 저는 목숨을 다해 부처님께 귀의하고자 하나이다."

증일아함 26권 〈등견품等見品〉 제10경

 유엔의 정부간 기후변화위원회(IPCC)는 최근 파리에 있는 유네스코 본부에서 지구 온난화에 대한 21쪽 분량의 보고서를 발표

했다. 주요 내용은 '21세기 말까지 지구의 기온이 현재보다 섭씨 1.8~4°, 평균 해수면 높이가 18~59cm 추가 상승할 것'이라는 경고다.

세계 113개국 2500명의 과학자가 참여한 이번 보고서는 지난 50년 간 진행된 지구 온난화 원인의 90% 이상이 인간이 사용한 화석연료 탓이라고 규정했다. 지난 2001년 보고서에서 지구온난화 원인의 66%가 인간 때문이라던 것에 비해, 인간 책임을 더 크게 반영한 것이다.

이 보고서는 특히 앞으로 과학기술이 이산화탄소 등 온실 가스 배출량을 줄일 수 있다 해도, 온난화와 해수면 상승은 지속될 것이라고 전망했다. 기온 상승 추정치도 일단 섭씨 1.8~4° 수준으로 제시하지만 범위가 1.1~6.4° 수준으로 확대될 수 있으며, 극지대의 해빙 현상이 지속될 경우 해수면 높이도 10~20cm 추가 상승할 수 있다고 밝혔다.

IPCC는 1988년 발족 이래 5~6년에 한 번씩 지구 온난화에 대한 보고서를 발표해 왔다. 이 보고서는 인간의 욕심이 어떤 재앙을 가져오는가를 갈파한 부처님의 말씀을 과학적으로 입증하는 '무서운 자료'다.

나쁜 보시와 좋은 보시

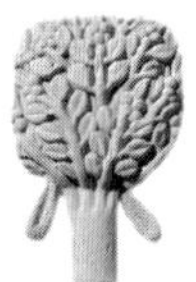 부처님이 사위성 기원정사에 계실 때의 일이다. 어느 날 부처님은 복을 얻는 보시와 복을 얻지 못하는 보시에 대해 말씀했다.

"다섯 가지 나쁜 보시는 복을 얻지 못한다. 어떤 것이 다섯 가지 나쁜 보시인가. 첫째는 칼을 남에게 주는 것이요, 둘째는 독약을 남에게 주는 것이요, 셋째는 들소를 남에게 주는 것이요, 넷째는 음녀를 남에게 주는 것이요, 다섯째는 귀신 사당을 남에게 주는 것이다. 이 다섯 가지는 남에게 아무리 많이 주어도 아무 복도 받지 못한다.

그러나 다섯 가지 좋은 보시는 큰 복을 얻게 된다. 어떤 것이 다섯 가지 좋은 보시인가. 첫째는 동산을 만드는 것이요, 둘째는 숲을 만드는 것이요, 셋째는 다리를 놓는 것이요, 넷째는 큰 배를 만드는 것이요, 다섯째는 미래와 과거를 위해 살 집을 짓는 것이다. 동산이나 숲은 시원하고 맑은 기운을 주고, 강에 다리를 놓거나 배를 띄우는 것은 사람을 건너게 해주고, 나그네를 위해 좋은 집을 지으면 그들이 쉬어갈 수 있다. 그러므로 이 다섯 가지 보시는 베풀면 베풀수록 큰 복을 얻는다."

증일아함 27권 〈사취품邪聚品〉 제3경

이 평범한 설법 중에는 요즘 우리 세태에 비추어 귀담아 들어야 할 가르침이 몇 가지 있다. 큰 복을 받게 되는 다섯 가지 보시는 더 이상 설명이 필요 없는 내용이다. 하지만 '해서는 안 될 다섯 가지 보시'는 정말로 생각할 점이 많은 민감한 내용들이다.

첫째, 칼을 남에게 주지 말라는 것은 생명을 해치는 일에 도움을 주어서는 안 된다는 뜻이다. 요즘 인터넷에는 이른바 '자살 사이트'라는 것이 있어서 서로 죽음을 부추기고 자살하는 방법을 소개한다고 한다. 자살하기 좋은 장소까지 소개한다고 하니 이것은 남에게 칼을 주는 행위와 같은 것이다. 어쩌다가 우리가 여기까지 왔는지 정말 머리가 띵해진다.

둘째, 독약을 남에게 주면 복 받지 못한다는 것인데 이것은 마약류에 대한 경고로 이해된다. 마약痲藥은 마약魔藥이다. 한 번 복용하면 금단증상 때문에 좀처럼 끊을 수 없는 무서운 중독성이 있다. 아무리 돈이 좋다지만 남을 파멸시키는 마약을 만들거나 남에게 공급해주는 일을 한다면 절대 복을 받을 수 없다. 복은커녕 패가망신의 지름길로 가는 것이다.

셋째, 들소를 남에게 주면 복 받지 못한다는 것은 정확하게 무엇을 의미하는지 잘 모르겠다. 다만 다른 경전의 권고를 예로 추측한다면 희생제를 지내는 공희供犧를 목적으로 동물을 주어서는 안 된다는 뜻으로 이해가 된다. 이를 요즘 우리 생활과 관련해 생각한다면 취미로 동물을 살상하는 사냥, 동물끼리 싸움을 붙여 놓고 즐거워하는 투견 같은 것에 대한 비판으로 받아들이면 좋을 것이다.

넷째, 음녀를 주면 복 받지 못한다는 것은 도색잡지나 영화 같은 것을 남에게 제공하는 것을 자제해야 한다는 뜻으로 읽어야 할 것이다. 특히 인터넷의 섹스 사이트를 통해 공급되는 야한 동영상은 우리 사회의 성 윤리를 급속하게 타락시킨 죄가 크다. 눈길 닿는 곳곳에 섹스산업을 부추기는 광고를 보는 것은 참 민망한 일이다. 그런가 하면 남자들의 경우, 접대를 구실로 매매춘을 불가피하게 여기는 것도 복 받을 일은 아니다.

다섯째, 귀신 사당을 남에게 주어도 복 받지 못한다는 것은 미신을 조장하는 행위를 금지한 것으로 보면 된다. 무당만신이나 점집을 하는 사람은 복을 받지 못한다는 것이다. 겉으로는 부처님을 모시는 척하면서 속으로는 사법邪法을 행하는 일부 사찰과 자칭불자들은 불교를 왜곡한 죄가 수미산보다 더 크다. 그런 사람은 복은 고사하고 중생의 위치를 조장한 벌을 받기도 바쁠 것이다.

여성의 기질적 특징

 부처님이 사위성 기원정사에 계실 때의 일이다. 어느 날 부처님은 이런 비유로써 설법하여 제자들을 깨우쳤다.

"여자들은 대체로 다음과 같은 다섯 가지 힘을 가지면 그 남편을 가볍게 여기려고 한다. 첫째는 젊음의 힘이고, 둘째는 친척의 힘이며, 셋째는 농사의 힘이며, 넷째는 자식의 힘이며, 다섯째는 스스로 지키는 힘이다. 그러나 만약 남편에게 한 가지 힘만 있으면 아내를 눌러버릴 수 있다. 그것은 바로 부귀의 힘이니라. 대개 남자가 재물이 많고 지위가 높으면 여자가 젊고, 친척이 많고, 농사를 잘 짓고, 아이를 잘 기르며, 스스로 지키는 힘이 있다고 하더라도 쉽게 눌러버릴 수 있다.이 한 가지 힘이 다섯 가지를 능히 이길 수 있기 때문이다.

마왕 파순에게도 다섯 가지 힘이 있다. 첫째는 모양의 힘이고, 둘째는 소리의 힘이며, 셋째는 냄새의 힘이며, 넷째는 맛의 힘이며, 다섯째는 감각의 힘이다. 어리석은 사람은 이 다섯 가지에 집착하기 때문에 악마의 손아귀에서 벗어나지 못한다. 그러나 나의 제자로서 한 가지 힘만 성취하면 이 다섯 가지를 다 이길 수 있다. 그것은 방일하지 않는 힘이다. 나의 제자로서 이 불방일을 성취하는 사람은 악마의 다섯 가지 사슬에 얽매이지 않고 온갖 두려움에서 벗어날 수 있다.”

부처님은 또한 이런 비유로써 제자들을 가르쳤다.

“여자들에게는 다음과 같은 다섯 가지 욕심이 있다. 첫째는 호화롭고 귀한 집에 태어나고자 하고, 둘째는 부귀한 집으로 시집가는 것이며, 셋째는 남편으로 하여금 자기의 말을 따르도록 하는 것이며, 넷째는 아이를 많이 두는 것이며, 다섯째는 집에서는 혼자 마음대로 하는 것이다. 그러나 수행자들이여, 그대들도 욕심낼 만한 일이 다섯 가지가 있다. 첫째는 계율을 잘 지키고자 함이요, 둘째는 법문을 많이 듣고자 함이요, 셋째는 삼매를 성취하고자 함이며, 넷째는 지혜를 얻고자 함이며, 다섯째는 지혜로써 해탈을 성취하고자 함이다. 이것이 수행자가 욕심을 낼 만한 다섯 가지다.

수행자들이여, 그대들은 수행을 하되 선한 법을 행하고 나쁜 법을 버리고 꾸준하게 앞으로 나아가되 중간에서 물러서지 말라. 이렇게 공부하면 반드시 큰 성취가 있을 것이다.”

증일아함 27권 〈사취품邪聚品〉 제4-5경

이 경전을 여성 불자들이 읽으면 기분이 썩 유쾌하지 않을 수도 있다. 은연중 여성을 열등하게 보는 시각이 발견되기 때문이다. 특히 여성을 남성에게 종속된 존재인 것처럼 언급한 부분은 요즘 여성들에게 거센 항의를 받을 수도 있는 발언이다. 그러나 여기에 너무 민감

182

하게 반응할 것까지는 없다. 부처님이 언급한 것은 '여성의 본성'에 관한 것이 아니다. 여성에 대한 당시 사회의 일반적 인식을 반영해서 수행자들을 경책하기 위한 비유이기 때문이다.

그보다는 이 말씀 속에는 도리어 교훈으로 삼아야 할 점이 있다는 사실에 유의해야 한다. 부처님이 지적한 여성의 문제가 전체는 아니지만 부분적으로는 정곡을 찌르고 있기 때문이다. 여성들은 자식 낳고 살림 살다보면 어느 새 '아줌마적 특성'이 드러나는 것이 사실이다. 나이가 들어갈수록 남편을 손아귀에 넣으려고 한다든가 집안 살림을 마음대로 처리하려고 한다든가 하는 것이 그 예일 것이다. 물론 남성들도 나이가 들면 아내 못지않게 변해간다. 점점 권위적이고 고집불통으로 변해간다든가, 체면을 차리지 않는 것 등은 부끄러워할 '아저씨적 특성'이다. 경전은 우리 마음을 비춰주는 거울이다. 여성이나 남성의 기질적 약점을 꼬집는다고 발끈할 것이 아니라 무엇을 반성하고 고쳐야 할지를 생각한다면 고리타분한 이야기도 의미 있는 가르침이 될 것이다.

성적 욕망을 제어하는 법

부처님이 왕사성 죽림정사에 계실 때의 일이다. 어느 날 아난다와 함께 마을로 들어가 걸식을 하던 존자 다기사는 미모가 뛰어난 젊고 아름다운 여자를 보게 되었다. 다기사는 애욕의 불꽃이 타올라 마음이 어지러워졌다.

"아난다님, 저는 저 여자로 인해 애욕의 불꽃이 타오르고 있습니다. 어떻게 해야 합니까?"

"부처님을 생각하면서 일어나는 잡념을 없애버리게. 그러면 애욕의 불꽃이 사라질 것이네."

아난다의 말을 듣고 마음을 제어한 다기사는 걸식이 끝나는 대로 빨리 부처님이 계신 곳으로 돌아가려고 했다. 그런데 조금 전에 보았던 아름다운 여인이 멀리서 다기사의 모습을 보고 다시 환하게 웃었다. 다기사는 그 여자의 웃음을 보고 이렇게 생각했다.

'저 여자의 아름다운 육체는 뼈를 세워 놓고 가죽으로 싸 놓은 것이다. 그것은 마치 그림을 그려 놓은 병과 같다. 그러나 그 안에는 온갖 더러운 것이 가득 들어 있다. 그러니 저 육체에서 탐낼 것이 무엇이 있겠는가.… 나는 남의 몸을 관찰하기 보다는 나의 몸을 살펴보리라. 이 탐욕은 어디서 생겨났는가. 그것은 다만 생각에서 생긴 것이다. 이제 만일 내가 이 생각을 버린다면 탐욕은 곧 없어지리라’

이렇게 하여 번뇌에서 벗어난 다기사는 아난다와 함께 정사로 돌아왔다. 부처님이 이를 알고 어떻게 그런 기특한 생각을 하게 되었는지 물었다. 이에 다기사는 이렇게 대답했다.

“부처님께서는 늘 이렇게 말씀하셨습니다. ‘육체〔色〕는 물거품과 같아서 견고하지 않으며, 거짓되어 진실한 것이 아니다. 감각〔受〕은 물거품 같아서 견고하지 않으며, 거짓되어 진실한 것이 아니다. 표상〔想〕은 아지랑이와 같아서 견고하지 않으며, 거짓되어 진실한 것이 아니다. 의지〔行〕는 파초와 같아서 알맹이가 없으며 견고하지 않으며, 거짓되어 진실한 것이 아니다. 의식〔識〕은 허깨비와 같아서 견고하지 않으며, 거짓되어 진실한 것이 아니다. 이 다섯 가지 쌓임〔五蘊〕은 모두 견고하지 않으며, 거짓되어 진실한 것이 아니다’ 라고. 아름다운 여인을 보고 마음이 어지러울 때 이렇게 생각하자 번뇌의 불꽃이 꺼졌나이다.”

“훌륭하구나, 다기사야. 너는 참으로 오온의 근본을 잘 관찰했구나. 모든 수행하는 사람은 오온이 견고하지 않다고 관찰해야 한다. 왜냐하면 내가 보리수 아래서 위없는 깨달음을 얻었을 때도 오늘 네가 관찰한 것처럼 오온이 견고하지 않다고 관찰했기 때문이니라.”

증일아함 27권 〈사취품邪聚品〉 제9경

인간에게 있어 성적 욕망처럼 해소하기 난감한 본능도 없다. 젊고 건강한 사람이라면 이성에 대한 강한 호기심과 성적 충동으로 얼굴이 벌개졌던 경험을 누구나 가지고 있다. 결혼이란 아주 솔직하게 말하면 성적 욕구를 합법적으로 해결하는 사회문화적 제도의 하나다.

이와는 달리 독신 수행자들은 성적 욕구를 적극적으로 억제하는 계율을 지키며 살아야 한다. 본능적인 충동에 따라 행동하는 것은 윤회를 계속케 하는 원인으로 보기 때문이다. 그렇지만 성적 욕망이란 억제한다고 하루아침에 해결되는 것이 아니다. 억제하면 할수록 강해지는 것이 욕망이다. 이 경은 바로 이런 문제로 고민하는 수행자들이 어떤 방법으로 극복해 가고 있는가를 보여주고 있어서 흥미롭다.

그러나 부처님이 가르쳐주는 방법도 특별한 것은 없다. 오온이 무상한 것임을 깨달아서 감정과 본능의 문제를 이성과 도덕심으로 극복해 나가라는 것이다. 따라서 이 문제는 타율적인 규제가 아니라 자율적인 자기통제에 의한 실천이 중요하다. 육체와 본능에 대한 자기절제를 할 줄 아느냐 못 하느냐가 해탈의 길로 갈 수 있는지 여부를 결정하는 기준이기 때문이다.

자주 설법을 청해 듣는 이익

부처님이 사위성 기원정사에 계실 때의 일이다. 어느 날 부처님은 수행자들에게 자주 설법을 청해 듣는 이익에 대해 이렇게 말씀했다.

"자주 설법을 청해 들으면 다섯 가지 이익이 있다. 어떤 것이 다섯 가지 공덕인가.

첫째, 일찍 듣지 못한 것을 들을 수 있다〔未曾聞者便得聞之〕.

둘째, 이미 들은 것은 외울 수 있다〔以得聞者重諷誦之〕.

셋째, 소견이 삿된 곳으로 기울어지지 않는다〔見不邪傾〕.

넷째, 여우처럼 의심하던 것이 사라진다〔無有狐疑〕.

다섯째, 깊고 깊은 뜻을 바르게 이해하게 된다〔即解甚深之義〕.

자주 설법을 청해 들으면 이와 같은 다섯 가지 공덕을 얻게 되느니라. 그러므로 수행자들이여, 그대들은 자주 설법을 청해 듣는 일을 게을리하지 말라. 이렇게 하는 것이 바르게 수행하는 길이니라."

증일아함 28권 〈청법품聽法品〉 제1경

경전에 보면 자주 '다문제자多聞弟子'라는 말이 나온다. 설법을 많이 들어 아는 것이 많은 제자라는 뜻이다. 여기서 '많이 안다'는 것은 단지 지식이 많다는 것만을 의미하지 않는다. 설법을 많이 들어서 삿된 소견에 기울지 않고 지혜가 많다는 뜻이다. 부처님의 십대제자 가운데 다문제일多聞第一은 아난다였다. 그는 부처님이 55세가 되던 때부터 열반할 때까지 25년 간 항상 곁에서 시봉하면서 가장 많은 설법을 들었다. 그런 만큼 그는 번뇌가 적고, 삿된 소견에 기울지 않았으며, 교법을 바르게 이해하는 지혜가 뛰어났다. 부처님이 열반에 든 후 경전을 편찬할 때 아난 존자의 다문과 뛰어난 기억력은 큰 역할을 했다. 대부분의 경전은 그의 기억을 되살려서 재구성된 것이다.

이렇게 말하면 어떤 사람은 이런 의문을 제기할지도 모른다. '설법만 자주 듣고 경전만 많이 읽어서 아는 것이 많다고 과연 번뇌가 적어지고 열반을 얻을 수 있느냐'는 것이다. 물론 많이 아는 것과, 아는 것만큼 실천하는 것은 다르다. 아는 것이 적어도 인품이 훌륭한 사람이 많다. 그런가 하면 아는 것이 많아도 인품이 보잘 것 없는 사람도 많다. 지식과 인품이 반드시 일치하는 것이 아니라는 말이다.

그러나 일부 특수한 경우를 일반화하는 것은 균형 잡힌 사고가 아니다. 만약 많이 배우고 지식이 많은 것이 인격을 도야하는 데 아무런 도움을 주지 않는다면 그토록 독서와 교육을 강조할 이유가 없다. 아는 것이 많을수록 나쁜 짓을 더 많이 한다는 말은 기대가 그만큼 높다는 것을 강조한 것이지 평균적으로 더 나쁘다는 뜻이 아니다. 교육을 많이 받고 종교를 믿는 사람일수록 더 나쁘다면 이 세상에서 교육이나 종교를 없애는 것이 더 현명할 것이다. 이것이야말로 말도 안 되는 억지주장이다.

무식의 악덕은 모든 훌륭한 공덕을 무너뜨린다. 무식한 사람일수록 억지를 쓰고 힘에 의지하려고 한다. 남에게 해를 끼치고 죄만 짓는 사람들이 부처님의 가르침을 자주 듣고 업보론의 교리를 제대로 안다면 그런 인생을 살겠는가.

설법을 많이 듣고 경전을 자주 읽다 보면 자기도 모르게 바른 길을 가게 된다. 지혜가 있으므로 삿된 생각과 엉뚱한 짓을 하지 않는다. 부산에서 서울로 가려면 북쪽으로 가야지 남쪽이나 동쪽, 서쪽으로 가면 안 된다는 것을 알기 때문이다.

우리는 어리석은 중생이다. 오늘 착하다가도 내일 다시 나쁜 짓을 할지 모른다. 그런 일은 반복하지 않으려면 자주 설법을 들어야 한다. 법문을 들으면서 자기를 돌아보아야 한다. 평생을 수행한 큰스님도 왜 매일 예불하고 자주 경전을 읽겠는가. 그 이유를 생각해 보면 답이 나온다.

여섯 가지 소중한 일

 부처님이 사위성 기원정사에 계실 때의 일이다. 어느 날 부처님은 수행자들이 명심해야 할 여섯 가지 소중한 일에 대해 말씀했다.

"그대들은 여섯 가지 소중한 법을 잘 명심하라. 그것은 공경하고 소중하게 여길 만한 것이니 마음에 굳게 새겨 잊지 말도록 하라. 그러면 어떤 것이 여섯 가지인가.

첫째, 몸으로 어떤 행동을 할 때 늘 자비를 생각하되 거울에 얼굴을 비춰 보듯이 하라. 이것은 공경할 만하고 귀하게 여길 만한 것이니 마음에 새겨 잊지 말도록 하라.

둘째, 입으로 어떤 말을 할 때 늘 자비를 생각하되 거울에 얼굴을 비춰 보듯이 하라. 이것은 공경할 만하고 귀하게 여길 만한 것이니 마음에 새겨 잊지 말도록 하라.

셋째, 뜻으로 어떤 생각을 할 때 늘 자비를 생각하되 거울에 얼굴을 비춰 보듯이 하라. 이것은 공경할 만하고 귀하게 여길 만한 것이니 마음에 새겨 잊지 말도록 하라.

넷째, 법의 이익法利을 얻거든 수행자들과 함께 나누고 인색하지 말라. 이것은 공경할 만하고 귀하게 여길 만한 것이니 마음에 새겨 잊지 말도록 하라.

다섯째, 모든 계율은 썩지 않고 무너지지 않아야 하는 것이니 지혜로운 사람과 함께 지켜서 어그러지지 않도록 하라. 이것은 공경할 만하고 귀하게 여길 만한 것이니 마음에 새겨 잊지 말도록 하라.

여섯째, 번뇌를 벗어나는 바른 소견을 가지며 그런 소견을 범행을 닦는 사람과 함께 닦도록 하라. 이것은 공경할 만하고 귀하게 여길 만한 것이니 마음에 새겨 잊지 말도록 하라.

수행자들이여, 그대들은 몸과 입과 뜻으로 행할 때에 항상 바른 것만 생각하고, 만일 이익을 얻거든 나눌 것이며 혼자만 탐하려는 생각을 하지 말라. 항상 이와 같이 수행해 나가야 하느니라.”

증일아함 29권 〈육중품六重品〉제1경

이 경은 우리가 일상생활에서 참으로 중요하게 여겨야 할 덕목이 무엇인가를 여섯 가지로 나누어서 설명하고 있다. 그것은 몸이나 입, 마음으로 어떤 행동을 할 때 항상 자비심을 잃지 말라는 것이다. 더 적극적으로는 이익을 나누고 계덕을 잘 지키고 바른 소견을 가지라는 것이다. 남을 해치거나 화나게 만들거나 손해 끼치는 일을 절대 삼가라는 가르침이다.

말씀을 듣다 보면 부처님은 언제나 ‘부처님다운’ 말씀만 하고 있다는 생각이 든다. 부처님은 세속에 사는 중생의 입장은 전혀 고려하지 않고, 그저 이상론만 말씀한다는 것이다. 물론 부처님의 거룩한 말씀처럼 몸과 입과 마음으로 항상 자비만을 생각하고 행동할 수 있다면 얼마나 좋겠는가. 서로 이익도 나누고 계율도 잘 지키고 바른 소견으로 살면 얼마나 좋겠는가. 그러나 그렇게만 살 수 없는 것이 세상이다. 부처님도 세상살이를 하려면 말씀처럼은 살아지지 않을 것이다. 그런데도 이런 것을 강조하는 것은 너무 물정을 모르는 훈계가 아닌가 하는 반발심이 생기는 것이다. 옆에 계신다면 찾아뵙고 이 점을 말씀 드리고 '좀 더 현실성 있는 가르침을 주십사' 청하고 싶을 때가 한두 번이 아니다.

만약 우리가 응석삼아 정말로 이런 말을 하면 부처님은 뭐라고 대답하실까. 그분의 인품으로 보아 화를 내거나 비웃거나 하지는 않을 것이다. 도리어 그런 말을 하는 사람들을 더욱 불쌍하게 바라보면서 아마도 이렇게 말씀하지 않을까 싶다.

"이 사람아. 화가 나도 참고, 욕심이 나도 참게. 안 그러면 더 큰 화를 불러올 게 뻔하네. 그러니 항상 자비심으로 너그럽게 대하게. 그래야 좋은 일이 생길 것이네. 내 말을 믿게!"

생명은 거짓 인연의 집합

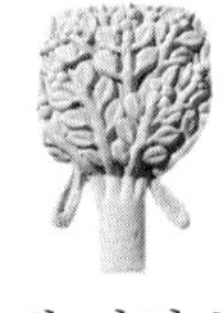 부처님이 사위국 기원정사에 계실 때의 일이다. 어느 날 부처님은 이 세상에서 가장 공한 것〔第一最空法〕이 무엇인지에 대해 이렇게 말씀했다.

"눈〔眼〕이 생길 때는 어디서 오는지 알지 못하고, 그것이 없어질 때는 어디로 가는지 알지 못한다. 귀〔耳〕와 코〔鼻〕와 혀〔舌〕와 몸〔身〕과 생각〔意〕도 마찬가지여서 그것이 생길 때는 어디서 오는지 알지 못하고, 그것이 없어질 때는 어디로 가는지 알지 못한다. 왜냐하면 그것은 '거짓 이름의 존재〔假號之法〕'기 때문이다.

거짓 이름의 존재란 이것이 생기면 저것이 생기고, 이것이 없어지면 저것이 없어지는 것을 말한다. 그러므로 이 여섯 가지 감각기관의 정신적 요소와 물질적 요소는 누가 만든 것이 아니다. 단지 부모로 말미암아 태가 생겨나는 것이다. 또한 그것도 인연에 의한 것으로써 거짓 이름에 불과하다.

그러므로 육근六根이란 어떤 대상이 있어야 비로소 존재하는 것이다.

비유하면 나무를 마찰시켜 불을 일구려고 할 때 나무가 있어야 불이 일어나는 것과 같다. 그러나 불은 나무에서 나온 것도 아니요 또한 나무를 떠나서 있는 것도 아니다. 만약 나무를 쪼개서 불을 찾으려 해도 불은 찾을 수 없다. 그것은 인연이 모인 뒤라야 불이 생기기 때문이다."

이어서 부처님은 생명이 어떻게 만들어지는가에 대해 이렇게 말씀했다.

"처음에는 어머니 태 안에 들며 차츰 어린 소酥와 같다가 드디어는 저 우무버섯과 같다가 다음에는 어떤 형상을 만들게 된다. 머리와 목이 먼저 생기고 손발이 생기며 온갖 뼈마디가 생기고 털과 손톱과 이빨이 생긴다. 만일 그 어머니가 온갖 음식과 갖가지 요리를 먹으면 그 영양분으로 살아가나니, 이것이 태를 받은 목숨의 근본이니라. 이로써 모든 형체가 이루어지고 모든 감각기관이 갖추어지면 드디어 어머니에 의지하여 태어나게 되느니라. 그러므로 비구들이여 알라. 이 몸은 이렇게 인연이 모여 이루어졌느니라."

부처님은 계속해서 이렇게 말씀했다.

"비구들이여. 한 사람의 몸에는 360개의 뼈가 있고, 9만 9천 개의 털구멍이 있으며, 5백 개의 맥이 있고 5백 개의 힘줄이 있으며, 팔만 종류의 벌레가 있다. 비구들이여, 여섯 가지 감각기관으로 된 이 몸은 이렇게 인연이 모여 이루어진 것이라고 생각해야 한다. 이렇게 알고 한적한 곳에 앉아서 좌선하기를 게을리 하지 말아야 한다. 그렇게 하면 곧 아나함이나 아라한의 결과를 얻게 될 것이다."

증일아함 30권 〈육중품六重品〉 제7경

인간이란 무엇이고 생명이란 무엇일까. 이 경의 설명대로라면 그것은 '거짓 이름들이 인연으로 모인 존재'다. 인간을 구성하는 여섯 가지 감각기관〔六根〕은 그 실체가 따로 있는 것이 아니다. 업에 의해 생긴, 인연에 의해 구성된 일시적인 존재일 뿐이다.

부처님이 이 경에서 강조하는 것은 우리가 그토록 애지중지하는 생명조차도 인연이 다하면 모두 흩어진다는 사실이다. 그럼에도 우리는 쓸데없는 집착과 시비로 해가 지고 달이 뜨는지도 모른다. 불교 공부 한다는 사람이 더한 경우도 많다. 어리석은 중생들 같으니!

절에서 제사지낼 때 스님들이 하는 영가천도 염불 가운데 참으로 훌륭한 말씀이 있다. 그 내용을 들어 보면 우리가 얼마나 헛된 꿈을 꾸고 사는지 깨닫게 된다.

태어나는 것은 한 조각 구름이 일어나는 것이요	〔生也一片浮雲起〕
죽는 것은 한 조각 구름이 사라지는 것이다	〔死也一片浮雲滅〕
뜬구름 자체는 변하지 않는 실체가 없는 것이니	〔浮雲自體本無實〕
태어나고 죽고, 가고 오는 것이 다 이와 같다	〔生死去來亦如然〕

무엇을 잘하는 사람이고 싶은가

부처님이 사위성 기원정사에 계실 때의 일이다. 어느 날 생루 生漏 범지가 부처님을 찾아와서 여섯 종류의 사람들이 무엇을 잘하고, 무엇을 좋아하며, 그들이 이루고자하는 목적은 무엇인지에 대해 물었다. 부처님은 그를 위해 자세하게 가르쳐주었다.

"부처님. 크샤트리아는 무엇을 좋아하고 무엇을 잘하며, 무엇을 목적으로 삼는 사람입니까?"

"크샤트리아 종족은 싸우기를 좋아하고, 온갖 기술이 좋으며 일을 하면 끝까지 해서 중간에 쉬지 않는 것이 특징이니라."

"그러면 바라문은 무엇을 좋아하고 무엇을 잘하며, 무엇을 목적으로 삼는 사람입니까?"

"바라문은 주술을 잘하며 반드시 살 집을 짓는 것을 좋아하느니라."

"그러면 국왕은 무엇을 좋아하고 무엇을 잘하며, 무엇을 목적으로 삼는 사람입니까?"

"왕은 정치의 권력을 좋아하고 마음은 무기에 있으며 재물을 탐착하느니라."

"그러면 도둑은 무엇을 좋아하고 무엇을 잘하며, 무엇을 목적으로 삼는 사람입니까?"

"도둑은 간특한 마음을 가지고 있으며, 남이 자기가 저지른 일을 모르게 하도록 애쓰는 것이 특징이니라."

"그러면 여자는 무엇을 좋아하고 무엇을 잘하며, 무엇을 목적으로 삼는 사람입니까."

"여자는 생각이 늘 남자에게 있으며 재물에 탐착하는 것을 좋아하고, 남녀 간의 일이 자기 마음대로 되기를 바라느니라."

"부처님께서는 그런 세속사람들의 일까지 다 아시니 참으로 놀라우십니다. 그것은 진실이요 헛말이 아닙니다. 끝으로 한 가지만 더 여쭙겠습니다. 출가 수행자는 무엇을 구하는 사람들인지요?"

"수행자는 계덕을 갖추기를 잘하고, 마음은 늘 도법에 머무는 것을 좋아하며, 뜻은 네 가지 진리를 구하는 데 있고, 열반에 이르는 것을 궁극적 목적으로 삼는 사람들이니라."

부처님이 이렇게 상세하게 가르쳐주자 범지는 매우 기뻐하며 이렇게 찬탄하고 돌아갔다.

"부처님의 말씀은 너무나 자상하고 친절하셨습니다. 마치 눈먼 사람에게 눈을 뜨게 해주고 귀먹은 사람에게 소리를 듣게 해주고 어둠 속에 있는 사람에게 등불을 주신 것처럼 부처님의 말씀도 그러하나이다. 저는 이제 나라 일이 많으니 돌아가고자 합니다."

증일아함 30권 〈육중품六重品〉 제7경

다산茶山 정약용이 엮은 《이담속찬耳談續纂》이라는 책이 있다. 명나라의 왕동궤王同軌가 중국 속담 170개를 모아 쓴 《이담耳談》이라는 책에, 다산이 다시 우리나라 속담 241개를 증보한 속담 모음집이다. 이 책에 보면 이런 무시무시한 경고가 있다.

"여러 사람에게 손가락질을 받으면 병이 없어도 죽는다〔千人所指 無病而死〕."

남에게 손가락질 받을 짓을 하는 사람치고 그 끝이 좋은 경우란 절대 없다. 설사 당장은 아무 일이 없을지 모르지만 언젠가는, 어떤 형태로든 반드시 과보를 받게 된다. 인과란 명백한 것이어서 남의 눈에 눈물을 흘리게 하면 자기도 반드시 피눈물을 흘리게 된다.

그러나 어리석은 사람은 남의 손가락질도 두려워하지 않고 시비와 싸움만 좋아한다. 권력을 마음대로 휘두르려고 하고, 주술이나 삿된 짓으로 사람을 현혹하려고 한다. 자기 것이 아닌 것을 가지려고 발버둥치는 사람도 있다. 그런 짓은 아무리 잘해도 소용이 없다. 사람들에게 손가락질 받다가 언젠가는 비참한 꼴이 된다. 그러면 무엇을 잘해야 하는가. 계덕戒德을 갖추고 선한 마음으로 사는 일을 잘해야 한다. 손해가 나더라도 남을 돕는 일을 잘해야 한다. 그래야 손가락질이 칭찬으로 변하고, 그 덕으로 병 없이 오래도록 잘산다.

제4부

하루 동안 수행한 공덕

부끄럽지 않은 패배

 부처님이 베살리의 어떤 숲에서 많은 제자와 함께 있을 때의 일이다. 어느 날 5비구의 한 명인 앗사지馬勝가 성중에 들어가 걸식하는데 사차카니간타薩遮尼健子가 다가와 물었다.

"그대의 스승은 무엇을 가르치는가?"

앗사지가 말했다.

"오온五蘊은 덧없는 것이다. 덧없는 것은 괴로운 것이며, 괴로운 것은 나〔我〕가 없는 것이며, 나가 없는 것은 공한 것이다. 공한 것은 내 것이 아니며, 내 것이 아닌 것은 나의 소유가 아니다. 우리 스승의 가르치는 것은 이와 같다."

사차카니간타는 이 말을 듣고 '말도 안 되는 소리'라면서 귀를 막고 자기는 '오온은 덧없는 것이 아니라 항상된 것'이라면서 언제 부처님을 만나서 대론對論하여 굴복시키겠다고 큰소리쳤다. 그는 베살리 성중에서 젊은이들을 만나 이 같은 결심을 말한 뒤 그들과 함께 부처님을 찾아갔다. 그는 부처님을 만나자 '오온은 항상된 것이며 자기를 따라온 젊은이들도 그렇게 생각한다'고 주장했다. 그러자 부처님이 물었다.

"오온이란 항상되지 않고 자아가 있는 것이 아니다. 그것은 거짓으로 모인 이름뿐이며 눈덩이처럼 견고하지 않다. 내가 한 가지 비유로 물어볼 테니 대답해 보라. 전륜성왕은 자기 국토 안에서 무엇이든지 할 수 있는 절대적인 권력을 갖는다. 하지만 그가 그 권력으로 늙음과 죽음을 묶어두거나 지연시킬 수 있는가?"

그는 땀을 뻘뻘 흘리면서 '그럴 수 없다'고 했다. 부처님은 다시 물었다.

"그렇다면 오온은 항상된 것이 아니다. 항상되지 않다면 변하고 바뀌는 것인데 그것을 자아라고 할 수 있는가. 자아가 아니라면 나의 것이라고 할 수 있는가?"

그는 자기의 주장이 이치에 어긋난다는 것을 인정하고 부처님과 그 가르침과 승가에 귀의하는 재가 제자가 되기를 청했다. 그는 집으로 돌아가 공양을 마련하고 부처님과 제자들을 청했다. 부처님은 보시와 지계와 생천의 차제로 설법하여 그를 기쁘게 해주었다.

한편 과거에 사차카니간타를 따르던 제자들은 자기들의 스승이 부처님의 제자가 된 것을 인정하지 못했다. 그래서 그가 부처님을 찾아가 설법을 듣고 오는 것을 보자 기왓장과 돌을 들어 그를 때려죽이고 말았다. 이 사실을 전해 들은 부처님은 이렇게 말씀했다.

"그는 이미 세 가지 번뇌〔三毒心〕를 없애고 네 가지 진리〔四聖諦〕를 완전히 터득했다. 그는 곧 괴로움에서 완전히 벗어날 것이다. 그러므로 그대들도 열심히 수행하라."

증일아함 30권 〈육중품六重品〉제10경

스포츠 경기를 보면 승리에도 부끄러운 승리가 있고 패배에도 아름다운 패배가 있다. 오직 승리만을 위해 온갖 추태를 다 부리는 모습은 왠지 가슴이 답답하고 뒷맛이 개운하지 않다. 반대로 지더라도 최선을 다하고 깨끗하게 승복하는 모습은 보기도 아름답다.

패배를 솔직하게 인정할 줄 아는 것은 비굴함이 아니라 큰 용기다. 이런 용기는 모든 좌절과 실패를 딛고 새롭게 일어서는 바탕이 된다. 사업에 실패했거나 경쟁에서 패배했을 때 그 책임을 자기 탓으로 돌리는 사람만이 재기의 기회를 얻는다. 반대로 패배의 책임을 남에게 돌리고 화만 내는 사람은 마음만 상할 뿐이다.

자기의 잘못을 인정하고 참회할 줄 아는 것은 종교생활의 제일덕목이다. 자기의 잘못된 행동과 그릇된 생각을 인정하는 데서 향상의 길이 열린다. 종교적 회심과 전환도 여기서 일어난다. 그러나 종교생활을 하는 사람일수록 자기 잘못을 인정하지 않고 참회하기를 주저하는 사람이 많다. 지혜의 길을 버리고 미망의 길로 들어가면 해탈의 언덕은 점점 멀어진다. 그런데도 그 미망의 길만을 고집하는 것은 무슨 이상한 쥐약을 먹어서 그런지 모르겠다.

불교 공부는 무상을 깨닫는 것

부처님이 사위성 기원정사에 계실 때의 일이다. 어느 날 부처님은 수행자가 가장 먼저 깨달아야 할 것이 무엇인지에 대해 이렇게 말씀했다.

"그대들은 늘 모든 것이 무상하다는 생각을 하고 그 생각을 모든 것에 적용시켜라. 모든 것이 덧없다고 생각하고 무상하다는 생각을 모든 것에 적용시키면 욕심의 세계〔欲界〕와 형상의 세계〔色界〕와 무형의 세계〔無色界〕에 있는 모든 욕망을 끊고, 무명과 교만을 없애게 될 것이다. 비유하면 마치 불로 모든 초목을 태워 남김이 없고 그 자취마저 없도록 하는 것처럼 모든 것이 덧없다는 생각을 하고 수행한다면 욕심의 세계와 형상의 세계와 무형의 세계에 있는 모든 욕망과 무명과 교만을 끊어 남음이 아주 없게 될 것이다.

왜냐하면 수행자가 항상 모든 것이 덧없다는 생각을 하게 되면 욕심이 없어지기 때문이다. 욕심이 없으므로 곧 법을 잘 분별하고 그 뜻을 생각하여 근심과 걱정과 고통과 번민이 없어지고, 법의 뜻을 생각함으로써 곧 어리석음과 미혹이 없어질 것이다.

그래서 그는 혹시 싸우는 사람을 보면 '저 사람들은 모든 것이 덧없다는 생각을 닦지 않고, 덧없다는 생각을 모든 것에 적용시키지 않기 때문에 저렇게 싸운다'고 생각한다. 실제로 사람들은 싸우면서 그 뜻을 보지 못하고, 그 뜻을 보지 못하기 때문에 곧 미혹하는 마음이 생기는 것이다. 그가 끝내 그런 미혹한 마음을 가진 채 목숨을 마치면 아귀·축생·지옥의 세 가지 나쁜 곳에 떨어지게 되느니라.

그러므로 수행자들이여, 그대들은 항상 모든 것이 덧없다는 생각을 하고 그 생각을 모든 것에 적용시켜라. 그렇게 하면 성냄과 분노와 어리석은 마음이 없어져서 능히 법을 보고, 그 뜻을 보아 목숨을 마친 뒤에는 천상·인간·열반의 세 가지 좋은 곳에 태어나게 될 것이다. 그러니 그대들은 반드시 이와 같이 수행해 나가야 할 것이다."

부처님이 설법을 마치자 비구들은 이 말씀을 듣고 기뻐하며 받들어 행하였다.

증일아함 31권 〈역품力品〉제2경

부처님이 깨달은 진리란 무엇일까. 여러 가지 훌륭하고 멋진 대답이 있지만 그 중에서도 가장 구체적인 것을 들라면 '무상의 진리'라고 할 것이다.

참다운 지혜의 눈으로 보면 일체만유는 변하지 않는 것이 하나도 없다. 태어날 때부터 노인으로 태어난 사람은 없다. 모두가 세월을 이기지 못하고 늙는 것이다. 부귀와 공명이 좋다지만 언제까지 내 것일 수는 없다. 장관이나 국회의원을 하던 사람도 물러나면 실업자다. 청춘과 사랑이 영원할 것 같지만 그것처럼 허망하게 변하는 것도 없다. 단단하기는 금강석이 제일이라지만 그것도 깨지고 변하는 법칙에서 벗어나지 못한다.

내일 모레면 누구나 늙고 병들어서 죽는다. 진정으로 이것을 안다면 저렇게 여우처럼 간교하고, 아귀처럼 욕심을 부리며, 나찰처럼 악독할 수는 없다. 그러나 사람들은 아무도 자기가 이 무상의 법칙에 구속돼 있다는 사실을 인정하지 않는다. 모두가 영원히 살 것처럼 욕심 부리고 집착한다. 항상 잘 나갈 줄 알고 교만을 떤다. 기실 이 세상의 온갖 시비와 다툼은 모든 것이 덧없다는 것을 확실하게 깨닫지 못한 데서 생기는 것이다.

부처님이 무상의 이치를 강조한 뜻은, 무상을 인식해야 인생을 대하는 태도가 달라지기 때문이다. 실로 불교적 인생관의 기초는 무상을 인식하느냐 여부에 있다. 어떤 사람이 진정으로 불교적 인생관으로 살고 있느냐를 가름하는 것도 무상의 인식 여부에 있다. 우리는 정말로 모든 것이 무상하다고 인정하는가. 만약 무상의 진리를 이론이 아닌 가슴으로 인정하지 않는다면 그는 아직 진정한 불자가 아니다. 진리가 무엇인지도 모르는 사람이다.

육근을 잘 다스린 공덕

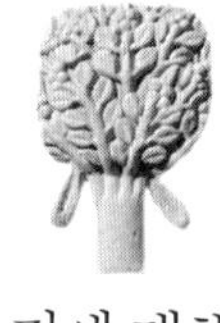 부처님이 사위국 기원정사에 계실 때의 일이다. 어느 날 부처님은 인간의 육신을 구성하는 육근六根을 어떻게 다스려야 할지에 대해 이렇게 말씀했다.

"수행자는 생각을 온전하게 해서 자기 몸을 닦아야 한다. 가야 하거나 머무르거나, 나아가거나 멈추거나, 굽히거나 펴거나, 굽어보거나 우러르거나, 옷을 입거나 벗거나, 잠자거나 깨어나거나, 말하거나 침묵하고자 할 때 모두 때를 알아야 한다. 수행자가 만일 마음을 온전하고 바르게 하면 아직 생기지 않은 번뇌와 탐욕과 무명은 앞으로도 생기지 않을 것이며, 이미 생긴 번뇌와 탐욕과 무명은 곧 사라지게 될 것이다.

또 만일 생각을 온전히 하면 여섯 가지 감각기관을 잘 분별해서 마침내 나쁜 길에 떨어지지 않게 할 것이다. 여섯 가지란 눈〔眼〕·귀〔耳〕·코〔鼻〕·혀〔舌〕·몸〔身〕·생각〔意〕으로 모양〔色〕·소리〔聲〕·냄새〔香〕·맛〔味〕·감촉〔觸〕·관념〔法〕을 인식할 때 곱거나 좋은 것은 기뻐하고 추하거나 나쁜 것은 싫어하는 것을 말한다.

그런데 여섯 가지 감각기관이란 마치 여섯 가지 짐승의 그 성향이 각각 다른 것과 같다. 예를 들어 어떤 사람이 개, 여우, 원숭이, 물고기, 독사, 새를 잡아 밧줄에 묶어 한곳에 놓아두면 그것들은 각각 성향이 달라서 서로 가고 싶은 곳으로 가고자 할 것이다. 개는 마을로 달아나고 싶어 하고, 여우는 무덤 사이로 가고 싶어 하고, 원숭이는 숲으로 가고 싶어 하고, 물고기는 물로 가고 싶어 하고, 독사는 구멍 속으로 들어가고 싶어 하고, 새는 공중으로 날아가고 싶어 한다. 그러나 그 여섯 가지 짐승을 단단히 한곳에 매어두면 아무 데도 가지 못하고 움직이지 못한다. 그것들은 그곳을 떠날 수 없으므로 거기에 있게 되는 것이다.

인간의 여섯 가지 감각도 이와 같이 제각각 좋거나 나쁜 것에 따라 하고 싶은 것이 다르지만 그때 수행자는 그것을 한곳에 매어 둔다. 그렇게 뜻을 온전히 하여 어지럽게 하지 않으면 악마 파피야스도 침투할 틈이 없어서 어쩌지 못한다. 그렇게 되면 수행자는 온갖 공덕을 성취하게 되는 것이다.

수행자들이 이와 같이 공부해 나가면 현재에 아나함이나 아라한의 결과를 얻게 될 것이다."

증일아함 32권 〈역품力品〉제8경

수행자들 중에는 몸에 병이 생겨 고생하게 되는 것을 부끄럽게 여기는 사람이 있다. 육근을 잘 다스렸다면 그런 일이 생기지 않아야 하는데 수행을 제대로 하지 않았기 때문에 병이 들었다고 생각하는 것이다. 그러나 감기가 들거나, 몹쓸 병에 걸린다 해서 그것을 수행과 연관시키는 것은 올바른 생각이 아니다. 불교의 수행은 도교의 양생술養生術과는 그 목적과 방법이 근본적으로 다르기 때문이다.

불교에서 수행이란 육체적 능력을 획기적으로 향상시키려는 데 목적이 있지 않다. 그보다는 육체가 하고 싶어 하는 욕망을 얼마나 효과적으로 절제할 것인가에 초점이 맞추어져 있다. 육근은 늘 아름답고 즐겁고 향기롭고 맛있고 부드러운 것만 탐애한다. 중생이 욕망을 충족시키는 정도에 따라 행복과 불행을 나누려고 한다. 불교는 이런 생각에 반대한다. 진정한 행복은 욕망의 충족이 아니라 욕망에서 자유로워질 때에 가능하다는 것이다.

수행한다고 육체가 병들고 늙어 가는 것을 막을 수는 없다. 이 일은 부처님도 못 한다. 그렇다면 생로병사에서 해탈한다는 것은 무슨 말인가. 현재의 삶에서 욕망을 줄이고 집착을 버림으로써 욕망의 불확충에서 오는 고통을 줄여주고 없애주는 것이다. 더 길게는 이로 인해 나쁜 업을 짓지 않음으로써 고통을 반복하는 윤회의 조건을 없애버리는 것이다. 이것이 육근을 잘 다스린 공덕이다. 진정으로 행복하고자 한다면 한 번 해볼 만한 일이 아니겠는가.

부처님의 재난 구제 활동

부처님이 왕사성 죽림정사에 계실 때의 일이다. 어느 날 아자타사투 왕이 찾아와서 정중하게 예배하고 여름 안거를 왕사성에서 보내실 것을 청했다. 부처님은 이를 승낙했다. 왕은 때에 맞춰 의복과 음식과 침구와 의약품을 공양하였다.

그 해 여름 이웃나라인 베살리에서는 귀신의 재앙이 일어나서 하루에도 죽는 사람이 수백이 넘을 지경이었다. 그들은 귀신 나찰들에게 걸려 얼굴과 눈이 누렇게 되어 3~4일 만에 죽었다. 사람들은 이 사태를 매우 두려워하며 한곳에 모여 의논했다.

"베살리는 크고 번성해서 사람도 많이 살고 물자도 풍성해서 저 제석천왕이 사는 궁전과 같다고 했다. 그런데 귀신의 해침을 받아 많은 사람이 죽어서 쓸쓸하기가 산이나 들과 같다. 누가 이 재난을 구할 수 있을 것인가?"

그들은 의논 끝에 부처님을 모셔오기로 했다. 당시 부처님은 왕사성에서 아자타사투 왕의 공양을 받으며 안거를 보내고 있었으므로 어떻게 모셔올 수 있을지 방안이 마땅하지 않았다. 그러나 사람들은 부처님은 큰 자비로 일체 중생을 제도하는 분이시므로 어려운 사정을 말하면 베살리로 오실 것으로 믿고, 최대最大라는 장자를 대표로 뽑아서 보냈다.

그는 부처님을 찾아가 급박한 사정을 아뢰고 베살리로 와주실 것을 청했다. 이 소식을 들은 아자타사투 왕은 반대 의사를 밝혔다. 그러자 부처님은 베살리의 사자를 아자타사투 왕에게 보내 설득하도록 했다. 베살리의 사자는 부처님이 가르쳐준 대로 왕을 만나 이렇게 간청했다.

"왕은 죄 없는 부왕을 죽였으므로 장차 지옥에 가서 1겁을 보내야 하는데 그 허물을 뉘우치고 불법에 귀의했으니 죄가 조금 감해질 것이요. 그러나 더 많은 선행을 베풀면 더 빨리 죄업을 소멸할 것이요. 그러니 부처님과 그 제자들을 베살리로 보내주시기를 청하나이다."

왕은 부처님을 베살리로 보내드리는 것이 선업을 짓는 것이라는 말에 설득되어 부처님을 모셔가도 좋다고 했다. 부처님은 안거 중임에도 제자들을 데리고 베살리로 갔다. 베살리에 도착한 부처님은 성문에 이르러서 게송으로써 말씀했다.

여래는 이 세상에서 가장 훌륭한 분이시며
그 가르침은 우리를 열반의 세계로 인도하며
비구들은 여러 수행자들 중에 가장 훌륭하시니
이 거룩하온 삼보에 진심으로 귀의하면
베살리 성에는 모든 재앙이 없어지리라.
두 발 가진 사람도 안온을 얻고
네 발 가진 짐승도 그러하리니

길을 가는 이도 행복하고

길을 오는 이도 또한 그러하리라.

밤이나 낮이나 안온을 얻어

귀찮게 구는 이가 없을 것이다.

이렇게 말하자 모든 귀신은 성 안으로 들어오지 못하고 모든 병자들
은 병이 낫게 되었다.

증일아함 32권 〈역품力品〉 제11경

부처님의 베살리 재난 구제 활동은 매우 유명한 사건이었다. 이
를 기원으로 해서 남방의 상좌부불교에서는 피릿paritta이라는
일종의 기복적 의식이 만들어져서 전승되고 있다. 피릿은 '보호' '안
전' 또는 '호주護呪'라는 뜻을 가진 말이다. 이 주문을 외우면 모든 재앙
이 소멸한다고 믿는다. 이것은 자력을 강조하는 남방불교에서 유일하게
타력적 방법으로 재앙 극복을 인정하는 것이어서 흥미롭다.

이 이야기에서 주목할 점은 호주를 외우면 정말로 재앙이 극복되느냐
가 아니다. 부처님의 자비심이 얼마나 인상적이었으면 뒷날 의식으로까
지 발전했을까 하는 것이다. 당시의 베살리는 경전에서 묘사하고 있듯
이 하루에도 수백 명씩 죽어가는 재난지역이었다. 부처님은 아자타사투
왕의 만류에도 불구하고 제자들을 데리고 전염병이 창궐한 곳으로 찾아
가서 마을을 청소하고 병자를 치료했다. 그 거룩한 모습에 누가 합장하
지 않을 수 있겠는가.

일곱 종류의 불자들

 부처님이 사위국 기원정사에 계실 때의 일이다. 어느 날 부처님은 '물에 빠진 사람의 비유〔水喩人〕'를 들어 제자들을 가르쳤다.

"나는 지금 일곱 종류의 물에 빠진 사람의 비유를 들어 설명할 테니 잘 듣고 수행하는 데 게으르지 말라.

첫째, 물속에 빠져 있으면서 헤어나오지 못하는 사람이다. 그는 착하지 못한 법이 그 몸에 가득 차서 몇 겁이 지나도 고치지 못하는 사람이다. 이런 사람을 물속에 빠져 있으면서 헤어나오지 못하는 사람이라고 한다.

둘째, 물에서 나왔다가 도로 빠지는 사람이다. 그는 믿음의 뿌리가 점점 엷어져서 비록 착한 법에 있지만 그것이 든든하지 못하다. 그래서 그는 몸과 입과 뜻으로 선행을 하다가도 뒤에 다시 악행을 하여 몸이 무너지고 목숨이 끝난 뒤에는 지옥에 난다. 이런 사람을 물에서 나왔다가 도로 빠지는 사람이라고 한다.

셋째, 물 위로 나와서 바라보는 사람이다. 그는 믿음의 뿌리는 있으나 몸과 입과 뜻으로 행함에 있어서 조금도 나아지지 않고 스스로 안주하나니 그는 나중에 몸이 무너지고 목숨이 끝난 뒤에는 지옥에 난다. 이런 사람을 물위로 나와서 바라보는 사람이라고 한다.

넷째, 물에서 머리를 내밀고 머무는 사람이다. 그는 믿음과 정진으로 세 가지 결박을 끊고 다시는 물러나지 않고 반드시 구경에 이르러 위없는 도를 성취한다. 이런 사람을 물에서 머리를 내밀고 머무는 사람이라고 한다.

다섯째, 물을 건너려는 사람이다. 그는 믿음과 정진으로 항상 부끄러움을 가져 세 가지 결박을 끊고 탐욕과 성냄과 어리석음이 엷어져 이 세상에 태어나 괴로움을 완전히 벗어난다. 이런 사람을 물을 건너려는 사람이라고 한다.

여섯째, 저쪽 언덕으로 가려고 하는 사람이다. 그는 믿음과 정진의 뿌리가 깊어서 욕심 세계의 다섯 가지 결박을 끊고 아나함이 되어 거기서 열반에 들어 다시는 이 세상에 오지 않는다. 이런 사람을 저쪽 언덕으로 가려고 하는 사람이라고 한다.

일곱째, 이미 저쪽 언덕에 건너간 사람이다. 그는 믿음의 뿌리와 정진의 뿌리가 깊어서 부끄러워할 줄 알고, 번뇌가 다하여 현재에서 스스로 즐거워한다. 이미 나고 죽음이 다했으며 할 일을 다 마쳐, 다시는 후생의 몸을 받지 않을 줄 알며, 남음이 없는 열반〔無餘依涅槃〕의 세계에서 반열반한다. 이런 사람을 이미 저쪽 언덕에 건너간 사람이라고 한다."

증일아함 33권 〈등법품等法品〉 제3경

경전의 문면을 자세히 읽어 보면 앞에 나오는 세 부류는 지옥·아귀·축생의 삼악도를 헤매는 사람들이다. 뒤에 나오는 네 부류는 부처님의 가르침을 받아들이는 네 단계〔預流·一來·不還·無學〕의 성자들이다. 불자들로서는 당연히 삼악도에서 헤매지 말고 거룩한 성자들의 삶을 닮아가야 한다. 그럼에도 현실적으로 우리는 낮은 단계에서 높은 단계로 향상하지 못하고 있다. 심한 경우는 날이 갈수록 높은 단계에서 낮은 단계로 곤두박질치는 사람도 볼 수 있다. 멀리서 예를 구할 것도 없다. 조금만 눈을 돌리면 요즘 우리 주변에서도 얼마든지 그런 사람들을 볼 수 있다. 어째서 이처럼 고약한 일이 생기는가.

여러 가지 이유가 있겠지만 대체로 다음의 원인이 아닐까 싶다. 첫째, 위선 때문일 것이다. 둘째, 교만하기 때문일 것이다. 셋째, 나태하기 때문일 것이다. 넷째, 우치하기 때문일 것이다. 다섯째는 불교를 망치려고 작정한 외도이기 때문일 것이다. 이들을 교화하여 사람을 만들자면 자비하고 너그러운 부처님도 속깨나 끓이셔야 할 것 같다.

악마와 싸워서 이기는 법

 부처님이 사위성 기원정사에 계실 때의 일이다. 어느 날 부처
님은 악마와 싸워 이기는 방법을 수행자들에게 가르쳐주었다.

"전륜성왕이 나라를 다스릴 때는 일곱 가지 방법을 쓰면 외적의 침입
을 물리칠 수 있다. 첫째, 성을 높이 쌓는 것이다. 둘째, 성문을 튼튼하게
지키는 것이다. 셋째, 성 밖에 해자〔塹〕를 깊고 넓게 파는 것이다. 넷째,
성 안 창고에 곡식을 가득 채워두는 것이다. 다섯째, 성 안에 섶과 풀을
풍족하게 가지고 있는 것이다. 여섯째, 온갖 기구와 무기를 다 갖추어놓
는 것이다. 일곱째, 성주가 총명하여 사람의 마음을 미리 알고 다스리는
것이다. 이렇게 하면 다른 나라에서 침노해도 그 성은 안전하다.

수행자도 이와 같아서 일곱 가지 방법을 쓰면 악마 파피야스도 침입
하지 못한다.

첫째, 계율을 잘 지키고 위의를 갖추는 것이다. 큰 계율은 말할 것도
없고 작은 계율을 어기는 것도 두려워한다. 그것은 마치 안팎의 성을 높

이 쌓는 것과 같다.

둘째는 눈〔眼〕·귀〔耳〕·코〔鼻〕·혀〔舌〕·몸〔身〕·생각〔意〕으로 그 감각
대상인 모양〔色〕·소리〔聲〕·냄새〔香〕·맛〔味〕·감촉〔觸〕·관념〔法〕을 대할
때 거기에 집착하거나 잡된 생각을 내지 않고 생각을 온전히 가져 육근을
잘 보호하는 것이다. 그것은 마치 성문을 튼튼하게 지키는 것과 같다.

셋째, 설법을 많이 들어 잊어버리지 않고, 항상 바른 법과 도를 생각
하여 과거의 일들을 모두 다 아는 것이다. 그것은 마치 성 밖에 해자를
깊고 넓게 파는 것과 같다.

넷째, 처음도 좋고 중간도 좋고 마지막도 좋은 법을 배워서 온갖 방편
을 갖추고 범행을 닦는 것이다. 그것은 마치 성 안 창고에 곡식을 가득
채워두는 것과 같다.

다섯째, 네 가지 증상의 마음 법〔四增上之心法〕을 생각하여 모자람이 없
도록 하는 것이다. 그것은 마치 성 안에 섶과 풀을 풍족하게 가지고 있
는 것과 같다.

여섯째, 네 가지 신족〔四神足〕을 얻어 하는 일에 어려움이 없도록 하는
것이다. 그것은 마치 온갖 기구와 무기를 다 갖추어 놓는 것과 같다.

일곱째, 오온五蘊 십이처十二處 십팔계十八界를 자세히 분별하고 열두
가지 인연법〔十二緣起法〕을 잘 분별할 줄 아는 것이다. 그것은 마치 성주
가 총명하여 사람의 마음을 미리 알고 다스리는 것과 같아서 다른 나라
에서 침노해 와도 그 성이 안전한 것과 같다."

증일아함 33권 〈등법품等法品〉 제4경

영국 소설가 스티븐슨이 쓴 괴기소설 《지킬 박사와 하이드》는 인간의 내면에 잠재한 이중성을 보여준 작품으로 유명하다. 이 소설의 주인공인 지킬 박사는 겉으로는 학식 높고 자비로운 이지만 밤이 되면 추악한 하이드로 변신한다. 인간이 잠재적으로 가지고 있는 선악의 모순된 이중성을 분리하는 약물을 복용한 때문이었다. 하이드는 살인을 하고 경찰에 쫓기다가 자살을 한다. 그 주머니에서 유서가 발견됐는데 하이드가 사실은 지킬 박사였다는 것이다.

이 소설의 플롯과 주제는 이 경전에서 말하고자 하는 가르침과 매우 흡사하다. 불교에서 말하는 악마란 외재外在하는 실재가 아니라 마음속에서 일어나는 번뇌와 욕망을 말한다. 이 번뇌와 욕망을 통제하지 못하고 방치하면 그것이 악마로 변하여 인간 자신을 근본적으로 파괴한다는 것이다. 마치 지킬 박사의 내면에 잠재한 악성인 하이드를 통제하지 못하면 그 방치된 악성이 온갖 죄를 짓는 것과도 같다.

인간은 누구나 착한 사람이 되고 싶어 하면서도 마음속의 악마인 번뇌와 욕망의 지배를 못 벗어난다. 그래서 하루는 착하게 살고 하루는 악하게 산다. 낮에는 착해도 밤이 되면 악마가 된다. 불교의 수행은 이 이중성을 벗어던지기 위한 자기통제의 노력이다. 불교의 수행은 이 이중성을 벗어나기 위한 자기통제의 노력이다.

번뇌를 극복하는 방법

 부처님이 사위성 기원정사에 계실 때의 일이다. 어느 날 부처님은 일곱 가지 번뇌와 그것을 극복하는 일곱 가지 방법에 대해 이렇게 가르쳤다.

"수행자들이여, 일곱 가지 번뇌란 무엇인가. 첫째는 탐욕貪慾의 번뇌요, 둘째는 성냄〔瞋恚〕의 번뇌요, 셋째는 교만驕慢의 번뇌요, 넷째는 어리석음〔愚癡〕의 번뇌요, 다섯째는 의심〔疑〕의 번뇌요, 여섯째는 삿된 소견〔邪見〕의 번뇌요, 일곱째는 현상세계에 대한 욕심〔欲世間〕의 번뇌다.

수행자들이여, 이 일곱 가지 번뇌가 있어서 중생들로 하여금 영원히 몸을 결박하고, 어둠 속에서 세간을 떠돌게 하며, 생사의 근본을 알지 못하게 하느니라. 마치 흰 소와 검은 소가 한 굴레에 매여 함께 끌려가면서 서로 떠나지 못하는 것처럼 중생들도 그와 같아서 탐욕의 번뇌와 무명의 번뇌에 결박되어 서로 떠나지 못하며, 그밖의 다섯 가지 번뇌도 따라다니는 것이다.

만일 범부로서 이 일곱 가지 번뇌에 묶이게 되면 생사에 흘러 다니면서 벗어나지 못하고 괴로움의 근본도 알지 못하는 것이니라. 또한 이 일곱 가지 번뇌로 말미암아 지옥·아귀·축생의 나쁜 길로 들어가게 되고, 악마의 사슬에서도 벗어나지 못하게 되는 것이니라.

그러나 수행자들이여, 이 일곱 가지 번뇌에는 또한 일곱 가지 약이 있다. 즉 탐욕의 번뇌는 바른 생각을 하는 염각의念覺意로 다스리고, 성냄의 번뇌는 지혜로써 모든 법을 살펴 선악의 진위를 간택하는 택법각의擇法覺意로 다스리고, 삿된 소견의 번뇌는 쓸데없는 사행을 버리고 바른 도에 전력하여 게으르지 않는 정진각의精進覺意로 다스리고, 현상계에 대한 욕심의 번뇌는 마음에 선법을 얻어서 기뻐하는 희각의喜覺意로 다스리며, 교만의 번뇌는 그릇된 번뇌를 끊어버리는 제각의除覺意로 다스리며, 의심의 번뇌는 정에 들어 번뇌 망상을 일으키지 않는 정각의定覺意로 다스리며, 무명 번뇌는 외부적 경계와 참되지 못한 것을 추억하는 마음을 버리는 사각의捨覺意로 다스린다.

수행자들이여, 내가 아직 불도를 이루지 못하고 보리수 아래서 수행할 때 욕심세계 중생들이 무엇에 얽매여 있는가를 생각하니 일곱 가지 번뇌에 얽매여 있었다. 그래서 생사에 흘러 다니며 고통에서 벗어나지 못하는 것이었다. 그때 나는 다시 무엇으로 이 일곱 가지 번뇌를 다스릴까를 생각한 끝에 일곱 가지 각의로 다스려야 한다고 생각했다. 그러자 곧 번뇌가 없어지고 마음이 해탈하여 위없는 바른 도를 성취하게 되었다."

증일아함 34권 〈칠일품七日品〉 제3경

불교의 수행을 완성하는 서른일곱 가지 방법이 있다. 사념처四念處 · 사정단四正斷 · 사여의족四如意足 · 오근五根 · 오력五力 · 칠각지七覺支 · 팔정도八正道가 그것이다. 이를 모두 합치면 서른일곱 가지가 되므로 삼십칠조도품三十七助道品이라고 한다. 이 경에서 말하는 일곱 가지 각의〔七覺支〕는 일곱 가지 번뇌에 대응하는 수행 방법이다.

번뇌를 극복하고 수행을 완성하는 방법이 이렇게 다양한 것은 중생이 처한 상황과 근기가 다르기 때문이다. 부처님의 설법은 근기에 따라 처방을 내리는 일종의 대증요법이다. 의사가 병에 따라 약을 쓰듯이 하므로 응병여약應病與藥이라 한다. 이 경에서도 보듯이 탐욕이 많은 사람과, 화를 잘 내는 사람과, 삿된 소견을 가진 사람을 다스리는 방법이 다르다.

문제는 팔만사천 가지 번뇌에 상응한 여러 가지 수행법이 제시됐지만 한 가지도 실천하지 않는 데 있다. 제대로 처방된 약을 줘도 먹지 않으면 환자는 병을 고치기 어렵다. 그런데도 우리는 왜 약을 복용하려고 하지 않는가. 혹 자기가 환자인 줄 모르기 때문은 아닌지 모르겠다.

하루 동안 수행한 공덕

 부처님이 베살리의 원숭이 연못가에 머물고 계실 때의 일이다. 부처님은 때가 되어 가사를 입고 발우를 들고 아난다와 함께 베살리 성중으로 걸식하러 들어갔다.

베살리 성중에는 비라선이라는 장자가 있었다. 그는 많은 재산을 가진 부자로서 많은 미녀들을 데리고 후궁에서 풍류를 즐기면서 살았지만 늘 인색해서 보시할 마음이 없었다. 이를 안 부처님은 그 집 앞을 지나다가 아난다에게 이렇게 말했다.

"저 장자는 지금부터 이레 뒤에 목숨을 마치고 체곡涕哭지옥에 떨어질 것이다. 왜냐하면 저 장자는 오직 과거에 지은 복만으로 먹고 살았을 뿐 새 복을 짓지 않았기 때문이다."

"저 장자가 목숨을 마치지 않게 할 방법은 없겠는지요?"

"지은 업이 다했으니 방법은 없다. 체곡지옥에 들어가지 않으려면 수염과 머리를 깎고 도를 배우면 그 업을 면할 것이다."

그 말을 들은 아난다는 장자에게 찾아가 부처님의 말씀을 전하고 며칠 만이라도 출가하여 도를 닦을 것을 권했다. 그러나 비라선 장자는 '이레라면 아직 며칠 남았다. 우선 다섯 가지 향락을 즐기고 가도 늦지 않다'고 생각하고 아난다를 먼저 보냈다.

"아난다님 먼저 가십시오. 정리 되는 대로 따라가겠습니다."

아난다는 이튿날 다시 찾아가 "이제 엿새밖에 남지 않았으니 수행하러 가자"고 권했다. 그러나 그는 역시 곧 따라가겠다고만 하고 미적미적 했다. 그렇게 사흘 나흘 닷새 엿새가 됐다. 아난다는 장자의 집으로 가서 이렇게 말했다.

"이제 하루 남았다. 수행하지 않고 목숨을 잃으면 체곡지옥에 떨어져 크게 후회할 것이다."

아난다는 장자를 절로 데리고 와서 머리를 깎고 가사를 입히고 바른 법을 배우게 했다.

"불·법·승 삼보에 귀의하고 계율과 보시를 생각하고 들숨 날숨의 숨길에 집중하여 관하라. 그러면 큰 공덕이 있을 것이다."

장자는 하루 동안 수행하고 목숨을 마친 뒤 그 공덕으로 사천왕천에 태어났다. 부처님은 "그가 일곱 생을 천상과 인간의 세계를 돌아다니다가 최후로 사람으로 태어나 출가 수행하여 완전히 괴로움에서 벗어날 것"이라고 했다. 왜냐하면 '어떤 중생이 소의 젖을 짜는 동안 만이라도 바른 법을 믿는 마음으로 수행하면 그 복은 헤아릴 수 없이 크기 때문'이었다.

증일아함 34권 〈칠일품七日品〉 제5경

 신라의 원효 대사는 〈발심수행장發心修行章〉이라는 글에서 이렇게 훈계했다.

"막지 않는 천당에 가는 사람이 적은 것은 탐·진·치 삼독 번뇌로 재물을 삼은 까닭이요, 유혹하지 않는 나쁜 길에 들어가는 사람이 많은 것은 오욕락을 즐기는 것을 마음의 보배로 삼는 까닭이다〔無防天堂 少往至者 三毒煩惱 爲自家財 無誘惡道 多往入者 四蛇五欲 爲妄心寶〕."

또 고려 말의 고승 야운각우野雲覺牛도 〈자경문自警文〉에서 다음과 같이 타일렀다.

"사흘 간 닦은 마음은 천년의 보배가 되지만 백년 동안 탐내어 모은 재산은 하루아침의 티끌이로다〔三日修心千載寶 百年慳貪一朝塵〕."

그런가 하면 고려시대 정혜결사를 주도했던 보조지눌普照知訥은 이렇게 가르쳤다.

"뱀이 물을 마시면 독을 만들고 소가 물을 마시면 젖을 만든다. 지혜롭게 배우면 보리를 이루고 어리석게 배우면 생사를 못 면한다〔蛇飲水成毒 牛飲水成乳 智學成菩提 愚學成生死〕."

옛 스승들의 훈계를 한마디로 요약하면 이렇다. 수행은 하지 않고 욕심대로 살면 반드시 뒤끝이 좋지 않다. 이와는 반대로 비록 귀찮고 하기 싫더라도 제대로 수행을 하기만 하면 좋은 일이 많다는 것이다. 지혜로운 사람이라면 참고할 말씀이다.

겹쳐서 오는 불행 이겨내기

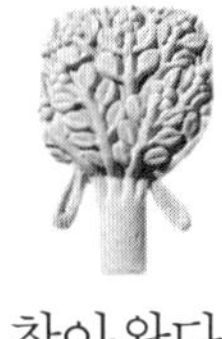 부처님의 제자 나가바라那伽波羅 존자가 녹야원에 있을 때의 일이다. 어느 날 존자와 어릴 적부터 친한 친구였던 바라문이 찾아왔다. 그는 존자와 인사를 나누고 이렇게 말했다.

"그대는 내가 아는 행복한 사람 중에서도 가장 행복한 사람이다."

"무슨 이유로 그렇게 말하는가? 혹 무슨 일이라도 있는가?"

"나는 지난 이레 전에 아들을 일곱이나 잃었네. 그들은 모두 용맹스럽고 재주가 많았고 지혜는 따를 자가 없던 애들이었지. 엿새 전에는 일꾼 열둘을 잃었네. 그들은 모두 부지런하고 게으르지 않은 사람들이었네. 닷새 전에는 네 형제를 잃었네. 그들은 온갖 기술에 익숙한 아까운 형제들이었네. 나흘 전에는 부모를 잃었네. 나이가 백세가 넘은 분들인데 나를 버리고 먼저 가셨네. 사흘 전에는 두 아내가 죽었네. 그들은 얼굴이 아름답고 뛰어난 미인들이었네. 또 어제는 집안에 있는 여덟 개나 되는 보물창고가 다 사라졌네. 내가 최근에 당한 이런 고통은 이루 다 말할 수 없네. 그러나 그대는 그런 재앙에서 일찌감치 떠나서 다시는 근

심과 걱정을 하지 않고 오직 도를 닦으며 살아가니 어찌 행복한 사람 중
에서도 가장 행복한 사람이라고 하지 않겠는가.”

“자네라면 혹 그런 일을 미리 막을 수 있지 않았는가?”

“나도 그들을 죽지 않게 하려고, 또 재물도 잃지 않으려고 온갖 애를 다
써 보았네. 때에 따라 보시도 해서 공덕을 지었고, 하늘에 제사도 지내고,
늙은 바라문을 초청해 공양도 했네.

귀신을 달래려고 주문도 외우고, 별을 보고 점도 쳤고, 온갖 약도 만들어
먹고, 맛난 음식도 곤궁한 이들에게 보시하는 등 이루 말할 수 없는 노력을
다했네. 그렇지만 끝내 그들의 목숨을 건질 수 없었네. 그래서 묻네. 어떻
게 해야 이런 고통을 없앨 수 있겠는가?”

이에 나가바라 존자는 게송으로 대답했다.

은혜와 사랑은 무명의 근본 〔恩愛無明本〕

온갖 고뇌와 우환을 일으키나니 〔興諸苦惱患〕

그것이 사라져 남음이 없도록 하면 〔彼滅而無餘〕

다시는 고통이 없으리라 〔便無復有苦〕

그는 이 말을 듣고 비록 늙었지만 출가하여 수행하기를 청했다. 존자
는 그의 머리를 깎고 법복을 주어서 집을 나와 도를 닦게 했다. 존자는
그에게 자신의 머리털과 손톱과 치아와 피부와 골수와 창자와 몸뚱이가
어디서 와서 어디로 갈지에 대해 관찰하도록 했다. 그는 한적한 곳에 가
서 시키는 대로 명상을 하여 할 일을 다 마치고 후생의 몸을 받지 않게

226

될지를 아는 아라한이 되었다.

증일아함 35권 〈막외품莫畏品〉 제2경

인생을 살다 보면 엎친데 덮치는 격으로 불행이 짝을 맞춰 찾아오는 경우가 있다. 물건이 떨어져 주우려고 몸을 구부렸는데 갑자기 자동차가 지나가며 흙탕물을 튀긴다든가, 위장이 안 좋아 검사를 받으러 갔더니 간암이 발견됐다든가, 애인한테 바람맞고 돌아오는 길에 가방을 날치기 당했다든가 하는 것이다. 이럴 땐 얼마나 화가 나는지 모른다.

머피의 법칙Murphy's law이라는 것도 있다. 어떤 일을 하면 좋은 일보다 나쁜 쪽의 결과가 초래되는 것이다. 하필이면 치과가 문을 닫는 토요일 오후부터 치통이 시작된다든가, 버스의 라디오에서 좋아하는 노래가 흘러나오기 시작할 때 안내방송이 시작된다든가, 찾는 물건은 마지막으로 뒤진 곳에서 나온다든가 하는 것이다.

이런 일을 당한다면 누구라도 약이 오르고 화가 날 것이다. 그러나 어떻게 하겠는가. 아무리 발을 굴러도 이미 벌어진 일은 돌이킬 수 없다. 이런 상황에 대한 가장 현명한 대처 방법은 빨리 잊어버리는 것이다. 집착하고 은애하면 할수록 고통만 더할 뿐이기 때문이다.

죽음은 언제쯤 찾아오는가

부처님이 사위국 기원정사에 계실 때의 일이다. 어느 날 부처님은 제자들에게 죽음을 어떻게 생각하고 수행해야 하는지에 대해 물었다.

"그대들은 죽음이 언제쯤 찾아온다고 생각하고 어떻게 수행을 하고 있는가?"

그때 한 제자가 나서서 이렇게 대답했다.

"저는 죽음이 이레쯤 뒤에 찾아온다고 생각하고 일곱 가지 각의〔七覺意, ①지혜로써 모든 법을 살피고 선악의 진위를 간택하는 택법각의擇法覺意 ②쓸데없는 사행을 버리고 바른 도에 전력하여 게으르지 않는 정진각의精進覺意 ③선법을 얻어서 마음으로 기뻐하는 희각의喜覺意 ④그릇된 견해나 번뇌를 끊어버리는 제각의除覺意 ⑤거짓되고 참되지 못한 것을 추억하는 마음을 버리는 사각의捨覺意 ⑥선정에 들어 번뇌망상을 일으키지 않는 정각의定覺意 ⑦정과 혜를 한결같이 하는 염각의念覺意〕를 부지런히 닦으면 반드시 좋은 이익이 있을 것이며 뒷날에도 후회가 없을 것으로 생각합니다."

“그렇게 말하지 말라. 그것은 죽음이 오는 때를 바르게 알고 닦는 수행이 아니니라.”

그러자 또 한 제자가 일어나 이렇게 아뢰었다.

“저는 죽음이 엿새 뒤에 찾아온다고 생각하고 일곱 가지 각의를 부지런히 닦고자 합니다.”

“그렇게 말하지 말라. 그것은 방일하게 수행하는 것이니라.”

제자들은 차례로 일어나 닷새, 나흘, 사흘, 이틀쯤 뒤에 죽음이 찾아온다고 생각하고 죽음을 대비한 일곱 가지 각의를 닦으면 될 것이라고 했다. 그러나 부처님은 그것들에 대해 모두 ‘게으른 수행’이라고 했다. 마지막으로 한 제자가 일어나 다시 아뢰었다.

“저는 아침에 일어나 사위성에 들어가 걸식을 마친 뒤 정사에 돌아와 조용한 방에서 일곱 가지 각의를 생각하다가 목숨을 마치면 그것이 죽음이 오는 때를 알고 그것에 대비하여 수행하는 것이라고 생각합니다.”

“그렇게 말하지 말라. 그대들은 모두 죽음이 오는 때를 모르고 게으르게 수행하는 것이다. 그러면 죽음이 언제 온다고 생각하고 어떻게 수행해야 하는가. 저 박칼리 비구는 호흡지간에 죽음이 있다고 생각하고 드나드는 숨길에 생각을 매어두고 그 숫자를 헤아리며 일곱 각의를 닦았다. 그러므로 수행자들이여, 그대들도 이렇게 드나드는 숨길 속에 죽음이 있다고 생각하고 수행해야 생로병사와 근심, 걱정, 고통, 번민에서 헤어날 수 있을 것이다.”

증일아함 35권 〈칠일품七日品〉 제8경

 심심하고 할 일 없을 때면 만나던 선배가 연초에 전화를 했다.

"나 암이래. 오래 못 간대. 한 6개월, 길면 1년쯤이라고 하누만."

마치 남의 얘기 하듯 자신의 득병 소식을 전하는 말을 듣고 처음에는 농담인 줄 알았다. 그래서 '정초부터 무슨 쓸데없는 말을 하느냐' 고 퉁박을 주었다. 그는 가늘게 웃더니 '다시 연락함세' 하며 전화를 끊었다. 기분이 좀 이상해서 며칠 뒤 전화를 걸었다. 그는 부인과 함께 병원을 다녀오는 길이었다. 뭐라 마땅한 위로의 말이 생각나지 않아서 농담을 건넸다.

"선배. 이런 말 아슈? 담배 피던 사람이 담배 끊으면 1망, 술 마시던 사람이 술 안 먹으면 2망, 여자한테 가던 사람이 안 가면 3망, 숨 쉬던 사람이 숨 안 쉬면 4망이라우. 그러니 숨 열심히 쉬시우. 봄 되면 남도로 꽃구경이나 갑시다."

그는 건강이 회복되면 그러겠노라고 약속했다. 그런 지 며칠이 지난 어느 날 낯선 전화가 왔다. 그가 숨을 거두었다는 부고였다. 득병 사실을 전해들은 지 보름 만이었다. 아직 살아있는 사람들은 어이없어 하면서 빈소를 찾아갔다. 영정 속의 그는 웃는 모습 그대로였다. 그렇게 갑자기 우리 곁을 떠난 사람은 불교적 명상이 담긴 시를 써 온 박찬 시인이었다.

수행자의 결과 속

부처님이 사위국 기원정사에 계실 때의 일이다. 어느 날 부처님이 많은 제자들에게 둘러싸여 설법을 하고 있는데 파세나디 왕이 찾아왔다. 왕은 부처님에게 예배하고 한쪽 옆에 앉았다. 그때 마침 일곱 명의 나간타와, 일곱 명의 옷을 입지 않은 수행자와, 일곱 명의 검은 범지와, 일곱 명의 옷을 입지 않은 바라문이 멀지 않은 곳에서 지나가고 있었다. 왕은 이들을 보고 부처님에게 칭찬하는 말을 아끼지 않았다.

"지금 저 앞으로 지나가는 사람들을 보니 모두 욕심이 적고 만족할 줄 알며 살아가는 사람들 같습니다. 저는 이 세상의 아라한 중에 저들이 가장 훌륭하다고 생각합니다. 저들은 집을 나와 직업도 갖지 않고 고행을 닦으면서 세상의 이익을 탐하지 않기 때문입니다."

그러나 부처님은 왕의 칭찬을 인정하지 않았다.

"대왕께서는 어떤 사람이 참된 아라한인지 모르는 것 같습니다. 옷을 벗고 다닌다고 참된 수행자라고 할 수 없습니다. 저것은 진실한 수행이 아닙니다. 왜 그런지 그 이유를 말해줄 테니 잘 듣고 친할 사람은 친하고, 가까이할 사람을 가까이하십시오.”

부처님은 파세나디 왕에게 지난날 일곱 명의 범지들이 수행할 때의 이야기를 들려주었다.

어느 때 범지들은 풀로 옷을 만들어 입고 나무 열매를 따먹으면서 도를 닦았다. 그들의 목적은 ‘고행을 한 덕으로 뒷날 큰 나라의 왕이 되거나 혹은 제석천이나 사천왕이 되는 것’이었다. 이런 생각으로 수행하던 범지들이 어느 날 길을 가다가 앞에서 걸어가는 아시타라는 노인을 만나게 되었다. 그런데 노인의 걸음이 빠르지 못해 길을 방해하자 그들은 화를 내며 이렇게 저주의 말을 했다.

“어떤 건방진 사람이 앞을 가로막는가. 지금 주문을 외워 저 사람을 재로 만들리라.”

그러나 그들의 주문에도 불구하고 노인은 재가 되지 않았다. 왜냐하면 자비로운 마음은 성내는 마음을 이기기 때문이었다. 노인은 그들을 불쌍하게 여겨서 이렇게 말해주었다.

“마음속에 여러 가지 나쁜 생각이 있으면서 겉모양만 수행자인 척 검소하구나. 그러나 그대들은 설사 벌거벗은 몸으로 고행을 한다고 해도 천상에 태어날 수는 없다. 천상에 태어나고 싶으면 부지런히 바른 소견을 닦고 마음을 잘 거두어 써야 한다. 마음으로 계율을 지켜 행을 깨끗하게 하고 입으로도 그와 같이 하며 나쁜 생각에서 멀리 떠나야 천상에 태어날 수 있다. 결코 사소한 일에도 화를 내면 천상에 태어날 수 없다.”

여기까지 말한 부처님은 다시 파세나디 왕을 위해 이렇게 가르쳤다.

"옷을 벗고 고행을 한다고 해서 다 아라한이라고 할 수는 없습니다. 전통과 습관이라고 해서 고행을 훌륭한 수행이라고 보면 안 됩니다. 겉보다는 속을 볼 줄 알아야 합니다."

증일아함 35권 〈칠일품七日品〉 제9경

훌륭한 종교인은 겉과 속이 다르지 않아야 한다. 남 앞에서는 거룩한 척하다가 돌아서면 온갖 못된 짓을 하는 사람은 참된 종교인이 아니다. 그런 사람을 보면 왠지 구역질이 난다.

불자 중에도 그런 사람이 있다. 겉으로는 자비와 진리를 말하지만 실제로는 남을 해코지하고 못살게 구는 것을 업으로 삼는다. 그는 아무리 수행자 흉내를 내도 죄만 짓는 불쌍한 사람일 뿐이다. 서산 대사는 《선가귀감》에서 그런 사이비들을 이렇게 꾸짖었다.

> 수행자도 속인도 아닌 자를 '박쥐 중〔鳥鼠僧〕', 설법하지 못하는 자를 '벙어리 염소 중〔啞羊僧〕', 수행자 탈을 갖추고 속인처럼 마음 쓰는 자를 '대머리 거사〔禿居士〕', 지은 죄가 중함에도 고치지 않는 자를 '지옥 찌꺼기〔地獄滓〕', 부처님을 팔아 생을 이어가는 것을 '가사 입은 도둑〔被袈裟賊〕'이라 한다.

불법을 만난 행운의 크기

부처님이 사위국 기원정사에 계실 때의 일이다. 어느 날 부처님은 설법을 해도 들을 수 없고, 알아듣지도 못하고, 수행도 못 함으로써 열반에 들지 못하는 여덟 종류의 박복한 중생에 대해 말씀했다.

"첫째, 지옥地獄에 태어난 중생이다. 그들은 여래가 세상에 나와서 설법하는 것을 보지도 못하고 듣지도 못한다. 그리하여 도를 닦지도 못하고 열반에 이르지도 못한다.

둘째, 축생畜生에 태어난 중생이다. 그들은 여래가 세상에 나와서 설법하는 것을 보지도 못하고 듣지도 못한다. 그리하여 도를 닦지도 못하고 열반에 이르지도 못한다.

셋째, 아귀餓鬼에 태어난 중생이다. 그들은 여래가 세상에 나와서 설법하는 것을 보지도 못하고 듣지도 못한다. 그리하여 도를 닦지도 못하고 열반에 이르지도 못한다.

넷째, 장수천長壽天에 태어난 중생이다. 그들은 여래가 세상에 나와서 설법하는 것을 보지도 못하고 듣지도 못한다. 그리하여 도를 닦지도 못하고 열반에 이르지도 못한다.

다섯째, 변방에 태어난 중생이다. 그들은 여래가 세상에 나와서 설법하는 것을 보지도 못하고 듣지도 못한다. 그리하여 도를 닦기는커녕 성현을 비방하고 온갖 삿된 업을 짓는다.

여섯째, 중앙국에 태어났어도 여섯 가지 감관이 완전하지 못하고 선악을 분별하지 못하는 중생들이다. 그리하여 설법을 듣지도 않고 도를 닦지도 못하고 열반에 이르지도 못한다.

일곱째, 중앙국에 태어나고 여섯 가지 감관을 완전하게 갖추었지만 삿된 소견을 갖는 사람이다. 그는 "보시의 공덕도 없고 받는 이도 없으며 선악의 갚음도 없고 금생 후생도 없다. 사문이나 바라문이 어떤 경지에 오른다는 것도 다 쓸데없는 말이다"라고 주장하며 도를 닦지 않는다. 그리하여 설법을 듣지도 않고 열반에 이르지도 못한다.

여덟째, 중앙국에 태어나고 여섯 가지 감관을 완전하게 갖추었으며 총명하고 재주도 있고 설법을 들으면 바로 이해하는 바른 소견을 갖는 사람이다. 그렇지만 그는 게을러서 여래의 설법을 듣고도 실천하지 않는다. 그리하여 도를 닦지도 않고 열반에 이르지도 못한다.

그러나 수행자들이여. 어떤 사람은 중앙국에 태어나서 지혜와 변재와 총명이 있는데다가 여래의 설법을 듣고 열반에 이를 수 있다고 믿는다. 그는 바른 소견을 닦으며 선악을 잘 분별하며 범행을 닦는다. 그리하여 열반에 이를 수 있다. 그러므로 그대들은 여래의 설법을 듣고 열반에 이를 수 있다고 믿으며 부지런히 수행해야 할 것이다.

증일아함 36권 〈팔난품八難品〉 제1경

생각해 보면 참으로 감사한 일이 한 가지 있다. 우리는 비록 세계에서 손꼽히는 부자 나라에 태어나지 못했지만 육근이 청정하여 말귀를 알아들을 수 있는 귀를 가졌다. 무엇보다 부처님의 가르침을 만나 인생의 바른 길이 무엇인지 알게 되었다. 불교를 믿는다면서도 삿된 길로 가는 사람이 적지 않은데, 다행하게도 정법에 의지한 인생관과 세계관을 가지고 살아가고 있다. 뿐만 아니다. 탐·진·치 삼독에 끄달려 살아가다 보면 가는 길이 뻔하다. 그런데 거기서 조금이나마 비켜난 삶을 살 수 있는 지혜의 눈을 가졌다면 이 또한 얼마나 고마운 일인가. 비록 가난하지고 출세는 못 했다 해도 이처럼 거룩한 청복淸福은 어디에도 없다. 이것이야말로 다겁생래로 지어온 선근공덕의 결과일 것이다.

모름지기 정법을 만나 공부하는 사람은 이렇게 생각해야 한다. 그래서 저 아귀나 수라보다 못한 중생들처럼 못된 짓에 발 담그지 말아야 한다. 바르게 닦아 금생에 열반을 이루도록 게으르지 말아야 한다. 이렇게 생각하며 사는 것이 참으로 복 받은 사람이 가는 길이다.

지옥이 두렵지 않은가

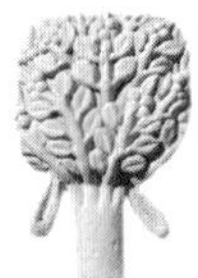 부처님이 사위성 기원정사에 계실 때의 일이다. 어느 날 부처님은 제자들에게 지옥의 모습을 이렇게 설명했다.

"중생들이 죄를 짓고 한량없는 죄과를 받아 큰 고통을 받는 큰 지옥이 여덟 개가 있다.

첫째는 환활還活지옥이다. 여기서는 온몸을 꼿꼿하게 해놓고 고통에 시달리게 하여 그 몸에는 피도 살도 없고 뼈만 남아 있다. 그래도 죽을 수가 없다. 저희들끼리 '도로 살아나라' 고 하면 다시 살아나서 고통을 받는다. 그래서 '도로 살아나는 지옥' 이라 한다. 이곳은 바른 소견을 훼손하고 바른 법을 비방하면서 멀리 떠난 중생이 과보로 들어가는 지옥이다. 둘째는 흑승黑繩지옥이다. 여기서는 온몸의 힘줄이 모두 밧줄로 변하고 톱으로 그 몸을 켠다. 그래서 '검은 밧줄 지옥' 이라고 한다. 이곳은 살생하기를 좋아하는 중생이 과보로 들어가는 지옥이다. 셋째는 등해等害지옥이다. 여기서는 같이 있는 중생들이 한곳에 모여 서로의 목을 베며 고통을 주지만 모두 다시 살아난다. 그래서 '서로 해치는 지옥'

이라고 한다. 이곳은 소 염소 따위를 살생하기 좋아하는 중생이 과보로 들어가는 지옥이다. 넷째는 체곡涕哭지옥이다. 여기서는 근본이 전혀 없으므로 모발이 아주 없고 한량없는 고통을 받으면서 울부짖는 소리가 끊이지 않는다. 그래서 '울음 소리 지옥' 이라고 한다. 이곳은 주지 않는 물건을 갖거나 남의 것을 훔친 중생이 들어가는 지옥이다.

다섯째는 대체곡大涕哭지옥이다. 여기서는 이루 헤아릴 수 없는 한량없는 고통을 받으면서 울부짖고 스스로 가슴을 치고 쥐어짜며 괴로워한다. 그래서 '큰 울음 지옥' 이라고 한다. 여기는 음탕하고 거짓말하기를 밥 먹듯 한 중생이 들어가는 지옥이다. 여섯째는 아비阿鼻지옥이다. 여기서는 지은 죄업에 따라 온갖 형벌을 고통을 받되 잠시도 쉬는 시간이 없는 무간無間의 고통을 받는다. 그래서 '쉴 틈이 없는 지옥' 이라 한다. 여기는 부모를 죽이고 절과 탑을 부수며, 수행자들을 괴롭힌 중생이 들어가는 지옥이다. 일곱째는 염炎지옥이다. 여기서는 몸에서 불꽃과 연기가 일어나고 몸이 지직지직 녹아 문드러지는 고통을 받는다. 그래서 '불꽃 지옥' 이라고 한다. 여기는 이쪽 말을 저쪽으로 옮기고 저쪽 말을 이쪽으로 옮기며 이간질한 중생이 들어가는 지옥이다. 여덟째는 대염大炎지옥이다. 여기서는 지옥에 남아 있는 중생조차 볼 수 없을 정도로 큰 불꽃으로 몸을 태우고 또 태운다. 그래서 '큰 불꽃 지옥' 이라고 한다. 여기는 남의 물건을 탐내고 인색하며 미워하며 의심하는 중생이 들어가는 지옥이다.

이 여덟 지옥에는 각각 온갖 잡된 죄업을 지으면 들어가는 열여섯 개의 작은 지옥이 있다. 우발優鉢, 발두鉢頭, 구모두拘牟頭, 분타리分陀利, 미증유未曾有, 영무永無, 우혹愚惑, 축취縮聚, 도산刀山, 탕화湯火, 화산火山, 회하灰河, 형극荊棘, 비시沸屎, 검수劍樹, 열철환熱鐵丸지옥 등이다. 그러므로 어리석은 이는 언제나 기뻐하기를 광음천에 사는 것 같이 하고, 지혜로운 이는 언제나 두려워하기를 지옥에 사는 것 같이 여긴다."

증일아함 36권 〈팔난품八難品〉제2경

사람들은 곧잘 천국이나 지옥이 정말로 있느냐 하는 것을 묻는다. 이에 대해 부처님은 이날 설법을 마치면서 중요한 암시를 주는 말씀을 했다. "어리석은 이는 언제나 기뻐하기를 저 광음천에 사는 것 같이 하고, 지혜로운 이는 언제나 두려워하기를 저 지옥에 사는 것 같이 여긴다"는 것이다. 이것은 불교에서 천국과 지옥을 말하는 뜻이 어디 있는가를 말해준다. 어리석게 살면 지옥의 고통을 받을 것이요, 지혜롭게 살면 천국의 즐거움을 누릴 것은 당연한 일이다. 언제 어떤 곳에 갈지는 지금 어떤 업을 짓느냐가 결정한다는 것이다. 참으로 두려운 말씀이다.

자비와 사념처에 관한 명상

부처님이 사위성 기원정사에 계실 때의 일이다. 어느 날 부처님은 자비에 관한 열 가지 명상과 염처에 관한 네 가지 명상에 대해 말씀했다.

"수행자가 자비慈悲에 관한 열 가지 명상과, 염처念處에 관한 네 가지 명상을 하면 훌륭한 수행자로 칭송받을 것이다.

수행자들이여, 어떤 것이 자비에 관한 열 가지 명상인가.

동방·서방·남방·북방에 사는 모든 중생들에 대해 네 가지 한없는 사랑하는 마음〔慈心〕, 가엾게 여기는 마음〔悲心〕, 기쁘게 하는 마음〔喜心〕, 보호하는 마음〔護心〕을 갖는 것이다. 동북방·서북방·동남방·서남방의 사유四維에 사는 모든 중생들에 대해 네 가지 한없는 사랑하는 마음, 가엾게 여기는 마음, 기쁘게 하는 마음, 보호하는 마음을 갖는 것이다. 상방과 하방에 사는 모든 중생들에 대해 네 가지 한없는 사랑하는 마음, 가엾게 여기는 마음, 기쁘게 하는 마음, 보호하는 마음을 갖는 것이다. 이렇게 하면 모든 감각기관이 원만하고 음식에 절제할 줄 알며 항상 깨어있을 것이다.

수행자들이여, 어떤 것이 염처에 관한 네 가지 명상인가.

몸〔身念處〕에 관해서 안과 밖과 안팎으로 관찰하여 근심과 걱정을 없애고 몸이라는 생각을 그치도록 하는 것이다. 느낌〔受念處〕에 관해서 안과 밖과 안팎으로 관찰하여 근심과 걱정을 없애고 느낌이라는 생각을 그치도록 하는 것이다. 마음〔心念處〕에 관해서 안과 밖과 안팎으로 관찰하여 근심과 걱정을 없애고 마음이라는 생각을 그치도록 하는 것이다. 일체만유〔法念處〕에 관해서 안과 밖과 안팎으로 관찰하여 근심과 걱정을 없애고 일체만유라는 생각을 그치도록 하는 것이다.

만약 수행자로서 이와 같이 열 가지 자비에 관한 명상과 네 가지 염처에 관한 명상을 잘 닦는다면 그는 현재의 생에서 훌륭한 수행자로 칭송받을 것이다. 그러므로 그대들은 열 가지 자비에 관한 명상과 네 가지 염처에 관한 명상을 닦는 데 게으르지 말아야 한다."

증일아함 36권 〈막외품莫畏品〉 제3경

 《청정도론淸淨道論》은 자비관을 닦는 방법을 세 가지 단계로 나누어서 설명하고 있다.

첫 번째 단계는 어디든지 혼자서 고요히 있을 수 있는 장소에서 편안한 자세로 정좌하여 눈을 감고 마음속으로 자비의 뜻을 떠올린다. 자비는 증오·원한·악감정·성냄·자만의 반대이며, 사람들의 행복과 안녕을 증진시키는 선의·동정·친절 등과 같은 심원한 사랑의 감정이다. 이런 감정을 가진 뒤 행복감으로 빛나는 자기 자신의 환한 얼굴을 눈앞

에 그리면서 '내가 적의에서 벗어나고, 고통에서 벗어나고, 번민에서 벗어나지이다. 내가 행복하게 살아지이다' 라는 생각으로 자신을 가득 채운다. 이처럼 긍정적인 사랑의 염력으로 스스로를 가득 채우면 우리는 마침내 물이 가득한 그릇과 같이 된다. 두 번째 단계는 이러한 고귀한 감정을 방사放射하여 가까운 사람에게 투사投射한다. '그들이 모두 적의에서 벗어나고, 고통에서 벗어나고, 번민에서 벗어나시기를! 그분께서 행복하게 사시기를!' 하고 진심으로 바란다. 세 번째 단계는 이러한 고귀한 생각을 일체 중생의 영상을 떠올리며 방사하는 것이다.

자비 명상은 자신에서 시작하여 점차 자기가 존경하는 사람, 친근한 사람, 그저 그런 사람, 적대적인 사람의 순서로 자비심을 계속 확대하면서 방사해 나가도록 하는 수행이다. 이렇게 하면 그 진실하고 행복한 마음의 정도에 따라 존경하는 사람, 친근한 사람, 무관한 사람, 적대적인 사람들과 자신 사이의 모든 장애가 허물어진다. 또한 모든 사람들을 자비의 눈으로 볼 수 있게 된다고 한다. 이런 방법은 결코 어려운 일이 아니다. 지금 바로 실천해 보자.

불자의 몸가짐 마음가짐

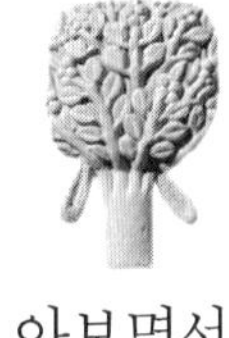 부처님은 말년의 마지막 안거를 베살리의 나씨동산에서 마치고 제자들과 함께 여행길에 올랐다. 부처님은 베살리를 돌아보면서 이렇게 감회를 말씀했다.

"지금 보는 저 베살리를 다시는 보지 못하겠구나. 다시는 저곳으로 돌아가지 못할 것이니 이제 하직을 하고 떠나야겠구나."

이 말을 들은 베살리 사람들은 부처님이 머지않아 세상을 떠날 것을 알고 슬퍼했다. 부처님은 그들에게 이렇게 말씀했다.

"그치거라. 슬퍼하지 말라. 부서져야 할 물건을 부서지지 않게 할 방법은 없느니라. 그래서 나는 그대들에게 늘 이렇게 가르쳤다. 모든 것은 덧없는 것이다〔諸行無常〕. 무상한 것은 괴로운 것이다〔一切皆苦〕. 모든 괴로운 것은 실체가 있는 것이 아니다〔諸法無我〕. 그리고 이것을 알면 완전한 평화를 얻게 된다〔涅槃寂靜〕. 여래는 오래지 않아 이 세상을 떠날 것이다. 그대들은 이 네 가지 법을 근본으로 삼아 열심히 수행하고 다른 사람에게도 가르쳐라."

부처님은 여행을 재촉하여 쿠시나가라에 이르렀다. 부처님은 아난다에게 사라나무 사이에 자리를 펴게 하고 북쪽으로 머리를 두고 누웠다. 그리고 세 가지 법복을 제정했다. 부처님은 궁금해하는 아난다에게 이렇게 그 연유를 설명했다.

"내가 죽은 뒤에 불법은 북천축北天竺에서 크게 일어날 것이다. 그래서 머리를 북쪽으로 향하게 했다. 세 가지 법복은 오는 세상 단월들이 공덕을 지을 수 있도록 하기 위해서다."

아난다는 출가한 비구가 여성을 어떻게 대해야 할지에 대해서도 물었다.

"가급적 쳐다보지 말라. 보더라도 말하지 말라. 만일 말하게 되더라도 마음을 온전히 하라."

이어서 부처님은 마지막 제자인 수바드라를 교화한 뒤, 나이 많은 수행자를 어떻게 불러야 할지에 대해서도 말씀했다.

"이제부터 수행자들은 서로 '아무개'라고 부르지 말라. 나이가 많은 수행자에 대해서는 형님〔尊〕이라고 하고, 나이가 적은 수행자에 대해서는 아우님〔賢〕이라고 부르며 서로 형제처럼 지내라. 또한 지금부터는 부모가 지어준 성을 쓰지 말고 석자사문釋子沙門이라고 하라. 젊은 비구는 늙은 비구를 장로長老로 일컫고, 늙은 비구는 젊은 비구에 대해 이름을 부르라. 또한 비구들이 새로 이름을 지으려면 삼보에 의지해야 한다."

증일아함 37권 〈팔난품八難品〉 제3경

예부터 불교의 수행자들은 출가하면 세속적 혈연을 나타내는 속성俗姓을 사용하지 않았다. 출가자는 세속의 혈연보다는 법연法緣을 소중하게 여긴다. 교단제도가 정비되면서는 속가에서 쓰던 이름마저 사용하지 않고 법명을 지어 불렀다. 법명은 불명佛名이라고도 한다. 미래에 성불할 부처님의 이름을 미리 부른다는 거룩한 의미다. 중국에서는 스님들의 법명 앞에 속성 대신 반드시 석씨釋氏를 붙였다. 이는 '석가모니의 거룩한 자손' 이라는 뜻이다.

한편 선종에서 법호를 붙이는 방식은 그가 사는 산이나 지방의 이름을 끌어다 썼다. 조주종심趙州從諗이나 장사경잠長沙景岑은 각각 조주와 장사 지방에서 천하를 호령하던 선사라는 뜻이다. 운문문언雲門文偃이나 백장회해百丈懷海는 각각 운문산과 백장산에 머무는 산중의 어른이라는 뜻이다. 전각 이름에서 따온 서당지장西堂地藏 같은 법호도 있다.

그러나 요즘 우리나라 불교에서는 세속의 인연을 더 중시하기 때문인지 출가한 스님들 이름 앞에 자꾸 속성을 붙인다. 한 지방이나 산중을 호령하는 선사가 없기 때문인지 지명地名이나 산명山名 또는 사명寺名을 법호로 쓰는 분도 거의 없다. 아쉬운 일이다.

지옥의 길 열반의 길

부처님이 사위국 기원정사에 계실 때의 일이다. 어느 날 부처님은 제자들에게 지옥으로 가는 여덟 가지 길과 열반으로 가는 여덟 가지 길이 어떻게 다른지에 대해 이렇게 말씀했다.

"지옥으로 가는 길도 여덟 가지가 있고, 열반으로 가는 길도 여덟 가지가 있다. 잘 듣고 명심하여 빠뜨리는 일이 없도록 하라. 그러면 어떤 것이 여덟 가지인가.

첫째는 올바른 소견〔正見〕을 갖는 것이다. 그러면 열반으로 향할 것이다. 그러나 삿된 소견〔邪見〕을 가지면 지옥으로 향하게 된다. 둘째는 올바른 사색〔正思惟〕을 하는 것이다. 그러면 열반으로 향할 것이다. 그러나 삿된 사색〔邪思惟〕을 하면 지옥으로 향하게 된다. 셋째는 올바른 말〔正語〕을 하는 것이다. 그러면 열반으로 향할 것이다. 그러나 삿된 말〔邪語〕을 한다면 지옥으로 향하게 된다. 넷째는 올바른 업〔正業〕을 행하는 것이다. 그러면 열반으로 향할 것이다. 그러나 삿된 업〔邪業〕을 행하면 지옥으로 향하게 된다. 다섯째는 올바른 생활〔正命〕을 하는 것이다. 그러면

열반으로 향할 것이다. 그러나 삿된 생활〔邪命〕을 하면 지옥으로 향하게
된다. 여섯째는 올바른 정진〔正精進〕을 실천하는 것이다. 그러면 열반으
로 향할 것이다. 그러난 삿된 정진〔邪精進〕을 실천하면 지옥으로 향하게
된다. 일곱째는 올바른 사념〔正念〕을 실천하는 것이다. 그러면 열반으로
향할 것이다. 그러나 삿된 사념〔邪念〕을 실천하면 지옥으로 향하게 된
다. 여덟째는 올바른 선정〔正定〕을 닦는 것이다. 그러면 열반으로 향할
것이다. 그러나 삿된 선정〔邪定〕을 닦으면 지옥으로 향하게 된다.

　수행자들이여, 이것이 지옥으로 가는 여덟 가지 길이고 열반으로 가
는 여덟 가지 길이다. 그러므로 그대들은 한가한 곳이나 나무 밑에 앉아
좌선하기를 즐겨하고 게으르지 말라. 지금 부지런히 닦지 않으면 나중
에 후회해도 소용이 없느니라.”

증일아함 37권 〈팔난품八難品〉제10경

　‘이리 가면 경상도 길 저리 가면 전라도 길 돌아가면 충청도
길…’ 유행가 가사가 아니더라도 인생에는 참으로 여러 가지 길
이 펼쳐져 있다. 사람들은 이 길을 앞에 두고 이리 갈까 저리 갈까 차라
리 돌아갈까 망설인다. 불교는 이렇게 갈림길에 서 있는 사람들에게 가
야 할 길과 가지 말아야 할 길을 제시한다. 정견에 의한 올바른 길을 가
고, 사견에 의한 그릇된 길을 가지 말라는 것이다.

　문제는 무엇이 올바른 길이고 무엇이 그릇된 길인가 하는 것인데, 이
것을 판별하는 기준은 오직 한 가지다. 지금 가고 있는 길이 열반으로
향하는 길인가 지옥으로 향하는 길인가, 성스러움을 증익시켜주는 길

하루 동안 수행한 공덕　**247**

인가 세속적 시비에 휘둘리는 길인가를 생각하면 된다는 것이다. 만약 시비를 해서라도 열반으로 향할 수 있다면 그 길이 옳은 길이다. 반대로 거룩한 척해도 시비를 불러오는 것이면 지옥으로 향하는 길이 분명하다.

이 기준대로라면 불자가 가야 할 길과 가지 않아야 할 길은 분명하다. 정의나 원칙을 주장에 내걸고 싸움을 하는 일 따위는 당연히 가지 않아야 할 길이다. 반면 나도 즐겁고 다른 이도 편하게 하는 길이라면 반드시 가야 할 길이다. 설령 남들이 바보라고 하거나 현실적으로 손해를 보더라도 그렇게 해야 한다.

그러나 욕심에 눈이 가린 사람들은 이런 판단을 하지 않는다. 무조건 싸워서 승리하면 그것이 정의고 진리다. 패배하고 나서 아무리 억울해한들 아무 소용이 없다는 것이다. 이런 주장은 세속적 관점에서는 일리 있는 말일지 모른다. 그러나 이에 대해 부처님이 동의해주실지는 의문이다. 하긴 그런 말을 하는 사람들은 이미 부처님도 안중에 없는 사람들이지만…. 열반의 길과 지옥의 길이 엇갈리는 운명의 교차점은 바로 여기가 아닌가 싶다.

왜 팔정도를 닦지 않는가

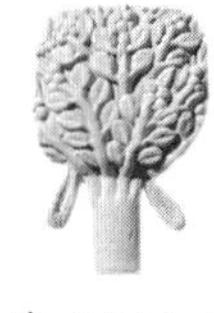 부처님이 마가다국에 있을 때의 일이다. 어느 날 제자들과 강가에 나갔던 부처님은 강 가운데로 큰 나무가 떠내려 오는 것을 보고 이렇게 비유를 들어 가르쳤다.

"만일 저 나무가 바다에 이르고자 하려면 어떻게 해야 하겠는가. 이쪽 저쪽 언덕에도 닿지 않아야 하며, 중간에 가라앉거나 언덕 위로 오르지도 않으며, 사람이나 또는 사람 아닌 것에 붙잡히지 말아야 하며, 물길을 거스르지도 썩지도 않아야 무사히 바다에 이른다.

수행자들이 수행을 하여 열반의 바다에 이르는 것도 이와 같다. 이쪽 저쪽 언덕에도 닿지 않아야 하며, 중간에 가라앉거나 언덕 위로 오르지도 않아야 하며, 사람이나 또는 사람 아닌 것에 붙잡히지 말아야 하며, 물길을 거스르지도 썩지도 않아야 열반의 바다에 이르게 된다. 왜냐하면 열반이란 바른 소견〔正見〕, 바른 다스림〔正治〕, 바른 말〔正語〕, 바른 업〔正業〕, 바른 생활〔正命〕, 바른 방편〔正方便〕, 바른 사념〔正念〕, 바른 선정〔正定〕에 의해 이루어지는 것이기 때문이다."

그때 난다라는 소치는 목동이 이 말을 듣고 자기도 출가하여 열반의 바다에 이르고 싶다고 했다. 부처님은 출가하고 싶다면 주인에게 소를 돌려주고 오라고 했다. 그는 소를 돌려주고 와서 출가하여 머리를 깎고 수행자가 되었다. 이를 지켜본 어느 수행자가 부처님이 비유로 말씀한 '이쪽 저쪽 언덕'과 '여덟 가지 장애'의 뜻이 무엇인지 물었다.

"그것은 이런 것이다. 이쪽 언덕이란 이 몸이요, 저쪽 언덕이란 이 몸이 없어진 것을 말한다. 중간에 가라앉음이란 욕망과 애착이요, 언덕 위에 오른다는 것은 욕심을 말한다. 사람에게 붙잡힘이란 그 공덕으로 국왕이나 대신이 되기를 바라는 것이고, 사람 아닌 것에 붙잡힘이란 그 공덕으로 천상락을 누리기를 바라는 것이다. 물길을 거슬러 되돌아온다는 것은 의심을 말하는 것이며, 썩는다는 것은 여덟 가지 바른 수행〔八正道〕을 닦지 않고 그 반대의 삿된 행을 하는 것을 말한다. 그러나 난다 비구처럼 갓 출가했음에도 스스로 한적한 곳으로 가서 여덟 가지 장애를 물리치고 수행을 한다면 그는 틀림없이 그 자리에서 아라한의 경지에 이르게 되리라."

증일아함 38권 〈마혈천자품馬血天子品〉 제3경

불교 수행의 궁극적 목적은 무고안온無苦安穩한 열반의 경지에 들어가는 것이다. 열반은 불교도가 추구하는 최고의 행복이다. 이 최고의 행복, 최후의 행복에 도달하려면 보다 진지한 노력과 수행이 뒷받침되어야 한다. 겉으로만 수행자 흉내를 내거나, 말로만 수행을 한다고 해서는 결코 열반에 이를 수 없다.

그런데 주위를 둘러보면 너 나 할 것 없이 진지하게 팔정도를 닦아 나가는 사람이 드물다. 머리만 깎고 승복만 걸치고 있으면 다 된 것처럼 생각하는 출가자나, 이 절 저 절 왔다 갔다 하면서 남의 흉이나 보고 잘난척하는 재가 불자가 너무 많다. 모두가 마음을 다스리는 일에는 소홀하면서 입으로만 수행을 하려고 한다. 그렇게 하면 열반의 길은 백년하청百年河淸이다.

수행의 절반은 놀고 절반은 쉬면서 하는 것이 아니다. 그렇게 사는 사람의 모습이 어떠할지는 둘러보면 금방 알 수 있다. 물질을 보면 욕심을 못 버리고, 화나는 일을 만나면 참지 못하고, 지혜로운 충고를 받고도 무슨 말인지 못 알아듣는다. 심지어는 '내가 지옥에 가더라도 너는 용서 못한다' 는 극단적인 말을 하는 사람도 있다. 부처님은 이 경에서 그런 사람들을 조용하게 타이르고 있다. 그렇게 하다가는 욕망과 애착에 붙들려 윤회의 길에서 벗어나지 못한다는 것이다. 혹시 나는 지금 열반으로 향하는 거룩한 물결〔預流〕을 역류시키는 삶을 살고 있지는 않은지 각자의 발밑을 살펴볼 일이다.

참회의 공덕

부처님이 왕사성 지바카 동산에 계실 때의 일이다. 그날은 마침 칠월 보름 포살회布薩會날이었는데 밤중에 샛별이 나타났다. 이를 본 마가다의 아자타사투 왕이 부인을 비롯한 왕자와 대신들에게 차례로 물었다.

"오늘같이 청명한 밤에는 무엇을 하면 좋겠소?"

"풍악을 울리며 다섯 가지 욕락을 즐기면 좋겠나이다."

"군사를 모아 아직 항복하지 않은 다른 나라와 도적 떼를 정벌하시는 것이 좋겠나이다."

"산수와 천문, 지리에 밝은 스승을 찾아가 의심나는 것을 물어보는 것이 좋겠나이다."

"교외에는 카사파, 아지타, 고살라, 파쿠다, 산자야, 나타푸타가 있으니 찾아가서 알고 싶은 것을 물어보는 것이 좋겠나이다."

그러나 왕자인 지바카는 전혀 다른 제안을 했다.

"멀지 않은 빈취貧聚동산에 부처님이 많은 제자와 함께 있습니다. 그

252

분은 삼세의 일을 다 알아 모르는 것이 없습니다. 그분을 찾아뵙고 궁금한 것을 물어보소서."

"그래 그것이 좋겠구나. 누가 나를 깨우쳐줄까 궁금했는데 부처님이 가장 좋을 것 같다."

왕은 지바카와 함께 부처님을 찾아가기로 했다. 부처님이 계신 빈취 동산은 너무나 조용해서 수많은 제자와 같이 있다는 것이 믿어지지 않았다. 왕은 부처님 계신 곳으로 가서 인사를 드리고 어렵게 속마음을 털어놓았다.

"저는 죄 없는 부왕을 해쳤나이다. 그로 인해 몸과 마음이 괴롭나이다. 원컨대 저를 가엾게 여기시고 참회를 받아주소서. 다시는 죄를 범하지 않고 과거를 고치고 미래를 닦겠나이다."

"세상을 살아가면서 허물이 없는 사람은 없소. 그것을 스스로 참회하고 고치면 그가 훌륭한 사람〔上人〕이요. 지금이 그때요. 때를 놓치지 말고 마땅히 지금 참회하시오."

"한 가지 여쭈어 볼 일이 있습니다. 육사외도六師外道들은 현세에 복을 지어도 현세에서 그 갚음이 없다고 합니다. 부처님은 어떻게 생각하시는지요?"

"왕은 대신들이나 창고지기가 일을 잘하는 것을 보면 여러 해 동안 쌓은 공로에 따라 상을 줄 것이오. 이 이치로 보아도 현세에 복을 지으면 반드시 과보가 따르는 것이이오."

부처님은 이어서 왕을 위해 참회의 공덕과 치자治者의 도리를 이렇게 가르쳤다.

"대왕이여, 사람이 악행을 저질렀더라도 허물을 뉘우치면 죄업이 차츰 엷어지고, 날로 뉘우치는 것을 쉬지 않으면 마침내 그 뿌리조차 뽑히게 될 것이요. 그러므로 대왕은 앞으로 나라를 다스릴 때 법으로 하고 법 아닌 것으로 하지 말도록 하시오. 그러면 뒷사람들은 '옛날 어떤 왕은 바른 법으로 나라를 다스리고 아첨이나 굽힘이 없었다' 고 할 것이요."

증일아함 39권 〈마혈천자품馬血天子品〉 제7경

세상을 살아가면서 완벽하게 죄를 짓지 않는 사람은 아무도 없다. 내가 직접 소를 죽이지는 않았다 해도 육식을 함으로써 소를 죽이게 만들었다. 걸어 다니며 밟아 죽인 생명이 무릇 얼마며, 말 한마디로 상처준 일은 또 얼마나 많은가. 기독교의 성경인《요한복음》8장을 보면, 예수는 간음한 여인에게 돌을 던지려는 사람들에게 '너희들 중 죄 없는 자가 먼저 치라' 고 했다. 이 세상에서 죄짓지 않은 사람이란 있을 수 없다는 것이다.

나는 죄 없이 떳떳한 사람이라고 목을 뻣뻣하게 쳐드는 사람치고 죄 안 지은 사람이 없다. 남을 정죄하기 전에 우리가 먼저 해야 할 일은 자기의 잘못부터 참회하는 것이다. '나는 죄인' 이라는 겸허한 마음을 가질 때 우리는 정화된다. 이것이 바로 참회의 공덕이다. 지금이라도 법당에 들어가 깊숙하게 머리 숙이고 나는 어떤 죄를 지었는지를 반성해 보자.

수행자의 거룩한 모습

 부처님이 사위성 기원정사에 계실 때의 일이다. 어느 날 부처
님은 공작새의 단정한 모습을 비유로 들어 수행자들을 가르
쳤다.

"공작새는 아홉 가지 덕을 성취하였다. 어떤 것이 공작새의 아홉 가
지 덕인가. 첫째 얼굴이 단정하며, 둘째 목소리가 맑으며, 셋째 걸음걸
이가 조용하며, 넷째 때를 알아 행하며, 다섯째 음식을 절제할 줄 알며,
여섯째 항상 만족할 줄 알며, 일곱째 항상 흐트러짐이 없으며, 여덟째
잠이 적으며, 아홉째 욕심이 적고 은혜를 갚을 줄 안다.

어진 수행자들도 이와 같은 아홉 가지 덕을 성취한다. 그들은 태도가
단정하며, 목소리가 맑으며, 걸음걸이가 조용하며, 때를 알아 행하며,
음식을 절제할 줄 알며, 항상 만족할 줄 알며, 항상 흐트러짐이 없으며,
잠이 적으며, 욕심이 적고 은혜를 갚을 줄 안다.

어진 수행자는 항상 나고 들거나, 가고 오거나, 나아가고 그치는 예절
이 조금도 법도를 어긋나지 않는다. 또 뜻과 이치를 잘 분별하여 요란하게

말하지 않는다. 이것을 태도가 단정하고 목소리가 맑은 것이라고 한다.

어진 수행자는 항상 때를 알아 행하되 차례를 잃지 않는다. 외울 것은 외우고, 익혀야 할 것은 익히며, 침묵해야 할 것은 침묵하며, 일어나야 할 때는 일어날 줄 안다. 또 가야 할 때는 가고 머물러야 할 때는 머물고, 절차에 따라 설법을 들을 줄 안다. 이것을 걸음걸이가 조용하고 때를 알아서 행하는 것이라고 한다.

어진 수행자는 항상 얻은 음식에 남은 것이 있으면 남과 나누어서 욕심을 부리지 않는다. 이것이 음식을 절제할 줄 알며 항상 만족할 줄 아는 것이라고 한다.

어진 수행자는 초저녁에 깨어 있기를 익혀서 서른일곱 가지 도를 빠뜨리지 않고 닦는다. 항상 거닐고 누웠어도 깨어 있어서 그 뜻을 깨끗하게 한다. 또 밤중에는 깊은 이치를 생각하고 새벽이 되어서는 오른쪽으로 누워 다리를 포개고 밝아오는 모양을 생각하다가 다시 일어나 거닐며 그 뜻을 깨끗하게 한다. 이것을 흐트러짐이 없으며 잠이 적다고 하는 것이다.

어진 수행자는 항상 거룩한 삼보를 받들어 섬기며 스승과 어른을 공경하기를 게을리 하지 않는다. 이것을 욕심이 적고 은혜를 갚을 줄 안다고 하는 것이다.

훌륭한 수행자가 되려면 이 아홉 가지 덕을 성취해야 한다. 부디 이 아홉 가지 덕을 생각하며 부지런히 받들어 행하라.”

증일아함 40권 〈구중생거품九衆生居品〉 제4경

부처님이 이 경전에서 공작새의 비유를 들어 말씀한 수행자의 모습은 너무나 거룩하고 아름답다. 그 모습을 상상하는 것만으로도 옷깃이 여며지고 경건해진다. 만약 우리나라 모든 스님들이 이 경전에 나오는 공작새 같이 아름답고 단정한 모습으로 수행한다면 수행은 저절로 될 것이요, 포교도 저절로 될 것이다. 모든 사람이 찾아와 저절로 고개를 숙이고 삼보에 귀의할 것이다.

옛날 중국의 자각종색 선사는 《구경문龜鏡文》에서 이렇게 가르쳤다.

불법의 흥망성쇠는 스님들이 어떻게 처신하느냐에 있다. 스님들이 훌륭한 모습을 보이면 불법이 훌륭하게 보일 것이요, 스님들이 부끄럽게 보이면 불법도 부끄럽게 보일 것이다.

〔法門興廢 係在僧徒 僧是敬田 所應奉衆 僧重法重 僧輕法輕〕

안타까운 것은 현실이란 언제나 이와는 상반된다는 것이다. 부처님이 이런 법문을 하신 것도 현실은 늘 그렇지 않다는 뜻일 것이다. 중요한 것은 이런 경전을 읽고 우리가 회심回心을 하느냐 마느냐에 있다. 말씀은 부처님이 하셨으니 실천은 우리가 해야 할 일이다.

부처님도 환자를 간호했다

부처님이 왕사성 죽림정사에 계실 때의 일이다. 그때 어떤 비구가 위중한 병을 앓아 누워 있었다. 그는 제 힘으로 일어날 수도 없고 대소변을 가리기도 힘들었지만 아무도 돌보는 사람이 없었다. 이를 알게 된 부처님은 그를 찾아가 위로했다.

"어떤가. 좀 차도는 있는가? 간호는 누가 하고 있는가?"

"저의 병세는 갈수록 더해 좋아지지 않고 있습니다. 간호하는 이도 없습니다."

부처님은 그에게 병들기 전에 누구를 간호해준 적이 있는지 물었다. 그는 없다고 했다.

"그대가 문병을 다니지 않았으니 좋은 복을 짓지 못한 것이다. 안타까운 일이다. 그러나 이제는 걱정하지 말라. 내가 친히 간호하여 걱정이 없게 하리라."

동행한 제자들은 민망해하면서 자신들이 병든 수행자를 보살피겠다고 했다.

"그러지 말라. 내가 하리라. 그대들은 병든 수행자를 외면했지만 나는 부처가 되기 전 보살행을 닦을 때 비둘기 한 마리를 살리려고 목숨을 던졌다. 하물며 지금은 불도를 이루었는데 어찌 이 수행자를 외면하겠는가. 그럴 수는 없다. 나는 일체의 병자를 돌보아주고, 구호할 자가 없는 자를 구호해주고, 장님에게는 눈이 되어주려고 한다."

부처님은 손수 비를 들고 더러운 곳을 쓸었다. 자리를 다시 깔고, 옷도 빨았다. 그를 부축해서 깨끗한 물로 목욕을 시킨 뒤 돌평상 위에 앉아서 그에게 밥을 먹여주었다. 식사가 끝나자 부처님은 그를 위해 설법을 해주었다.

"수행자여, 그대는 이제 삼세의 모든 병을 다 버려야 한다. 이 세상에 태어나면 다 늙게 되고, 늙으면 또한 병들게 된다. 병이 생기면 앉거나 눕거나 신음하고 사백사병四百四病이 한꺼번에 닥친다. 병으로 말미암아 죽음에 이르면 정신과 육체는 갈라져 나쁜 세계로 가게 된다. 다행하게 지금 그대들은 사람으로 태어나 불법을 만났다. 모든 감각기관이 온전해서 바른 법을 들을 수 있다. 이럴 때 열심히 수행하지 않으면 나중에 후회해도 소용없다."

부처님은 다시 아난다를 시켜 수행자들을 강당으로 모이게 한 뒤 이렇게 가르쳤다.

"그대들은 스스로 집을 떠나 같은 스승 밑에서 공부하는 수행자들이다. 젖과 물과 같이 어울려야 하거늘 서로 잘 보살피지 않는다. 그러면 안 된다. 앓는 사람이 있으면 서로 보살펴야 한다. 만약 앓는 비구에게 시자가 없거든 대중이 차례를 정하여 보살펴야 한다. 병자를 돌보는 것은 곧

나를 돌보고 공양하는 것과 같다. 그 공덕은 어떤 것보다 크다. 만일 수행
자로서 병자를 보고도 돌보지 않으면 계율로써 다스리도록 하라."

증일아함 40권 〈구중생거품九衆生居品〉 제7경

혼자 사는 수행자에게 가장 힘든 일은 병이 났을 때다. 세속 사
람은 부모형제나 자식이 있어서 병든 사람을 간호해주지만 수
행자는 보살펴줄 사람이 마땅하지 않다. 그래서 부처님 당시부터 수행
자들에게는 병든 도반을 보살펴주는 특별한 의무가 부여됐다. 만약 병
자를 방치하면 계율로써 다스리게 했다.

중국의 총림에서는 병든 수행자를 전담해서 보살피는 소임을 따로 두
기도 했다. 이를 '간병看病'이라고 한다. 요즘 병원에서 환자를 돕는 '간
병인'은 여기서 유래한 말이다. 우리나라에서도 옛날에는 큰절에 가면
늙고 병든 스님이 기거하는 서별당西別堂이라는 집이 따로 있었다. 해가
서산으로 떨어지듯 이별을 준비하는 곳이라는 다소 쓸쓸한 이름이지만,
원래는 '늙고 병든 수행자를 편안하게 모시는 곳'이라는 뜻이다.

그러나 현재 우리나라 교단이 다른 제도는 다 현실에 맞춰 세밀하게
규정하면서도 병든 수행자에 대한 간병 문제는 소홀하다. 부처님이 아
시면 혼날 일이다.

제5부

욕심은 칼끝에 바른 꿀

세상을 시끄럽게 하지 말라

부처님이 석씨의 아말라키 과수원에 계실 때의 일이다. 그때 존자 사리풋타와 목갈라나가 여러 수행자들과 여름안거를 마치고 석씨촌으로 왔다. 이들은 오랜만에 만난 사람들과 서로 문안을 나누느라고 그 음성이 높고 컸다. 부처님이 아난다에게 말했다.

"떠드는 소리가 마치 나무와 돌을 부수는 것 같구나. 이 동산이 조용하게 그들을 보내라."

아난다가 부처님의 말씀을 전하자 사리풋타와 목갈라나는 무리를 이끌고 그곳을 떠나려고 했다. 그러자 여러 석씨들이 사리풋타를 만류하는 한편 부처님을 찾아뵙고 용서를 빌었다.

"원컨대 세존께서는 멀리서 온 수행자들의 허물을 용서하소서. 그 중에는 처음 출가하여 존안을 뵈러 온 자도 있습니다. 그들이 그냥 떠나면 마치 아직 묘종苗種이 물을 만나지 못해 자라지 못하는 것처럼 후퇴할지도 모릅니다. 또한 갓난 송아지가 어미를 만나지 못하면 근심에 잠기듯이 그들도 부처님을 뵙지 못하면 바른 법에서 멀리 떠날 것입니다."

부처님은 그들의 간언을 받아들여 떠나는 수행자들을 다시 돌아오게 했다. 부처님은 우선 사리풋타와 목갈라나를 불러 저들을 잘 가르치지 못한 것을 크게 나무랐다.

"내가 왜 그대들을 떠나게 했는지 알겠는가? 저 무리들이 시끄럽게 행동한 것은 다 그대들의 허물에 기인한 것인 줄 아는가?"

이어서 부처님은 두 존자에게 이렇게 가르쳤다.

"이 무리 가운데 우두머리는 그대 둘뿐이다. 그대들은 후배들을 잘 가르쳐 긴 밤 동안 언제나 안온한 곳에 살게 하고 중간에 물러나서 생사에 떨어지지 않도록 하여야 할 것이다. 그러자면 아홉 가지 덕을 성취해야 하리라. 아홉 가지란 무엇인가. 첫째 좋은 벗과 사귀고, 둘째 바른 법을 닦아서 삿된 업에 집착하지 않으며, 셋째 항상 고요한 곳에 머물며 세간의 일을 즐겨하지 않으며, 넷째 병이 적고 근심이 없으며, 다섯째 재보를 쌓아두지 않으며, 여섯째 좋은 가사와 발우에 탐착하지 않으며, 일곱째 부지런히 정진하여 어지러운 마음이 없으며, 여덟째 바른 이치를 들으면 곧 알아듣고 바로 실천하며, 아홉째 때에 따라 설법을 듣되 싫어하지 않는 것이다. 이렇게 수행해 나가면 현세에서 많은 이익을 얻을 것이다. 그러므로 그대들은 여러 수행자들을 부지런히 가르쳐 긴 밤 동안 후회가 없도록 하라."

증일아함 41권 〈마왕품馬王品〉제2경

 경전의 문면은 이런저런 사정을 생략하고 있지만 부처님의 조용한 꾸지람은 마치 폭풍과도 같은 느낌이다. 무엇보다 장로인

사리풋타와 목갈라나를 불러 엄하게 꾸짖는 장면이 인상적이다. 두 사람은 부처님보다 나이가 많은 제자들이다. 이들은 자기가 데리고 있는 수행자들의 처신 때문에 고개를 들지 못할 정도로 야단을 맞는다.

부처님이 이렇게 수행자들을 엄하게 나무란 데는 어떤 의도가 있었던 것으로 보인다. 출가 수행의 본뜻을 망각하면 개인은 물론 교단 전체가 불행해진다. 따라서 수행자는 언제 어디서나 출가의 본분이 어디에 있는가를 생각하며 행동해야 한다는 것이다.

수행자의 본분은 소박하게 말하면 탐·진·치를 소멸시켜서 자기부터 정화하는 것이다. 그런 다음 사회를 정화하든 구원하든 해야 한다. 이를 위해 수행자는 항상 조용한 명상을 통해 내심을 관조하고 번뇌를 다스려야 한다. 밖으로 향하는 시선을 안으로 돌릴 줄 알아야 한다. 결코 시끌벅적하게 떠드는 것은 수행자가 할 일이 아니다. 더욱이 세상을 시끄럽게 하는 일은 절대 안 된다. 부처님은 그런 짓이 하고 싶으면 숲을 떠나라고 책망한다.

수행자가 절(숲)에 머물고자 한다면 아홉 가지 덕을 쌓아야 한다는 부처님의 말씀이 새삼 귓가에 쟁쟁하게 들리는 요즘이다.

통치자의 열 가지 덕목

부처님이 사위국 기원정사에 계실 때의 일이다. 어느 날 부처님은 '국왕의 열 가지 덕목'을 비유로 하여 수행자들을 가르쳤다.

"만일 국왕으로서 열 가지 덕을 성취하면 나라를 오랫동안 보존하게 되리라. 열 가지란 어떤 것인가.

첫째, 재물에 집착하지 않으며 작은 일로 화를 내거나 사람을 해치지 않는 것이다. 둘째, 신하를 비롯한 아랫사람의 충고를 받아들이며 그 말을 따라주는 것이다. 셋째, 항상 베풀기를 좋아하며 백성들과 함께 즐거워하는 것이다. 넷째, 권력으로 남의 여자를 빼앗지 않으며 자기 아내를 잘 보호하는 것이다. 다섯째, 사람들을 억울하게 가두어서 원망하지 않도록 법 집행을 공정하게 하는 것이다.

여섯째, 술을 적게 마셔서 마음이 거칠거나 어지럽지 않게 하는 것이다. 일곱째, 향락을 멀리하고 정사에 힘써 외적이 침입하지 못하도록 하는 것이다. 여덟째, 법에 따라 다스리고 교화하되 어긋나는 일이 없도록 하는 것이다. 아홉째, 충성스러운 신하들을 믿으며 그들과 늘 화목하게 지내는 것이다. 열째, 병 없이 건강하며 기력이 강성하도록 자기 관리를 잘 하는 것이다.

수행자들도 열 가지 덕을 성취하면 좋은 결과가 있을 것이다. 열 가지란 어떤 것인가.

첫째, 계율을 온전하게 잘 지켜 바른 법을 범하지 않는 것이다. 둘째, 여래를 받들어 섬기며 그 말씀을 진실이라고 믿는 것이다. 셋째, 부처님이 가르친 법을 잘 이해하고 실천하여 물러섬이 없도록 하는 것이다. 넷째, 항상 자기 뜻을 낮추고 여러 청정한 대중을 잘 받들어 섬기는 것이다. 다섯째, 욕심이 적고 만족할 줄 알며 이양에 탐착하지 않는 것이다.

여섯째, 어떤 일을 할 때 항상 계법에 의지하고 자기 마음대로 하지 않는 것이다. 일곱째, 착한 벗과 사귀기를 좋아하며 나쁜 벗을 멀리하는 것이다. 여덟째, 놀이나 일에 집착하지 않고 항상 좌선하기를 좋아하는 것이다. 아홉째, 사람들과 쓸데없이 어울리지 않고 한적한 곳에 머물기를 즐겨하는 것이다. 열째, 범행을 닦아 나쁜 습관에서 떠나며, 바른 이치를 배워 그 차례를 지키는 것이다."

증일아함 42권 〈결금품結禁品〉제6경

우리나라는 1948년 건국 이래 최근까지 16차례에 걸쳐 모두 9명의 대통령을 뽑았다. 그러나 이 가운데 한 사람도 행복한 대통령이 없었다. 이승만·윤보선·최규하 대통령은 임기 중에 하야했고, 박정희 대통령은 피살됐다. 전두환·노태우 대통령은 퇴임 후 감옥에 갔고, 김영삼 김대중 대통령은 재임 중 아들을 감옥에 보냈다. 그리고 노무현대통령은 재임 중 탄핵을 받았다. 이런 기록은 우리나라 현대 정치사가 그만큼 불행했음을 말해준다.

이제 우리는 그런 과거를 청산하고 새로운 시대를 이끌어갈 지도자를 탄생시켜야 한다. 그런 점에서 부처님이 이 경전에서 제시한 열가지 조건은 참고할 만하다. 물론 이 조건은 봉건시대의 군주들을 염두에 둔 것도 있으므로 현실정치에 그대로 적용할 수는 없다. 하지만 그 뜻을 확대 해석하면 오늘에 적용해도 크게 손색이 없는 내용이 많다. 특히 인치人治보다는 법치法治를 강조하고, 봉건적 지배자이기 보다는 민주적 지도자여야 한다는 의도가 담긴 가르침은 새겨들을 만하다. 과거의 대통령들이 불행해진 이유가 여기에서 제시한 조건을 외면했기 때문인 점을 생각하면 더욱 그렇다.

새로운 시대를 이끌어 갈 대통령은 제발 앞서 대통령이 걸어간 불행의 전철을 다시는 밟지 않았으면 좋겠다. 그것이 대통령도 행복하고 국민도 행복해지는 길이다.

욕심은 칼끝에 바른 꿀

 부처님이 사위성 기원정사에 계실 때의 일이다. 어느 날 부처님은 번뇌와 욕심을 없애는 열 가지 방법에 대해 가르쳤다.

"누구라도 몸에 관한 다음과 같은 열 가지 생각[十想]을 하면 번뇌를 없애고 열반을 얻게 될 것이다. 첫째는 백골에 관한 생각[白骨想], 둘째는 푸르딩딩 하다는 생각[靑瘀想], 셋째는 퉁퉁 부었다는 생각[膖脹想], 넷째는 음식이 소화되지 않았다는 생각[食不消想], 다섯째는 피에 관한 생각[血想], 여섯째는 씹는 것에 관한 생각[噉想], 일곱째는 모든 것은 덧없다는 생각[有常無常想], 여덟째는 탐욕스럽게 먹는다는 생각[貪食想], 아홉째는 죽는다는 생각[死想], 열째는 모든 세간의 일은 즐거운 것이 아니라는 생각[一切世間不可樂想]이 그것이다."

그러자 어떤 수행자가 일어나 이렇게 말했다.

"그러나 세존이시여, 저와 같은 사람은 그런 생각을 능히 닦을 수 없을 것 같습니다. 왜냐하면 저는 욕심이 많고 몸과 뜻이 불꽃같아서 조용히 쉴 수 없기 때문입니다."

"그대는 지금부터 이 몸이 깨끗하다는 생각을 버리고 더럽다는 생각을 하라. 항상하다는 생각을 버리고 무상하다는 생각을 하라. 자아가 있다는 생각을 버리고 없다는 생각을 하라. 즐거할 만한 것이 있다는 생각을 버리고 없다는 생각을 하라. 그러면 불꽃처럼 일어나는 욕심이 사라질 것이다."

이어서 부처님은 수행자들에게 욕심에 대해 어떻게 생각해야 하는지에 대해 말씀했다.

"수행자들이여. 욕심은 더럽기가 똥 무더기와 같고, 앵무새처럼 말이 많고, 은혜를 갚을 줄 모르기는 저 독사와 같고, 허망하기는 햇볕에 녹는 눈과 같다. 그러므로 그것을 버리기를, 시체를 무덤 사이에 버리듯이 하라.

또한 욕심이 스스로를 해치기는 독사가 독을 품은 것과 같고, 싫증이 나지 않기는 짠물을 마시는 것과 같으며, 욕심을 채우기 어렵기는 바다가 강물을 머금는 것 같으며, 두렵기는 야차마을과 같으며, 원수와 같으므로 항상 떠나 있어야 한다.

또한 욕심의 맛이 무섭기는 칼끝에 바른 꿀과 같고, 사랑할 것이 못되는 것은 길에 버려진 해골과 같으며, 욕심이 얼굴에 나타나기는 뒷간에서 꽃이 나는 것과 같고, 참되지 못한 것은 겉이 화려한 병 속에 더러운 물건을 가득 채운 것과 같으며 튼튼하지 못한 것은 물거품과 같다. 그러므로 수행자들은 욕심에서 멀리 떠나고 더럽다는 생각을 해야 마음이 해탈을 얻을 수 있느니라."

증일아함 42권 〈결금품結禁品〉 제9-10경

세상을 시끄럽게 하는 모든 사건의 배후에는 욕심이 도사리고 있다. 정권욕이나 부정부패, 사기나 살인사건 등은 따지고 보면 욕심과 관련되지 않은 것이 없다. 욕심을 더 많이 채울 수만 있다면 무슨 짓이든 하려는 것이 중생의 모습이다.

부처님은 그런 우리에게 묻는다. 그토록 욕심을 부려서 호강시켜주려고 하는 그 대상이란 어떤 것인 줄 알기나 하는가. 백골에 살가죽을 씌워 놓은, 푸르딩딩한 고깃덩어리에 불과한, 무상한 존재라는 것이다. 이 비유는 요즘 식으로 말하면 매우 엽기적이기까지 하다. 그러나 어쩌랴. 그것이 또한 감출 수 없는 진실인 것을.

한심한 것은 백년도 못 살 그 육신을 위해 천년의 계획을 세우는 짓을 하는 우리의 모습이다. 남을 배려하기보다는 헐뜯고, 도와주기보다는 유린하고, 나누기보다는 빼앗기에 익숙한 것도 천년만년 살 것으로 착각하는 헛된 꿈 때문이다. 이 헛된 꿈에서 깨어나는 것이 지혜로운 사람이다. 불교의 수행은 이 헛된 꿈에서 깨어나 지혜를 얻고자 하는 노력이다.

수행자가 삼을 만한 화제

부처님이 사위국 기원정사에 계실 때의 일이다. 어느 날 많은 수행자들이 보회강당普會講堂에 모여 세속의 일에 대해 제각기 의견을 말했다.

"사위성은 지금 곡식이 귀해 걸식하기가 어렵다. 그러니 길을 나누어 한 사람씩 행걸을 나가자. 때로는 아름다운 여자도 보고, 음식과 의복과 침구와 의약품을 얻을 수 있을 것이다."

"그러지 말고 차라리 마가다국으로 가자. 거기는 곡식이 풍부하고 음식이 많다고 한다."

"그러나 그 나라는 갈 수 없다. 아자타사투 왕은 나라를 다스리는 데 비법을 행한다. 그는 부왕을 죽이고 데바닷다와 친구가 되어 있다."

"그러면 구류사 국으로 가자. 거기는 인민이 번성하고 재물과 보배가 많다."

"그 나라는 악생왕惡生王이 다스리는데 성질이 사납고 흉해서 자비가 없다. 그 나라 인민들도 매우 거칠다."

"그러면 코삼비나 바라나시로 가자. 그곳은 우데나 왕이 다스리는데 불법을 독실하게 신봉하여 흔들리지 않는다. 그리로 가면 걸식이 쉬울 것이다."

그때 부처님이 지나가다가 비구들의 말을 듣고 강당으로 들어와 가운데 자리에 앉았다. 부처님은 비구들의 화제가 주로 세속의 일에 관한 것인 줄 알고 이렇게 말씀했다.

"그대들은 왕이 다스리는 그 나라의 일에 대해 칭찬하거나 비방하지 말라. 또 왕들의 우열에 대해서도 말하지 말라. 그런 화제로 얘기를 나누어 봐야 열반의 세계에 이르는 데 아무런 도움이 되지 않는다. 그것은 바른 행동이 아니다."

이어서 부처님은 수행자들이 화제로 삼을 만한 것에 대해 이렇게 말씀했다.

"그대들이 화제로 삼아야 할 것은 수행에 도움을 주는 것이어야 한다. 첫째는 욕심을 줄이고 만족할 줄 아는 것에 관한 것, 둘째는 용맹스런 마음에 관한 것, 셋째는 설법을 듣는 것, 넷째는 남을 위해 설법하는 것, 다섯째는 두려움을 없애는 방법에 관한 것, 여섯째는 계율을 완전히 갖추는 것, 일곱째는 삼매를 성취하는 것, 여덟째는 지혜를 성취하는 것, 아홉째는 해탈을 성취하는 것, 열째는 해탈한 것을 아는 것 등이다. 이런 열 가지 일에 대해 얘기를 하면 일체를 윤택하게 하여 날로 이익이 많아질 것이며, 범행을 닦는 데 도움을 주어 번뇌가 사라진 열반에 이르게 할 것이다."

증일아함 43권 〈선악품善惡品〉 제5-7경

불교는 세속사회의 현실에 어느 정도의 관심을 가져야 하는가. 불교가 아무리 출세간적 가치를 강조한다 하더라도 완벽하게 세간을 떠나 존재할 수 없다. 국민으로서 병역의무나 투표와 같은 정치적 행위에 이르기까지 세속사회와 관계되는 일이 수없이 많다. 그런가 하면 어떤 경우는 더 적극적으로 세속사회에 개입하기를 요구받기도 한다. 예컨대 독재와 억압의 정치로 중생사회가 고통에 시달린다면 이를 그냥 방관할 수만은 없다. 그렇다면 이럴 때는 어떻게 처신하는 것이 옳은가.

이에 대해서는 두 가지 기준이 제시될 수 있을 것이다. 하나는 열반을 지향하는 데 도움이 되는가 아닌가 하는 것이다. 만약 시비와 번뇌를 더하는 일이라면 피하는 것이 옳다. 특히 세속적 이익을 얻기 위한 행위는 적극 피해야 한다. 이 경은 그 점을 특히 강조하고 있다. 또 하나는 많은 사람들에게 이익이 되는가 아닌가 하는 것이다. 부처님은 베살리에 전염병이 돌자 그것을 퇴치하기 위해 제자들과 나섰는가 하면, 전쟁이 일어나려고 하자 맨몸으로 나가 만류한 적도 있다. 이것은 불교가 사회적으로 어떤 역할을 해야 하는가를 말해준다.

실은 답이 다 나와 있다. 사람들이 어리석어 스스로 함정에 빠지는 것이 문제일 뿐이다.

내가 어떻게 사느냐가 문제

 부처님이 왕사성 죽림정사에 계실 때의 일이다. 어느 날 존자 대균두大均頭가 부처님을 찾아뵙고 이런 것을 여쭈었다.

"하루하루 생활하다 보면 앞이나 뒤, 또는 가운데에 여러 가지 복잡한 생각이 일어납니다. 어떻게 하면 이런 소견들을 없애고, 다른 소견이 생기지 않도록 할 수 있겠나이까?"

"대개 그런 소견에는 62종이 있다. 그러나 그런 소견은 열 가지 선한 소견을 가짐으로써 없앨 수 있다. 그 열 가지란 어떤 것인가.

남은 살생하기를 좋아해도 나는 살생하지 않으며, 남은 도둑질하기를 좋아해도 나는 훔치지 않으며, 남은 음행하기를 좋아해도 나는 깨끗하게 지내며, 남은 거짓말을 해도 나는 하지 않으며, 남은 이간질하는 말을 해서 싸움을 붙여도 나는 하지 않으며, 남은 비단 같은 말을 해도 나는 하지 않으며, 남은 험한 말을 잘해도 나는 하지 않으며, 남은 질투를 잘 해도 나는 하지 않으며, 남은 화를 잘 내도 나는 그러지 않으며, 남은 삿된 생각을 해도 나는 바른 소견을 갖는 것이다.

균두여 알라, 자기는 나쁜 길을 가면서 남은 바른 길을 만나게 해주
고, 자기는 삿된 소견을 좇으면서 남은 바른 소견에 이르게 할 수는 없
다. 그것은 마치 자기가 물에 빠져 있으면서 남을 건네주려 하는 것과
같다. 마찬가지로 자기는 열반에 들지 못하면서 다른 이를 열반에 들게
하기는 어렵느니라. 그러므로 수행자는 언제나 열 가지 선한 생각을 가
짐으로써 스스로 열반에 이르도록 해야 하느니라.

균두여 알라. 중생들은 각자 소견이 같지 않다. 그러나 그 소견들은
모두 덧없는 것이며 삿된 것이다. 그러므로 남은 열 가지 나쁜 짓을 하
더라도 우리는 그것을 떠나야 한다. 깊이 생각하고 헤아려 삿된 소견과
열 가지 나쁜 짓을 모두 버려서 그런 행을 익히지 말며, 마음을 오로지
하여 어지럽지 않게 해야 한다. 또한 남이 교만하더라도 우리는 그것을
버려야 하고, 남은 스스로를 칭찬하고 남을 헐뜯어도 우리는 그렇게 하
지 않으며, 남은 계율을 범하더라도 우리는 그렇게 하지 않으며, 남은
게으르더라도 우리는 정진하여야 하고, 남은 삼매를 닦지 않더라도 우
리는 닦아야 하며, 남은 어리석더라도 우리는 지혜롭게 그 법을 관찰하
고 지혜를 써서 능히 그 법을 관찰하고 분별하면 삿된 소견은 사라지고
다른 소견도 생기지 않을 것이다."

증일아함 43권 〈선악품善惡品〉 제9경

스님들의 법문을 들으면 착하고 정직하고 성실한 사람이 항상
성공한다는 것이다. 교회에서 설교를 들어도 결론은 똑같다. 부
지런하고 진실한 사람치고 실패하는 사람이 없다고 한다. 인생에서 성

공하려면 정직·성실·근면을 실천하는 것이 비결이라는 것이다.

그러나 정말 그렇기만 할까. 우리의 경험으로 보면 정직하고 착하게 사는 것이 손해가 될 때도 많다. 약삭빠르게 남의 눈도 속이고 적당히 탈세도 해서 돈을 벌어야지, 하라는 대로 다하고 내라는 세금 다 내다 보면 남들처럼 잘살기 어렵다. 그래서 윤리 교과서는 학교 문을 나서는 날부터 쓰레기통에 내던지라는 말을 하기도 한다. 그래야 험한 세상에서 좌절하지 않고 성공할 수 있다는 것이다.

그런데 부처님은 끝까지 그렇지 않다고 말씀하신다. 남이야 죄를 짓든 말든, 그렇게 해서 성공을 하든 말든, 불자는 그러면 안 된다는 것이다. 잠시 동안의 성공은 거둘지 모르지만 결코 길게 잘 살 수는 없다는 것이다. 언젠가는 꼬리가 드러나 망신한다는 것이다. 더욱이 열반이나 해탈과 같은 영원한 행복과는 거리가 멀어진다는 것이다. 오, 부처님!

대중공양의 공덕

부처님이 왕사성 죽림정사에 계실 때의 일이다. 어느 날 사자師子 장자가 사라풋타에게 찾아와 공양청供養請을 했다. 사리풋타는 잠자코 허락했다. 다시 목갈라나, 레바타, 마하카사파, 아니룻다, 카차야나, 푼나, 우팔리, 수붓티, 라훌라, 균두 등 큰 비구와 대중들을 찾아가 공양청을 했다. 장자는 다 공양에 응한다는 허락을 받았다.

장자는 집으로 돌아가 갖가지 음식 준비를 했다. 좋은 자리도 마련했다. 그런 뒤 여러 존자와 대중을 초대했다. 존자들은 각기 가사를 입고 발우를 들고 장자의 집으로 와서 정성으로 마련한 음식을 공양했다. 공양이 끝나자 장자는 흰 천을 한 벌씩 보시했다. 사리풋타는 대표로 장자를 위해 묘한 법을 설했다. 여러 존자들이 기쁜 마음으로 정사로 돌아왔다.

이를 본 부처님이 라훌라를 불러서 어디를 다녀오는지 물었다.

"저는 여러 존자들과 함께 사자 장자의 공양을 받고 오는 길입니다. 장자는 음식을 맛있고 정갈하게 장만하여 공양을 올렸습니다. 여러 존자들은 맛있게 먹었습니다. 장자는 공양이 끝난 뒤 흰 천을 한 벌씩 보시했습니다. 사리풋타는 우두머리가 되어 설법을 해주었나이다. 아마 그 장자는 큰 복을 받게 될 것입니다."

"그렇다. 그 장자는 큰 복을 지었다. 왜냐하면 한 사람에게 공양한 것보다 여러 대중에게 공양한 것이 백배 천배 더 크기 때문이다. 어떤 사람이 이 세상에 있는 모든 강물의 물맛을 보려고 한다면 그는 수고만 더 할 뿐 결코 모든 강물의 물맛을 다 볼 수 없을 것이다. 왜냐하면 이 세상에는 강물이 헤아릴 수 없이 많기 때문이다. 그러나 방법이 한 가지 있다. 바닷물을 마시면 된다. 이 세상의 모든 강물은 다 바다로 흘러들어가기 때문이다. 그와 마찬가지로 사사로운 일체의 공양과 보시는 저 강물과 같다. 그래서 복을 얻기도 하고 못 얻기도 한다. 대중은 저 바다와 같다. 모든 훌륭한 사람도 다 대중 가운데 있다. 사쌍팔배四雙八輩의 성중과 벽지불과 여래도 다 대중가운데서 나온 사람들이다. 그러므로 성중聖衆에게 공양하면 정말로 큰 복을 짓게 되는 것이다."

이 말을 들은 사자 장자가 어느 날 부처님을 찾아와서 말했다. 앞으로는 '대중에게만 공양하고자 한다'고 했다. 부처님이 사사로이 하는 공양을 별로 칭찬하지 않았기 때문이라는 것이었다. 그러자 부처님이 '나는 그렇게 말하지 않았다'면서 장자에게 이렇게 가르쳤다.

"아니다, 그렇지 않다. 축생에게 보시해도 복을 받거늘 하물며 사람이겠느냐. 나는 다만 복의 많고 적음에 대해 말했을 뿐이다. 왜냐하면 여래의 성중은 공경할 만해서 세상의 위없는 복밭〔福田〕이기 때문이니라."

증일아함 45권 〈불선품不善品〉 제5경

욕심은 칼끝에 바른 꿀　279

1970년 어느 날 언론에는 참으로 감동적인 기사가 난 적이 있다. 전 재산을 충남대에 기증한 김밥 할머니 정심화淨心華 이복순 여사의 보시행에 관한 미담 기사다. 독실한 불자인 할머니는 평생 김밥장사를 해서 모은 50여억 원에 이르는 부동산과 현금 1억 원을 '좋은 일에 써 달라'며 조건 없이 사회에 쾌척했다는 것이다. 이후에도 김밥 할머니처럼 어렵게 번 돈을 병원이나 학교에 쾌척한 할머니들의 얘기가 심심치 않게 보도됐다. '아름다운 재단'이 발행하는 〈콩반쪽〉이라는 잡지에 따르면 1975년부터 35년 간 언론에 보도된 '김밥 할머니'들의 기부금을 종합해 보니 총 95건에 무려 1천1백49억5천6백만 원이나 됐다. 할머니들은 식당 운영, 보따리장사, 삯바느질 등 험한 일로 돈을 벌어서 사회공익을 위해 기부한 것이다.

사회적 기부행위는 불교적으로 말하면 '대중공양'이다. 이 경전은 그 공덕이 얼마나 큰가를 말해준다. 공덕 중에 가장 큰 공덕, 보시 중에 가장 훌륭한 보시가 대중공양이라는 것이다.

소 길들이듯 자기를 다스려라

 부처님이 사위국 기원정사에 계실 때의 일이다. 어느 날 부처님은 소치는 목동을 비유로 수행자들이 자기를 다스릴 것을 가르쳤다.

"목동이 열한 가지 방법으로 소를 키우면 소가 잘 크고 큰 이익을 얻을 것이다. 첫째는 소의 모양을 알 것, 둘째는 모양을 구분할 줄 알 것, 셋째는 억눌러야 할 때는 억누를 줄 알 것, 넷째는 상처를 잘 싸매서 고칠 줄 알 것, 다섯째는 때에 따라 연기를 피워줄 줄 알 것, 여섯째는 풀이 무성한 좋은 풀밭으로 가는 길을 알 것, 일곱째는 소를 사랑할 것, 여덟째는 소의 성품과 행실을 알고 적당한 때를 가려서 갈 줄 아는 것, 아홉째는 강을 건널 때는 건너기 좋은 곳을 알 것, 열째는 젖을 짤 때는 남겨둘 줄 알 것, 열한째는 때에 따라 부릴 만한 놈을 알고 보호하는 것 등이다.

수행자도 열한 가지 방법으로 자기를 다스리면 큰 이익을 얻을 것이다.

첫째, 사대의 형체를 알고 사대가 만들어진 과정을 알아야 한다. 이것이 형체를 아는 것이라고 한다. 둘째, 어리석은 것과 지혜로운 것을 알아야 한다. 이것이 모양을 아는 것이라고 한다. 셋째, 욕심이 일어나거나 분노가 일어나거나 온갖 착하지 않은 생각이 일어나면 그것을 억제해야 한다. 이것이 억누를 줄 아는 것이라고 한다. 넷째 눈[眼]·귀[耳]·코[鼻]·혀[舌]·몸[身]·생각[意]으로 모양[色]·소리[聲]·냄새[香]·맛[味]·느낌[觸]·관념[法]과 접촉할 때 집착하지 않고 감관을 깨끗하게 하는 것이다. 이것이 상처를 잘 싸매서 고칠 줄 아는 것이다. 다섯째, 들은 바 법을 사람들을 위해서 설법하는 것이다. 이것이 연기를 피울 줄 아는 것이다. 여섯째 여래가 가르친 여덟 가지 바른 길[八正道]을 알고 실천하는 것이다. 이것이 풀이 무성한 좋은 풀밭으로 가는 길을 아는 것이다. 일곱째, 여래가 말씀한 가르침을 보배로 알고 마음으로 사랑하고 즐겨하는 것이다. 이것이 사랑할 줄 아는 것이다. 여덟째, 십이부 경전[契經, 祇夜, 授決, 偈, 因緣, 本末, 方等, 譬喩, 生經, 說, 廣普, 未曾有法]을 가려서 행하는 것이다. 이것이 성질을 알고 가는 길을 가릴 줄 아는 것이다. 아홉째, 네 가지 생각할 곳[四念處]을 아는 것이다. 이것이 강을 건너는 곳을 아는 것이다. 열째, 음식을 탐하지 않고 만족할 줄 아는 것이다. 이것이 젖을 남겨둘 줄 아는 것이다. 열한째, 몸과 입과 행동으로 장로를 받들 줄 아는 것이다. 이것이 어른을 잘 받드는 것이다.

수행자들이여, 소를 먹이되 게으르지 않으면 그 주인이 큰 복을 얻어 여섯 마리 소는 6년 동안 60마리로 늘어날 것이다. 수행자도 계율을 잘 지키고 선정을 잘 닦고 여섯 가지 감관이 고요해지면 6년 동안에 여섯 가지 신통을 얻게 되리라."

증일아함 46권 〈목우품牧牛品〉 제1경

중국 송나라 때 확암廓庵 선사가 그린 십우도十牛圖라는 그림이 있다. 마음을 소에 비유해서 길들여 나가는 과정을 그린 것인데 열 가지란 다음과 같다.

① 심우尋牛, 동자승이 소를 찾는 장면 ② 견적見跡, 소의 발자국을 발견하고 그것을 따라간다. ③ 견우見牛, 꼬리를 보고 소의 뒷모습을 발견한다. ④ 득우得牛, 드디어 소를 붙들어 고삐를 건다. ⑤ 목우牧友, 소에 코뚜레를 뚫어 길들이기 시작한다. ⑥ 기우귀가騎牛歸家, 흰 소에 올라타고 피리를 불며 집으로 돌아온다. ⑦ 망우재인忘牛在人, 소는 없고 동자승만 앉아 있다. ⑧ 인우구망人牛俱忘, 소도 사람도 실체가 없는 공空을 상징하는 원상만 나타난다. ⑨ 반본환원返本還源, 망상이 사라지고 본래의 편안한 모습으로 돌아간다. ⑩ 입전수수立塵垂手, 지팡이를 짚고 육도중생을 제도하러 나선다.

십우도를 부처님이 말씀한 열한 가지 목우법牧牛法과 비교해 보면 어떤가. 구체적 방법은 차이가 있다. 하지만 산란한 마음을 다스린다는 발상은 흡사하다.

십대제자들이 걸어간 길

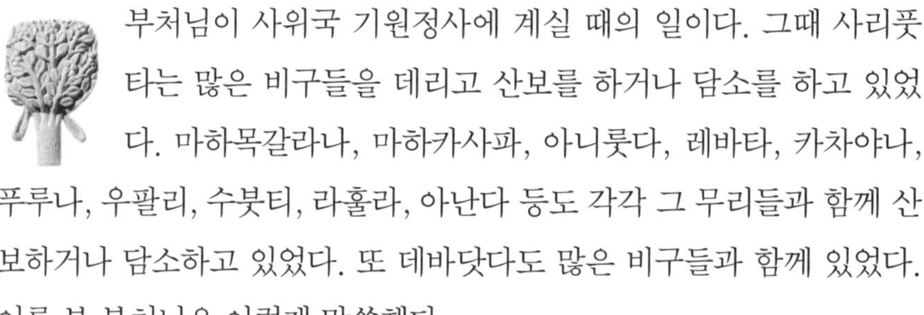부처님이 사위국 기원정사에 계실 때의 일이다. 그때 사리풋타는 많은 비구들을 데리고 산보를 하거나 담소를 하고 있었다. 마하목갈라나, 마하카사파, 아니룻다, 레바타, 카차야나, 푸루나, 우팔리, 수붓티, 라훌라, 아난다 등도 각각 그 무리들과 함께 산보하거나 담소하고 있었다. 또 데바닷다도 많은 비구들과 함께 있었다. 이를 본 부처님은 이렇게 말씀했다.

"사람은 근기와 성정이 서로 비슷한 점이 있다. 그래서 착한 사람은 착한 사람과, 악한 사람은 악한 사람과 자주 어울린다. 마치 젖은 젖과 어울리고, 소酥는 소와 어울리고, 똥은 똥물과 어울리는 것과 같다."

부처님은 각각의 큰 제자들과 그를 따르는 수행자들의 훌륭한 특징에 대해 말씀했다.

"사리풋타를 따라 산보하는 비구들을 보라. 그들은 모두 지혜로운 수행자들이니라. 마하목갈라나를 따라 산보하는 비구들을 보라. 그들은 모두 신통을 갖춘 수행자들이니라. 마하카사파를 따라 산보하는 비구들을 보라. 그들은 모두 열한 가지 두타행頭陀行을 실천하는 수행자들이니

라. 아니룻다를 따라 산보하는 비구들을 보라. 그들은 모두 하늘 눈〔天眼〕을 갖춘 수행자들이니라. 레바타를 따라 산보하는 비구들을 보라. 그들은 모두 선정禪定에 잘 드는 수행자들이니라. 카차야나를 따라 산보하는 비구들을 보라. 그들은 모두 의리를 잘 분별하는 수행자들이니라. 푸루나를 따라 산보하는 비구들을 보라. 그들은 모두 설법을 잘 하는 수행자들이니라. 우팔리를 따라 산보하는 비구들을 보라. 그들은 모두 계율을 잘 지키는 수행자들이니라. 수붓티를 따라 산보하는 비구들을 보라. 그들은 모두 공空의 이치를 잘 아는 지혜로운 수행자들이니라. 라훌라를 따라 산보하는 비구들을 보라. 그들은 어려운 일을 잘 참는 수행자들이니라. 아난다를 따라 산보하는 비구들을 보라. 그들은 모두 많이 듣고 한 번 들은 것은 잊지 않는 수행자들이니라.”

그러나 부처님은 데바닷다에 대해서는 이렇게 말씀했다.

“데바닷다와 산보하는 비구들을 보라. 그들은 모두 악의 우두머리로서 선근이 없는 자들이니라. 그러므로 그대들은 나쁜 벗이나 어리석은 이와 더불어 지내지 말라. 항상 착한 벗과 지혜로운 이와 더불어 사귀어라. 사람은 본래 선악이 없다. 하지만 악한 사람과 함께 친하게 지내면 뒤에 반드시 악의 원인을 만들어 나쁜 이름을 천하에 퍼뜨리게 되리라.”

이 말을 듣고 데바닷다를 따르던 30여 명의 수행자들은 부처님 앞에 나와 참회하고 용서를 구했다. 부처님은 그들이 과거를 고치고 미래를 닦도록 참회를 받아주었다.

증일아함 46권 〈목우품牧牛品〉 제3경

현재 우리에게 알려진 부처님의 십대제자는 지혜제일 사리불, 신통제일 목갈라나, 두타제일 가섭, 다문제일 아난다, 천안제일 아나율, 지계제일 우팔리, 논의제일 가전연, 설법제일 부루나, 해공제일 수보리, 밀행제일 라훌라 등이다. 이 십대제자가 언제 어떤 기준으로 선정됐는지는 알 수 없다. 최초의 제자인 교진여의 이름이 없는 대신 '해공제일 수보리'가 거론된 것으로 보면 대승불교 초기에 이르러서일 것이라고 추정하는 사람도 있다.

흥미로운 것은 십대제자들이 '각각의 무리들을 이끌고 있다'는 표현이다. 이는 부처님 당시의 수행자들이 누구를 의지해 수행했는지를 짐작케 한다. 수행자들은 교단의 규모가 커지자 각기 존경하는 상족제자들을 중심으로 공동체를 이루면서 수행과 교화활동을 했다. 부처님과 떨어져 살면서도 교단의 단일성이 유지될 수 있었던 것은 공동의 법法과 율律에 의지했기 때문이었다. 그러나 공동의 법과 율을 준수하지 않으면 큰 문제가 생기기도 했다. 데바닷다가 교단을 분열시키고 배신의 길을 걸었던 것이 그 예다. 요즘도 가끔 그런 일이 있다.

재출가를 허락한 부처님

부처님이 쿠루수의 법행성에 계실 때의 일이다. 어느 날 갑자기 상사리불象舍利弗이 법복을 벗고 속인의 생활로 돌아갔다. 어느 날 아난다가 성중으로 걸식을 나갔다가 상사리불 집 앞에 이르렀다. 상사리불은 집에서 두 여자의 어깨에 기대어 있다가 아난다를 보자 부끄러워 어쩔 줄 몰라 했다. 걸식에서 돌아온 아난다는 부처님에게 성중에서 본 일을 아뢰었다.

"상사리불은 성품이 부드럽고 행실이 훌륭한 수행자였습니다. 항상 남을 위해 설법하기를 싫증내지 않았습니다. 어째서 세속으로 돌아가 욕락을 즐기는지 걱정이 되었습니다."

"그는 아직 아라한이 되지 못한 사람이다. 아라한은 결코 법복을 버리고 세속으로 돌아가는 일이 없다. 그러나 걱정할 필요 없다. 이레 뒤에는 다시 돌아와서 번뇌를 없애는 수행을 할 것이다. 상사리불이 세속으로 나간 것은 전생의 업에 이끌렸을 뿐이다."

상사리불은 과연 이레 뒤에 부처님을 찾아왔다. 다시 사문의 행을 닦기를 청하였다. 부처님이 이를 허락했다. 그는 다시 비구가 되어 열심히 수행한 끝에 곧 아라한이 되었다. 어느 날 상사리불은 걸식을 하기 위해 가사를 입고 발우를 들고 성중으로 들어갔다. 이를 본 어떤 범지가 '저 사문의 허물을 폭로하리라'고 생각하고 사람들에게 말했다.

"저 사람은 한때 아라한인 척 하더니 세속으로 돌아가 오욕락을 누렸다. 이제는 다시 사문이 되어 걸식하면서 거짓으로 청렴결백한 척한다. 그러나 그는 여자들만 보면 이리저리 생각하고 상상하며 욕정을 일으키는 사람이다."

사람들은 그 말을 듣고 이상하게 여기며 상사리불에게 물었다.

"존자는 그 전에 아라한이었는데 어떻게 세속으로 돌아갔으며, 왜 다시 출가했습니까?"

"나는 과거에 아라한이 아니었습니다. 아라한은 법복을 버리고 세속으로 돌아가는 일이 없습니다. 번뇌가 다한 아라한은 결코 열한 가지 행동을 하지 않습니다. 즉 법복을 버리고 세속으로 돌아가지 않으며, 세속의 욕락을 익히지 않으며, 살생하지 않으며, 훔치지 않으며, 음식을 남겨두지 않으며, 거짓말하지 않으며, 나쁜 말을 하지 않으며, 의심이 없으며, 두려워하지 않으며, 다른 스승에게 배우지 않고, 다시는 재생을 받지 않습니다."

상사리불이 솔직하고 미묘한 설법을 하자 저들은 의심을 풀고 존경하기를 마다하지 않았다.

증일아함 46권 〈목우품牧牛品〉 제4경

출가 비구의 결혼을 금해 온 것은 불교의 전통이다. 부처님도 처자를 버리고 출가했고, 많은 제자들도 독신 수행자였다. 처자를 거느리고 욕망을 따르는 생활은 번뇌를 소멸시키기에 부적절하다는 것이다. 우리나라에서는 일제강점기 동안 이 전통이 무너졌다. 일제는 대처帶妻한 승려가 본사 주지를 할 수 있도록 사찰령을 바꿨다. 제도적으로 대처제도를 허용한 것이다. 이로 인해 많은 승려는 일본풍을 좇아 결혼해서 처자를 거느리게 됐다.

해방 후 1954년부터 시작된 불교정화는 일제에 의해 훼손된 청정승단을 회복하기 위한 운동이었다. 이 과정에서 삼보정재가 가족부양을 위해 탕진되는 것을 막으려는 비구측과, 기득권을 고수하려는 대처측의 양보 없는 절 뺏기 싸움이 벌어졌다. 비슷한 사정이었던 대만은 경우가 달랐다. 금강계단을 설치하고 결혼한 승려에게 재출가를 시켰다. 환계와 재출가의 방법을 활용해 소리 없이 청정승단을 회복할 수 있었다.

재출가는 부처님 당시부터 있어 온 제도다. 증일아함 27권 제10경에 의하면 상가마僧伽摩라는 수행자는 일곱 번을 환계하고 다시 득도한 끝에 아라한과를 성취했다는 기록이 있다. 동남아불교에서는 환계자還戒者에 대한 재출가를 제도적으로 보장한다. 이렇게 선을 그어주는 것이 청정승단의 유지에 도움이 된다는 것이다. 타산지석으로 삼을 만한 제도다.

음식을 대하는 태도

 부처님이 사위국 기원정사에 계실 때의 일이다. 어느 날 부처님은 이렇게 말씀했다.

"나는 항상 하루에 한 끼만 먹어서 몸이 가뿐하고 기력이 왕성하다. 그대들도 하루에 한 끼만 먹으면 몸이 가볍고 수행하기에 적절한 상태를 유지할 수 있을 것이다."

그 자리에 밧달리라는 제자가 있었다. 그는 한 끼만 먹고는 기력이 약해져서 도저히 견디기가 어렵다고 했다. 부처님은 그에게만 재법齋法을 어기고 하루에 세 끼씩 먹는 것을 허락했다.

그런 일이 있은 후 어느 날 칼루다인이라는 제자가 해 저문 시간에 걸식을 나갔다. 그가 임신한 부인이 있는 어느 장자의 집에 이르렀을 때, 마침 하늘에서 비가 내리고 번개가 쳤다. 부인은 얼굴이 검은 칼루다인을 보고 귀신인 줄 알고 놀라서 낙태를 했다. 사위성에는 흉한 소문이 돌았다. 석종사문釋種沙門이 주술을 부려 남의 아이를 낙태시켰다는 것이다. 한편에서는 석종사문은 절도가 없어서 식사시간 때를 맞추지 못

290

하고 돌아다닌다는 비난이 일었다. 부처님은 비구들을 모이게 한 뒤 이렇게 말씀했다.

"욕심내서 배부르게 먹지 말고 하루에 한 끼만 먹으면 몸도 가뿐하고 마음도 상쾌할 것이다. 마음이 상쾌하면 온갖 선근을 얻을 것이요, 선근을 얻으면 삼매를 얻고, 삼매를 얻으면 네 가지 진리〔四聖諦〕를 바르게 알게 될 것이다. 그럼에도 그대들이 때를 알지 못하고 욕심을 부린다면 속인들과 무엇이 다르겠는가."

부처님은 수행자가 음식을 대하는 태도에 대해서도 가르쳤다.

"그대들은 음식을 얻기 위해 걸식할 때 이렇게 생각해야 한다. '음식이란 맛을 위한 것이 아니라 몸을 지탱하기 위한 것' 이라고. 그러므로 얻어도 기뻐하지 말고 얻지 못해도 걱정하지 말아야 한다. 음식을 얻었을 때는 시주의 은혜를 생각하고 먹되, 탐착하는 마음이 없어야 한다. 다만 음식으로써 몸을 보존하여 묵은 병을 고치고 새 병이 생기지 않도록 기력을 충족하도록 해야 한다. 모든 음식은 걸식해서 먹어야 하며, 하루에 한 끼만 먹고, 먹을 때는 한 자리에서 한 번만 먹어야한다."

한편 부처님은 석 달 동안 근신하던 밧달리 비구가 찾아와 참회하자 이렇게 타일렀다.

"나고 죽는 것이 끊이지 않는 것은 모두 욕심 때문이다. 항상 욕심을 줄이고 만족할 줄 알며 온갖 잡된 생각을 일으키지 말라."

밧달리가 열심히 수행하여 아라한이 된 뒤 부처님은 웃으면서 이렇게 말씀했다.

"내 제자 가운데 음식을 가장 많이 먹는 사람은 밧달리吉護 비구니라."

증일아함 47권 〈목우품牧牛品〉 제7경

 스님들은 공양을 하기 전에 이렇게 오관게五觀偈를 외운다.

이 공양물에 깃든 공덕을 생각하니 〔計功多少量彼來處〕

덕행이 부족한 나로서는 받기가 송구하네 〔忖己德行全缺應供〕

욕심껏 맛있는 것만 먹으려 하지 않고 〔防心離過貪等爲宗〕

건강을 지켜내는 약으로 삼아 〔正思良藥爲療形枯〕

도업을 이루고자 이 음식을 먹노라 〔爲成道業應受此食〕

남방불교 스님들은 음식을 앞에 놓고 이런 명상을 한다.

이 음식에 대해 바른 생각으로 관찰합니다. 맛을 즐기기 위함도 아니요, 배부르게 먹기 위함도 아니요, 몸을 살찌우기 위함도 아니요, 보기 좋게 가꾸기 위함도 아닙니다. 건강을 해치지 않을 정도로 이 몸을 유지하여 청정수행을 하기 위함입니다. 바른 관찰로써 배고픔의 오래된 느낌은 제거하고 배부름의 새로운 느낌은 일으키지 않겠습니다. 이렇게 열심히 수행하기 위하여 이 공양을 받겠습니다.

요컨대 수행자는 맛에 탐착하지 말고, 건강유지를 위해 음식을 먹어야 한다는 것이다. 그 근거가 바로 이 경전의 가르침이다.

배신자도 구원하는 불교

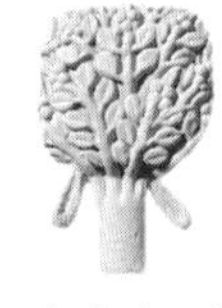 부처님이 왕사성 죽림정사에 계실 때의 일이다. 그 무렵 악인 데바닷다는 오역죄五逆罪 가운데 세 가지 죄를 지어 사람들의 비난을 받고 있었다.

첫째, 부처님에게 교단의 지도권의 양보를 요구하다가 받아들여지지 않자 어리석은 비구들을 선동하여 자기를 따르는 별도의 교단을 세웠다. 사리불과 목갈라나가 가서 이들을 설득해서 다시 데려왔지만 이로 인해 교단은 일시적이나마 화합이 깨졌다〔破和合〕. 둘째, 두 차례나 부처님을 해치려고 한 것이다. 첫 번째는 기차쿠타산에서 바위를 굴렸다. 다행히 부서진 돌조각이 겨우 부처님의 발가락에 약간의 피만 흘리게 했다〔佛身出血〕. 두 번째는 아자타사투 왕을 꼬여서 술 취한 코끼리를 풀었으나 도리어 코끼리가 무릎을 꿇었다. 이를 본 법시비구니가 비난하자 화가 난 데바닷다는 그녀를 주먹으로 때려죽였다〔殺阿羅漢〕.

이렇게 악행을 거듭하자 아자타사투 왕도 두려운 생각이 들어 조금씩 마음이 변했다. 사람들도 차츰 그를 경원하기 시작했다. 그도 걱정이 생겨 몸에는 큰 병이 들었다. 그는 그래도 마음을 고치지 못했다. 어떻게 하든 부처님만 살해하면 자기가 부처님 노릇을 할 수 있을 것으로 생각했다. 그는 열 손톱에 독을 묻히고 추종자들의 부축을 받아 가마를 타고 부처님을 찾아갔다. 용서를 구하는 척하면서 부처님을 할퀴어 독을 퍼뜨릴 심산이었다. 그런데 그가 가마에서 내려 부처님을 예배하고 독 묻은 손톱으로 할퀴려는 순간 땅이 갈라지면서 불길이 치솟아 온몸을 에워쌌다. 데바닷다는 잘못을 뉘우치고 '나무불南無佛, 부처님께 귀의합니다'을 말하려고 하였다. 그러나 그 말을 다 마치지 못하고 '나무' 라는 말만 하고 지옥에 떨어졌다. 이를 본 아난다가 크게 슬퍼했다. 아난다는 그가 아무리 악인이지만 자신의 형제임을 상기하면서 언제쯤 지옥의 고통에서 벗어나게 될지 부처님께 여쭈었다. 이에 부처님은 이렇게 말씀했다.

"그는 지옥에서 1겁을 보낼 것이다. 그러다가 업이 다하면 사천왕천에 날것이다. 다시 삼십삼천, 야마천, 도솔천, 화자재천, 타화자재천에 났다가 60겁이 지나면 최후로 사람의 몸을 받을 것이다. 그때가 되면 수염과 머리를 깎고, 세사지 법복을 입고, 견고한 믿음으로 집을 떠나 도를 배워 '나무' 라는 이름의 벽지불辟支弗이 될 것이다. 비록 잠깐 사이지만 과거에 배운 착한 법〔善法〕을 떠올리고 착한 마음으로 '나무' 라고 한 그 공덕 때문이다."

증일아함 47권 〈목우품牧牛品〉 제9경

 이 경은 그 뒤의 얘기를 조금 더 전해주고 있다. 신통제일 목련 존자가 그를 위해 지옥을 방문하는 이야기가 그것이다. 이에 의

하면 데바닷다는 지옥의 고통을 받으면서 크게 잘못을 뉘우친다. 목갈라나가 "60겁 뒤에는 인간 세상에 나와 나무라는 벽지불이 될 것"이라고 한 부처님의 말씀을 전해주자 크게 감동한다. 그는 목갈라나에게 "돌아가거든 데바닷다가 부처님 발아래 예배하면서 거동이 가뿐하시고 행보가 편안하신지 안부를 여쭙더라고 인사를 전해 달라"고 한다.

이 이야기는 매우 설화적인 수법으로 구성돼 있어서 '사실'과 '설화'의 구분이 어렵다. 그러나 악인의 대명사였던 데바닷다가 죽음에 이르러 잘못을 깨닫자 구원되었다는 것은 의미심장하다. 이 과정에서 주목할 점은 부처님이 마지막까지 개과천선의 기회를 주었다는 점이다. 이런 너그러움에 감동했던지 결국 그는 죽으면서 '나무南無, 歸依'라고 말한다. 이는 뒷날 그가 구원될 가능성의 근거가 됐다. 일체 중생의 구원을 강조하는 대승경전인 《법화경》은 천왕여래天王如來가 될 것이라고 성불의 수기를 준다. 불교의 자비정신은 이렇게 어떤 중생도 포기하지 않는 데 있다. 밉다고 무조건 내치려는 논리와는 다르다.

다섯 가지의 바른 신행

부처님이 사위성 기원정사에 계실 때의 일이다. 어느 날 부처님은 제자들에게 설산에 있는 큰 나무를 비유로 들어서 다섯 가지 바른 신행에 대해 가르쳤다.

"설산에 가면 그 산에 의지해 자라는 크고 높고 넓은 나무가 있다. 그 나무는 다섯 가지가 훌륭하다. 어떤 것이 다섯 가지인가. 첫째는 뿌리가 깊어 흔들리지 않으며, 둘째는 껍질이 매우 두꺼우며, 셋째는 가지가 멀리까지 뻗쳐 있으며, 넷째는 그늘지지 않는 곳이 없으며, 다섯째는 잎이 매우 무성한 것이다. 이것이 설산에 의지해 자라는 큰 나무의 다섯 가지 훌륭한 점이다. 선남자 선여인도 저 나무처럼 훌륭한 가르침에 의지하면 다섯 가지를 크고 무성하게 할 수 있다. 그 다섯 가지란 무엇인가.

첫째, 신장익信長益이니 믿음을 더욱 크게 자라게 하는 것이다.

둘째, 계장익戒長益이니 계율을 더욱 잘 지키는 것이다.

셋째, 문장익聞長益이니 법문을 더 많이 듣는 것이다.

넷째, 시작익施長益이니 보시를 더 많이 하는 것이다.

다섯째, 혜장익慧長益이니 지혜가 더욱 빛나게 하는 것이다.

이것이 선남자 선여인이 바르게 신행하는 다섯 가지 길이다."

증일아함 48권 〈예삼보품禮三寶品〉제7경

《법화경》의 표현이지만 불교에서는 부처님의 가르침을 믿는 신자를 '불자佛子'라고 한다. '부처님의 자식'이라는 뜻이다. 불교 신자를 부처님의 자식이라고 하는 것은 특별한 이유가 있다. 자식은 어리지만 나중에 어른이 된다. 마찬가지로 중생은 어리석지만 나중에 부처가 된다. 어린아이가 커서 반드시 어른이 되듯이. 이렇게 보면 불자란 참 거룩한 명칭이다. '미래의 부처님'이란 뜻이기 때문이다.

중생이 미래에 부처님이 되기 위해서는 할 일이 몇 가지 있다. '오정신행五正信行'을 실천해서 줄어들지 않도록 해야 한다. 그 다섯 가지를 살펴보면 다음과 같다.

첫째, 믿음을 더욱 자라게 해야 한다〔信長益〕는 것은 진리에 대한 바른 믿음을 가져야 한다는 뜻이다. 불교는 허탄한 사술이나 운명론을 가르치지 않는다. 연기의 이법을 진리라고 믿고 스스로 바르게 닦아 나가야 한다. 그래야 삿된 길에 빠지지 않는다.

둘째, 계율을 더욱 잘 지켜야 한다〔戒長益〕는 것은 항상 올바르게 살아가도록 최선을 다하라는 뜻이다. 사람은 누구나 세상의 규범에서 벗어나면 시비에 휩싸인다. 규범이 아니더라도 악행은 옳은 것이 아니다. 바르게 살기를 주저할 이유가 없다.

셋째, 법문을 더욱 많이 들어야 한다〔聞長益〕는 것은 바른 법을 배우기

욕심은 칼끝에 바른 꿀 297

를 주저하지 말라는 뜻이다. 법당에 오래 앉아 있으면 향내가 몸에 배듯이 자주 절에 나가 법문을 듣다 보면 자신도 모르는 사이에 불법을 깊이 알고 실천할 마음이 생길 것은 당연하다.

넷째, 보시를 더욱 많이 해야 한다〔施長益〕는 것은 복을 많이 지으라는 것이다. 복이란 뒤주 속의 곡식과 같아서 채워 넣지 않으면 금방 바닥이 난다. 남을 도와주고 선행을 베풀면 그것이 공덕의 씨앗이 되어 보물창고를 채우게 된다. 어찌 게을리 할 수 있겠는가.

다섯째, 지혜가 더욱 빛나게 해야 한다〔慧長益〕는 것은 어리석음을 씻어내고 지혜롭게 살아야 한다는 뜻이다. 참다운 지혜는 남을 해치는 술수와는 거리가 멀다. 진리를 바로 깨닫고 깨달음의 지혜로 살아가는 것이다. 지혜로운 사람은 결코 어리석은 짓을 하지 않는다.

이 다섯 가지는 '미래의 부처님'인 불자가 '진짜 부처님'이 되기 위한 필수조건이다. 다른 사람이라면 쉽지 않을지 모르지만 불자라면 반드시 어려운 일도 아니다. 그렇지 않은가?

아는 것보다 실천이 중요

부처님이 사위국 기원정사에 계실 때의 일이다. 몰리야파구나 비구는 여러 비구니들과 서로 어울려서 놀기를 좋아했다. 비구니들도 같이 어울려 놀기를 좋아했다. 이를 보고 비구를 비방하면 비구니들이 화를 내고, 비구니를 비방하면 몰리야파구나 비구가 화를 냈다.

어느 날 이를 알게 된 부처님이 몰리야파구나 비구를 불렀다.

"너는 수염을 깎고 집을 나와 수행을 하는 비구로서 왜 비구니와 친하게 사귀는가?"

"저는 부처님께서는 음행을 즐기는 죄를 말하는 것을 들은 적이 없사옵니다."

"이 미련한 사람아. 여래가 어찌 음행을 즐기는 것을 옳다고 했겠는가. 내가 무수한 방편으로 음행의 문제를 말했는데 듣지 못했다는 말인가. 그렇다면 내가 지금 다른 비구들에게 물어보리라."

부처님은 평소 음행 문제에 대해 어떻게 말했는지를 다른 비구들에게

물었다. 비구들은 ‘음행은 죄가 되지 않는다는 말을 듣지 못했다’고 증
언했다. 그러자 부처님이 다시 말씀했다.

“그대들은 알라. 어리석은 사람은 여래가 설한 십이부경을 외우고 익
히더라도 그 뜻을 모른다. 그 뜻을 관찰하지 않고 순종해야 할 법에 순
종하지 않기 때문이다. 행은 따르지 않은 채 입으로만 법을 외우는 것은
남과 경쟁하여 승부를 다투는 것일 뿐이다. 그것은 자기를 위한 것도 아
니요 남을 제도할 수도 없다.

비유하면 어떤 사람이 독사를 잡으려 할 때 꼬리를 잡으면 뱀이 머리
를 돌려 손을 물어 죽게 되는 것과 같다. 마찬가지로 십이부경전을 모두
어림해 알더라도 그 뜻을 관찰하지 못하면 차라리 모르는 것만 못하니
라. 그러나 지혜로운 사람은 하나를 외우더라도 행이 따르므로 마침내
열반에 이르게 된다. 마치 독사를 잡으려고 하면 쇠집게로 머리를 누르
고 모가지를 잡아 움직이지 못하게 하면 비록 그 뱀이 꼬리로 해치려 해
도 어쩌지 못하는 것과 같다.

수행자로서 여래가 한 말을 다 안다고 하면서 도리어 죄를 짓는 사람
이 있으면 그대들은 서로 충고해주어야 한다. 그래서 그가 그 행실을 고
치면 좋지만 끝내 고치지 않으면 타락하고 말 것이다. 그리고 그 일을
숨겨주는 사람까지 타락하고 말 것이다. 그러니 조심해야 한다.”

증일아함 48권 〈예삼보품禮三寶品〉 제8경

 당나라 때의 유명한 시인이자 정치가였던 백낙천白樂天은 불교
에 해박했던 인물이다. 그가 항주의 자사刺使로 부임했을 때였

다. 인근의 영은사에 경산도흠徑山道欽의 법손으로 도림道林이라는 선사
가 있었다. 새처럼 나무 위에 둥지를 틀고 좌선을 한다고 해서 조과 선
사鳥窠禪師라고 불리는 인물이었다. 소문을 들은 백낙천은 어느 날 도림
선사를 찾아가 몇 근이나 나가는 고승인지 시험해 보았다.

"불법의 깊고 중요한 대의는 무엇입니까〔如何是佛法嫡嫡大義〕?"

"나쁜 일을 하지 말고 많은 선을 행하는 것입니다〔諸惡莫作 衆善奉行〕."

도림 선사의 대답은 '칠불통계게七佛通誡偈'의 앞 구절이다. 불경을 몇
줄이라도 읽은 사람은 다 아는 내용이다. 새롭고 신통한 대답을 기대했
던 백낙천은 '삼척동자도 아는 말'이라며 실망을 표시했다. 그러자 도
림 스님은 정문일침과도 같은 한마디를 던졌다.

"삼척동자도 아는 말이지만 팔순 노인도 실천하기는 어렵지요."

그는 이 한마디에 자신의 오만불손을 크게 뉘우쳤다고 한다.《전등
록》4권에 나오는 이야기다.

부처님은《법구경》〈술천품〉에서 백 마디 말보다 실천의 중요성을 이
렇게 가르쳤다.

아무리 많은 경전을 외우더라도　　　　　　〔雖多誦經〕

뜻을 모르면 무슨 이익이 있으랴　　　　　　〔不解何益〕

단 한 마디의 법을 듣고 알더라도　　　　　　〔解一法句〕

그대로 행한다면 해탈을 얻게 되리　　　　　　〔行可得道〕

불교의 시간론

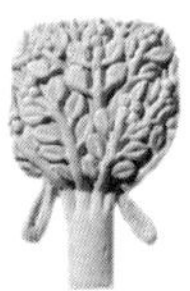부처님이 사위국 기원정사에 계실 때의 일이다. 어느 날 생루 生漏 바라문이 찾아와 시간에 관한 문제를 여쭈었다.

"과거에는 몇 겁劫이 있었습니까?"

"과거의 겁은 이루 다 헤아릴 수 없느니라."

"부처님께서는 항상 과거·현재·미래의 삼세를 말씀하십니다. 부처님께서는 삼세의 아시는 분이십니다. 원컨대 삼세의 겁수劫數에 대해 가르쳐주옵소서."

"만일 현재의 겁에서 시작해서 다시 다음다음의 겁을 설명하려면 내가 죽고 네가 목숨을 마치더라도 그 겁수의 이치는 다 알지 못할 것이다. 왜냐하면 지금은 사람의 수명이 매우 짧아서 한껏 살아야 백 년을 넘지 못하기 때문이다. 그러므로 그 백 년 동안 겁을 센다고 하더라도 다 헤아릴 수 없느니라. 그러나 바라문이여, 알라. 여래는 지혜가 있어서 그 겁수를 분별하고, 중생들의 수명의 길기와 짧기, 그리고 어떤 고락을 받을지를 안다. 이제 너를 위해 비유로써 말하리라. 저 갠지스 강

의 모래알 수는 한량이 없어서 계산할 수 없는 것처럼 과거의 겁수도 그
와 같아서 다 헤아릴 수 없느니라.”

“그러면 미래의 겁수는 얼마나 되나이까?”

“그것도 갠지스 강의 모래알 수와 같아서 한량이 없고 다 헤아릴 수
없느니라.”

“그러면 현재의 겁에는 이루어지는 겁〔成劫〕이 있고 무너지는 겁〔壞劫〕
이 있나이까?”

“이루어지는 겁도 있고 무너지는 겁도 있다. 그것은 1겁이나 100겁
정도가 아니다. 마치 그릇이 위태로운 자리에 있으면 끝내 가만히 머무
르지 않고 무너지는 것처럼 세계의 모든 경계도 그와 같다. 즉 이루어지
기도 하고 무너지기도 하여 그 수는 헤아리기 어렵다. 왜냐하면 생사의
길은 멀고 멀어서 그 끝이 없기 때문이다. 중생은 무명과 번뇌로 말미암
아 이승에서 저승으로, 저승에서 이승으로 떠돌아다니면서 긴 밤 동안
고통을 받는다. 그러므로 그것을 싫어하고 거기서 떠나도록 수행을 해
야 하느니라.”

증일아함 48권 〈예삼보품禮三寶品〉제9경

겁劫이란 범어 ‘kalpa’를 음역한 말로, 긴 시간, 즉 대시大時를 뜻
한다. 1겁이 얼마나 긴 시간인지는 숫자로는 도저히 표현하기
어렵다. 그래서 겨자씨나 반석을 예로 들어 설명한다. 이를 개자겁芥子劫
또는 반석겁磐石劫이라 한다.

개자겁은 한 변이 1유순이 되는 입방체로 된 성 안에 겨자씨를 가득

채우고 그것을 100년에 1개씩 꺼내서 다 없어지는 시간을 말한다. 1유순은 사람이 하루 종일 걸어서 갈 수 있는 거리로 약 100리 정도의 길이다. 또 반석겁이란 1변이 1유순이 되는 입방체의 큰 바위가 있는데 100년에 한 번씩 날아온 학이 날개를 스쳐서 바위가 다 닳아 없어지는 시간을 말한다.

이와 같이 상상할 수 없는 긴 시간도 대겁大劫에 비하면 태양 아래 반딧불 같이 보잘것없는 시간에 불과하다. 대겁은 앞에서 말한 소겁(1겁)이 80개가 모인 시간이다. 그러나 이 시간보다 더 긴 시간이 아승지겁阿僧祇劫이다. 아승지란 1, 10, 100, 1000 하고 세어서 60번째에 해당하는 수위명數位名이다. 아승지겁이란 대겁을 이승지로 곱한 시간이다.

겁처럼 긴 시간이 있는가 하면 찰나刹那, kasana처럼 짧은 시간도 있다. 찰나는 극히 짧은 순간을 말하는데 현대의 시간으로 대략 계산해보면 75분의 1초 정도 된다고 한다.

불교에서 긴 시간은 생사윤회와 고통의 길이 멀고도 길다는 것을 깨우쳐주기 것이다. 반대로 짧은 시간은 우리가 집착하는 인생이란 번갯불보다 순간적이고 무상하다는 것을 가르쳐주기 위해서다.

슬픈 우리 인생의 현실

 부처님이 사위국 기원정사에 계실 때의 일이다. 어느 날 부처님은 제자들에게 이런 것을 물었다.

"어떻게 생각하는가. 그대들이 생사의 바다에 돌아다니면서 고통을 겪고 거기서 슬피 울며 흘린 눈물이 많은가, 저 갠지스 강의 물이 더 많은가."

"저희들이 여래께서 말씀하신 뜻을 생각해 보면 생사를 겪으면서 흘린 눈물이 저 갠지스 강의 물보다 더 많은 것 같습니다."

"참으로 그렇다. 그대들의 말이 틀림없다. 그대들이 생사를 헤매면서 흘린 눈물은 갠지스 강의 물보다 많다. 왜냐하면 그 생사 중에서는 부모가 돌아가셨을 것이니 거기서 흘린 눈물이 헤아릴 수 없을 것이다. 또 긴 밤 동안 형제자매와 처자와 친척들의 모든 사랑과 은혜를 추모하여 슬피 울면서 흘린 눈물이 헤아릴 수 없기 때문이다. 그러므로 수행자들은 그 생사를 싫어하고 근심해서 그것을 떠나도록 수행해야 할 것이다."

부처님이 이렇게 말하자 거기에 있던 60명의 비구들은 번뇌가 없어지고 의심이 풀렸다.

부처님은 또 어느 날 다시 제자들에게 이런 것을 물었다.

"어떻게 생각하는가. 그대들이 생사의 바다에 돌아다니면서 몸이 헐어 흘린 피가 많은가, 저 갠지스 강의 물이 더 많은가."

"저희들이 여래께서 말씀하신 뜻을 생각해 보면 생사를 겪으면서 흘린 피가 저 갠지스 강의 물보다 더 많은 것 같습니다."

"참으로 그렇다. 그대들의 말이 틀림없다. 그대들이 생사를 헤매면서 흘린 피가 갠지스 강의 물보다 많다. 왜냐하면 생사 중에 있으면서는 소, 염소, 돼지, 개, 사슴, 말, 새, 짐승과 그밖의 무수한 것들이 되어 겪은 고통은 실로 싫어하고 근심할 만한 것이기 때문이다. 그러므로 그것을 버리기를 생각하고 열심히 공부해야 할 것이다."

부처님이 이렇게 말씀하자 거기에 있던 60명의 비구들은 번뇌가 없어지고 의심이 풀렸다.

증일아함 49권 〈비상품非常品〉 제1-2경

인간이 겪는 고통을 종류별로 따진다면 얼마나 될까? 불교는 생로병사生老病死의 기본적인 고통을 사고四苦라고 한다. 여기에 물질적 욕망이 채워지지 않는 고통〔求不得苦〕, 좋아하는 것과 헤어지는 고통〔愛別離苦〕, 싫어하는 것과 만나는 고통〔怨憎會苦〕, 육체가 너무 왕성한 고통〔五陰盛苦〕을 덧붙여 팔고八苦라고 한다. 또 흔히 108번뇌라는 말도 있으니까 마음을 괴롭히는 괴로움도 108개 이상은 될 것 같다. 더 세밀하게 따지면 부처님의 법문은 팔만사천 번뇌에 대응한 것이라고 하니 팔만사천 가지도 넘을 것이다.

그러나 실은 인간의 고통은 숫자로 따질 일이 아니다. 항하사수恒河沙數라는 말처럼 갠지스 강의 모래알처럼 많고 많은 것이 인간의 고통이다. 누구도 이 고통에서 벗어날 수 없다. 그래서 경전은 인생 자체를 고통의 바다〔苦海〕 또는 불타는 집〔火宅〕과 같다고 말한다.

불교가 이렇게 인생을 고통뿐인 것으로만 보는 것은 지나치게 염세적이고 부정적인 시각도 있다. 맞는 말이다. 인생은 고통과 불행 못지않게 즐거움과 행복도 있다. 굳이 고통과 불행을 강조하는 것은 바람직한 태도가 아닐 수도 있다. 꿈과 희망과 미래를 말하는 것이 더 아름다운 것이 아니냐 하는 반문도 나올 만하다.

그럼에도 불교에서 굳이 그 반대의 사실만 강조하는 이유는 무엇일까? 인생의 솔직한 모습은, 즐거움은 짧고 고통은 길다는 것이다. 이것을 잊으면 겸손을 잃고 방종하게 된다. 괴로움을 모르는 자는 괴로움에서 벗어나려고 하지 않는다. 현실을 직시하는 사람만이 새로운 인생을 살아가는 계기를 마련할 수 있다는 말이다.

감각기관을 제어하는 훈련

부처님이 사위성 기원정사에 계실 때의 일이다. 어느 날 부처님은 수행자들이 육근六根을 어떻게 제어하고 다스릴지에 대해 이렇게 말씀했다.

"차라리 날카로운 쇠송곳을 불에 달구어 눈을 지질지언정 모양을 보고 난잡한 생각〔亂想〕을 일으키지 말라. 난잡한 생각을 일으키면 바른 생각이 무너져 삼악도에 떨어진다. 그러므로 차라리 잠을 잘지언정 깨어 있으면서 난잡한 생각을 일으키라 말라고 하는 것이다.

차라리 날카로운 송곳으로 귀를 찌를지언정 소리를 듣고 난잡한 생각을 일으키지 말라. 난잡한 생각을 일으키면 바른 생각이 무너져 삼악도에 떨어진다. 그러므로 차라리 잠을 잘지언정 깨어 있으면서 난잡한 생각을 일으키라 말라고 하는 것이다.

차라리 날카로운 쇠사슬로 코를 얽어맬지언정 냄새를 맡고 난잡한 생각을 일으키지 말라. 난잡한 생각을 일으키면 바른 생각이 무너져 삼악도에 떨어진다. 그러므로 차라리 잠을 잘지언정 깨어 있으면서 난잡한 생각을 일으키라 말라고 하는 것이다.

차라리 날카로운 칼로 혀를 자를지언정 나쁜 말과 추한 말을 하지 말라. 그런 말을 하면 바른 생각이 무너져 삼악도에 떨어진다. 그러므로 차라리 잠을 잘지언정 깨어 있으면서 난잡한 생각을 일으키라 말라고 하는 것이다.

차라리 뜨거운 구리쇠판으로 그 몸을 쌀지언정 여자의 몸과 접촉하지 말라. 여자와 오가며 말하고 접촉하면 바른 생각이 무너져 삼악도에 떨어진다. 그러므로 차라리 잠을 잘지언정 깨어 있으면서 난잡한 생각을 일으키라 말라고 하는 것이다.

차라리 잠을 잘지언정 깨어 있으면서 성중의 화합을 허물지 말라. 성중의 화합을 깨뜨리면 오역죄를 지어 1천의 부처님이 오셔도 마침내 구원받기 어렵다. 그러므로 차라리 잠을 잘지언정 깨어 있으면서 난잡한 생각을 일으키라 말라고 하는 것이다.

수행자들이여, 그대들은 항상 육근을 잘 단속하여 실수가 없도록 하라. 그렇게 하면 수행에 큰 도움이 있을 것이다."

증일아함 49권 〈비상품非常品〉 제7경

인간으로 살아가는 한 여섯 가지 감각기관인 눈〔眼〕·귀〔耳〕·코〔鼻〕·혀〔舌〕·몸〔身〕·생각〔意〕으로 여섯 가지 감각 대상인 색色·성聲·향香·미味·촉觸·법法과 접촉하지 않기란 불가능하다. 감각기관이 대상을 접촉하면 좋다〔樂〕, 나쁘다〔苦〕, 무덤덤하다〔不苦不樂〕는 판단을 하게 된다. 이 판단은 우리가 욕심〔貪〕과 분노〔瞋〕와 어리석음〔痴〕

을 일으키도록 촉매한다. 탐·진·치 삼독심이 생기면 업業을 짓게 되고, 업은 모든 괴로움의 근본이 된다. 이 과정을 끊임없이 반복하는 것이 윤회다.

불교는 이 악순환의 고리를 끊고자 하는 종교다. 그러자면 무엇보다 모든 업의 근본이 되는 '난상亂想'을 일으키지 않는 것이 중요하다. 난상이란 쉽게 풀어서 말하면 좋다거나 나쁘다거나 하는 이런저런 어지러운 판단과 분별심이다. 좋으면 좋다고 집착하고, 싫으면 싫다고 거부하는 것에서 시비가 생긴다. 그렇다면 시비와 집착에서 벗어나는 방법은 무엇인가. 다음과 같은 재미난 선화가 힌트가 될지 모르겠다.

옛날 어떤 수행자 두 사람이 길을 가다가 장맛비로 다리가 떠내려간 강가에 이르렀다. 마침 예쁜 처녀가 급한 물살 때문에 강을 건너지 못하고 있었다. 이를 본 한 수행자는 그녀를 덥석 업어서 강을 건네주었다. 한참 걸어가다가 동행하던 친구가 물었다.

"여보게. 조금 전 예쁜 여자를 업어주니 기분이 어떻던가. 기분이 아삼삼하지 않던가?"

친구의 대답은 이랬다.

"나는 강을 건넌 직후 여자를 내려놓았는데, 자네는 아직도 여기까지 업고 왔는가?"

자식부터 먼저 교화하라

부처님이 사위국 기원정사에 계실 때의 일이다. 독실한 재가 신자인 아나타핀다카給孤獨 장자에게는 네 명의 아들이 있었으나 모두 삼보에 귀의하지 않고 불법을 믿지 않았다. 장자는 아들들에게 불법에 귀의할 것을 간곡하게 권했으나 말을 듣지 않았다. 장자는 아들들에게 각각 순금 1천 냥씩 줄 테니 삼보에 귀의하라고 했다. 그래도 그들은 말을 듣지 않았다. 다시 장자는 2천 냥, 3천 냥, 4천 냥을 제안했으나 말을 듣지 않았다.

"이게 마지막이다. 삼보에 귀의하고 불법을 믿으면 순금 5천 냥을 주겠다. 불법을 믿으면 너희들은 긴 밤 동안 한량없는 복을 받을 것이다. 그래도 믿지 않겠다면 그때는 나도 할 수 없다. 너희들에게는 한 푼도 줄 수 없다."

아들들은 그제야 장자의 제안을 수락하고 어떻게 할지를 물었다.

"우선 나를 따라 부처님에게로 가자. 가서 설법을 듣자. 너희들이 그 설법을 잘 기억하면 긴 밤 동안 고통에서 벗어나 큰 복을 받게 될 것이다”

“부처님은 지금 어디 계십니까? 여기서 얼마나 멉니까?”

“부처님은 지금 내가 지어드린 기원정사에 계신다. 그리로 가자.”

장자는 기뻐하면서 그들을 데리고 기원정사로 가서 부처님께 예배하고 아뢰었다.

“이 아이들은 아직 삼보에 귀의하지 않았습니다. 제가 5천 냥의 순금을 준다고 하자 삼보에 귀의하기로 약속했습니다. 원컨대 부처님께서는 이 아이들을 위해 설법하여주소서.”

부처님이 그들을 위해 설법하자 그들은 매우 기뻐하면서 삼보에 귀의할 것을 다짐했다.

“저희들은 지금부터 불·법·승 삼보에 귀의하나이다. 또한 살생과 도둑질과 삿된 음행과 거짓말과 술 마시는 것을 삼가겠나이다.”

네 아들이 삼보에 귀의하자 장자도 매우 기뻐했다. 부처님은 그런 장자를 이렇게 찬탄했다.

“어떤 사람이 방편으로 물질을 내놓고 사람들로 하여금 부처님과 그 가르침과 성중에 귀의하고 불법을 믿게 하면 그 공덕은 한량이 없을 것이다. 그 사람은 그 공덕으로 삼악도에 떨어지지 않을 것이며, 이 세상의 모든 괴로움에서 완전히 벗어날 것이다. 그러므로 많은 사람들을 가엾게 여기고, 방편을 써서 그들이 삼보에 귀의하도록 힘쓰도록 하라.”

증일아함 49권 〈비상품非常品〉 제7경

얼마 전 신문에 보도된 '결혼중매회사가 내세우는 요즘 젊은이들의 결혼의 4대 조건' 은 이러했다. 거주지는 강남이어야 하고, 학교는 이른바 'SKY' 로 불리는 일류 대학을 나와야 하며, 직장은 증권시장에 상장된 회사에 다녀야 하며, 종교는 기독교를 믿어야 한단다. 이 것이 우리 사회의 중산층 이상 가정의 자녀와 결혼하려는 사람의 조건이라는 것이다. 이 중 눈길을 끄는 것은 종교적 조건이다. 불교를 믿으면 괜찮은 혼처는 생각도 못 하고 노처녀 노총각으로 늙을지도 모른다는 이야기다. 좀 어이없고 맹랑하기 짝이 없는 일이다. 하지만 이것이 현실이라면 불교를 믿는 집 자녀는 앞으로 결혼할 일이 큰일이다.

이런 현상은 불교가 그동안 포교, 특히 젊은이를 대상으로 하는 포교 활동에 얼마나 등한시해 왔는가를 말해준다. 초·중·고등학교에 다니는 학생들에게 불교를 믿는 사람 손들어 보라면 한 반에 서너 명에 불과하다고 한다. 그런데도 아직까지 '2천만 불자 여러분' 이라고 말한다면 착각도 보통 착각이 아니다. 불교가 포교를 하는 것은 계량적 수치를 늘리기 위해서가 아니다. 바른 법을 가르쳐 참다운 행복을 이루어주기 위해서다. 급고독 타장자는 아들의 교화를 위해 재산상속을 조건으로 내걸었다. 지나친 감이 있다고 할지 모르지만 멀뚱멀뚱 하다가는 오늘 같은 경우를 당한다. 불자 부모들이 먼저 각성해야 할 일이다.

아름다운 아내의 길

부처님이 사위국 기원정사에 계실 때의 일이다. 그 무렵 급고독 장자가 며느리를 보았는데, 이름은 옥야玉耶라고 했다. 그는 미모가 매우 뛰어난 여인으로 파세나디 왕 대신의 딸이었다. 그러나 자기의 종성이 뛰어난 것을 믿고 시부모와 남편을 공경하지 않고 불법을 믿지 않았다.

어느 날 장자는 부처님을 찾아와 이런 사정을 아뢰고 며느리를 교화해 달라고 청했다. 부처님은 장자의 며느리를 교화하기 위해 제자들과 함께 장자의 집으로 갔다. 장자는 따로 자리를 마련해서 며느리가 부처님을 친견할 기회를 마련했다. 부처님은 그녀를 위해 설법했다.

"그대는 알아야 한다. 아내에게는 네 가지 모습이 있다. 어머니 같은 아내, 친척 같은 아내, 도적 같은 아내, 하인 같은 아내가 그것이다.

어머니 같은 아내는 때에 따라 남편을 보살펴 모자람이 없도록 받들어 섬기고 공양한다. 그 여자는 하늘이 보호하므로 다른 어떤 것도 찾아와 괴롭히지 못하며 죽으면 천상에 태어난다.

친척 같은 아내는 남편을 보고도 마음에 변동이 없이 고통과 즐거움을 함께 한다. 도적 같은 아내는 남편을 보면 화를 내고 미워하며, 받들어 섬기거나 공경하지 않으며 도리어 해치려고 한다. 아내는 마음이 늘 다른 곳에 가 있으므로 남편은 아내를 사랑하지 않고 아내는 남편을 사랑하지 않는다. 그리하여 남의 사랑과 존경을 받지 못하고 하늘의 보호를 받지 못하며 나쁜 귀신이 침해한다. 그는 목숨을 마치고 죽으면 지옥에 들어간다.

하인 같은 아내는 현명하고 어질어서 남편을 때에 따라 보살피고, 하고 싶은 말도 끝까지 참으며, 추위와 고통을 참으며, 항상 사랑하는 마음을 갖는다. 그는 거룩한 삼보에 귀의하여 '이것이 있으므로 내가 존재하고 이것이 쇠하면 나도 쇠한다' 고 안다. 그녀는 모든 하늘이 보살피고 사랑하므로 몸이 무너지고 목숨이 다하면 천상의 좋은 곳에 태어난다.

그런데 장자의 며느리야. 너는 지금 이중 어떤 아내에 속한다고 생각하는가?'

장자의 며느리는 부처님의 말씀을 듣고 한 발 앞으로 나가 예배한 뒤 이렇게 말했다.

"저는 지금부터 과거를 고치고 미래를 닦아 다시는 그렇게 하지 않겠나이다. 앞으로는 하인과 같은 아내가 되겠나이다."

선생은 또 남편을 찾아가서 '앞으로 보살피기를 하인과 같이 하겠다' 고 약속했다. 부처님은 그녀가 마음이 열리고 뜻이 풀린 것을 알고 다시 고·집·멸·도 사성제를 가르쳐주었다. 그녀는 그 자리에서 법안法眼이 깨끗하게 되었다. 마치 흰옷에 쉽게 물감이 번지는 것처럼 온갖 법을 분별하고 묘한 이치를 잘 이해했다.

증일아함 49권 〈비상품非常品〉 제8경

부처님이 급고독 장자의 아름답지만 교만했던 며느리 옥야를 교화한 일은 매우 유명한 사건이었다. 이 이야기는 《옥야경》이라는 별도의 독립된 경전으로도 남아 있을 정도다. 이 경에 의하면 부처님이 비유로 든 아내는 일곱 가지나 된다. 어머니, 누이, 친구, 며느리, 종, 원수, 도둑 같은 아내가 그것이다. 아마도 처음에는 네 가지였다가 나중에 일곱 가지로 늘어났을 것으로 추정된다.

아름다운 것도 죄가 되는가? 경국지색傾國之色이라는 말이 있는 것을 보면 사람들은 여자의 미모를 두고 시비 걸기를 좋아하는 모양이다. 서시西施와 양귀비楊貴妃, 헬레네와 크레오파트라의 얘기는 아직도 흥밋거리다. 여자가 미모만 믿고 욕심과 교만에 빠지면 감당이 불감당이다. 그런데도 부처님은 이를 교화했으니 과연 성인은 성인이시다.

이 경전을 읽다 보면 옛날에 유행하던 노래 가사가 생각난다.

"얼굴만 예쁘다고 여자냐♬ 마음이 고와야 여자지♬ 한 번만 마음 주면 변치 않는♬ 여자가 정말 여자지♬"

이모의 장례를 치르는 부처님

부처님이 베살리의 보회강당에 계실 때의 일이다. 그 무렵 베살리의 고대사高臺寺에는 이모 대애도大愛道, 마하파자파티 비구니가 다른 비구니들과 수행하고 있었다. 어느 날 이들은 "이 안거가 끝나면 부처님은 쿠시나가라로 가시는데 아무래도 곧 열반에 드실 것 같다"는 말을 들었다. 대애도 비구니는 이 말을 듣고 부처님을 찾아와 한 가지 청을 올렸다.

"원컨대 이제부터는 비구니가 비구니를 위해 계를 설하도록 하소서."

"그렇게 하십시오. 앞으로는 비구니가 비구니를 위해 설계하는 것을 허락합니다. 다만 여래가 전에 설계한 것처럼 하여 틀림이 없도록 해야 할 것입니다."

설계說戒 허락을 받은 대애도 비구니는 부처님을 하직하면서 이렇게 말했다.

"아무래도 이제는 저도 다시 여래의 얼굴을 뵐 수 없을 것 같습니다."

대애도 비구니는 처소로 돌아온 지 얼마 되지 않아 열반에 들었다. 이

에 앞서 함께 수행하던 다른 여러 비구니들도 먼저 열반에 들었다. 이
소식을 들은 부처님은 아난다를 시켜 장례를 준비시켰다. 아난다는 야
수제耶輸提라는 사람을 찾아가 장례에 필요한 평상과 기름과 꽃과 향과
수레를 부탁했다. 야수제는 부처님의 지시로 이미 열반에 든 다른 비구
니들의 시신을 수습해서 공양했다.

대애도 비구니의 시신은 부처님이 직접 수습했다. 대애도 비구니의
시신은 아난다와 난다와 라홀라에 의해 평상에 모셔졌다. 이어서 부처
님도 몸소 평상의 한쪽 다리를 들고 교외의 화장터로 향하였다. 제자들
이 민망히 여겨 대신하려고 했으나 부처님은 허락하지 않았다.

"그만두어라. 이 일은 내가 알아서 할 것이다. 부모가 자식을 낳아 젖
을 먹이고 안아주고 길러준 은혜는 매우 크다. 그 은혜를 갚지 않으면
안 된다."

화장장에 도착한 부처님은 앞서 열반한 비구니들과 사미니의 시신을
공양한 뒤 화장토록 했다. 이어서 대애도 비구니 몸 위에도 꽃과 향을
뿌리고 이렇게 게송을 읊었다.

<table>
<tr><td>일체의 현상은 덧없는 것</td><td>〔一切行無常〕</td></tr>
<tr><td>한 번 나면 반드시 다함이 있네</td><td>〔生者必有盡〕</td></tr>
<tr><td>태어나지 않으면 죽지 않나니</td><td>〔不生則不死〕</td></tr>
<tr><td>이 열반이 가장 큰 즐거움이네</td><td>〔此滅爲最樂〕</td></tr>
</table>

게송이 끝난 뒤에는 찬다나 섶나무에 불을 붙여 화장을 했다. 화장이

끝나자 사람들은 대애도 비구니와 다른 비구니들을 사리를 거두어서 탑
을 세우고 공양했다.

증일아함 50권 〈대애도열반품大愛道涅槃品〉제1경

사람들은 불교가 속가의 부모나 처자권속과의 인연을 끊으라고
가르치는 줄로만 안다. 출가라는 행위가 세속으로부터 벗어나
는 것을 의미한다고 할 때 전혀 틀린 말은 아니다. 특히 효孝를 중시하는
중국에서는 이런 점을 근거로 불교를 무부무군지교無父無君之敎라며 배
척하려는 분위기마저 있었다.

그러나 이 경전에서 보듯이 부처님은 세속의 인연을 무조건 단절하라
고 가르치지는 않았다. 부처님은 이모이자 양모인 대애도 비구니가 열
반하자 손수 상여를 메고 장례를 치른다.

아버지인 정반왕이 승하했을 때도 마찬가지였다. 《정반왕열반경》에
의하면 부처님은 이복동생인 난타와 함께 아버지의 임종을 지켰다. 부
모의 은혜를 생각해서 손수 상여를 메고 가서 화장을 했다. 부처님이 끊
으라고 한 것은 세속적 욕망과 집착이지 은혜까지 모른 척하라는 것은
아니었다. 불자라면 누구나 하늘같이 높고 바다같이 깊은 부모님의 은
혜를 불효로 갚는 일은 없는지 되돌아볼 일이다.

흉몽과 길몽은 해석하기 나름

부처님이 사위국 기원정사에 계실 때의 일이다. 어느 날 파세나디 왕이 열 가지 꿈을 꾸었다. 내용이 께름칙해서 혹 재앙이 생기지 않을까 걱정했다. 그래서 꿈 풀이를 하는 바라문을 불러 해몽해 보라고 했다.

"왕과 태자가 죽을 흉몽입니다. 흉액을 물리치려면 대왕께서 사랑하는 부인과 시자, 중히 여기는 대신을 죽여 하늘에 제사하고, 대왕께서 가진 진기한 보물을 불사르소서."

대왕은 그 말을 듣고 더욱 근심이 되어 사당에 들어가 걱정을 하고 있었다. 그때 마리摩利, 末利부인이 찾아와 부처님을 찾아가 꿈을 다시 해몽하자고 했다. 왕은 말리부인의 말대로 부처님을 찾아가 열 가지 흉몽을 털어놓고 어떻게 해야 할지를 물었다.

"그것은 대왕이 앞으로 어떻게 해야 할지를 미리 꿈으로 나타낸 것입니다. 첫 번째로 꿈에서 본 '가마솥이 셋인데 두 개는 가득 찼고 가운데 것은 비었다' 는 것은 후세 사람들이 빈궁한 이를 구제하지 않고 부모를 봉양하지 않아서 생긴 것이니, 그것을 바로잡으라는 것입니다. 두 번째로 본 '말〔馬〕이 입으로도 먹고 궁둥이로도 먹는다'는 것은 나라의 관리들이 나라의 녹봉으로도 먹고 백성들의 고혈을 짜먹는다는 뜻이니, 이것을 바로잡으라는 것입니다. 세 번째로 본 '큰 나무에서 꽃이 핀다'는 것은 백성들이 부역이 많아 나이 30만 되어도 머리가 하얗게 된다는 뜻이니, 이것을 바로잡으라는 것입니다. 네 번째로 본 '작은 나무가 열매를 맺는다'는 것은 풍속이 문란해 나이 15세도 못 되어 어린애를 안고 돌아온다는 뜻이니, 이것을 바로잡으라는 것입니다.

다섯 번째로 본 '한 사람이 밧줄을 끌고 가는데 뒤에 남은 염소는 그 밧줄을 먹는다'는 것은 남편이 행상이나 군대에 갔는데 정숙하지 못한 부인이 다른 남자와 정을 통해 남편의 재물을 먹으며 부끄러워 할 줄 모른다는 뜻이니, 이를 바로잡으라는 것입니다. 여섯 번째로 본 '여우가 금평상에 올라앉아 금그릇으로 밥을 먹는다'는 것은 천한 사람이 귀하게 되어 귀한 사람을 부리며 호사를 한다는 뜻이니, 이것을 바로잡으라는 것입니다. 일곱 번째로 본 '큰 소가 도리어 송아지 젖을 빤다'는 것은 어미가 딸을 중매하고 그 사람을 집에다 데려다 놓고 살게 하고 스스로는 문간에 나앉아 얻어먹고 살며, 그 아비도 모르는 척하고 살아간다는 뜻이니, 이런 것을 바로잡으라는 것입니다. 여덟 번째로 본 '검은 소떼가 사방에서 몰려와 울부짖고 싸우면서도 서로 붙어야 할 것이 붙지 않고 소가 간 곳을 모른다'는 것은 왕과 대신, 백성들이 모두 나라가 금하는 법을 두려워하지 않고 음란하며 욕심이 많다는 뜻입니다. 그들은 충성이나 효도는커녕 부끄러움도 모르니 나라를 망치지 않으려면, 이들을 바로잡으라는 것입니다. 아홉 번째로 본 '큰 봇물이 복판은 흐리고 사방은 맑다' 는 것은 중앙에 사는 사람일수록 충성과 효도를 모르고 불법을 믿지 않으며 은혜와 의리를 모르고 변방에 사는 사람은 도리어 그 반대이니, 이를 바로잡으라는 것입니다. 열 번째로 본 '개울물이 빨갛게 흐른다' 는 것은 왕들이 자기 나라에 만족하지 못하고 군사를 일으켜 서로 싸워 피를 흘린다는 뜻이니, 이를 바로잡으라는 것입니다. 그러므로 바르게 행하면 좋은 일이 생길 것이지만 어리석은 행을 하면 나쁜 길로 떨어질 것입니다."

증일아함 51권 〈대애도열반품大愛道涅槃品〉 제9경

경전을 보면 후일담이 조금 더 기록돼 있다. 파세나디 왕은 부처님의 꿈 해몽을 듣고 지혜를 얻어서 두려움이 없어졌다. 그는 궁으로 돌아와 마리를 제1부인을 삼고 백성들에게 보시를 하며 선정을 베풀었다. 그 대신 삿된 소견을 가진 바라문과 대신들은 모두 봉록을 뺏고 쫓아냈다. 그러자 나라가 태평해졌다. '꿈보다 해몽' 이라더니 그게 맞는 말이었다.

지은이 / 洪思誠

동국대학교 불교학과 졸업.
불교신문 주필, 불교평론 주간, 불교TV 제작국장,
불교방송 상무 등을 역임했다.
《부처님은 이렇게 말씀했다》《마음으로 듣는 부처님 말씀》
《세계의 불교》《불교입문》《동남아불교사》
《근본불교의 이해》《불교상식백과》 등의 책을 냈다.

날마다 읽는 부처님 말씀

2008년 4월 17일 초판 1쇄 발행
2012년 9월 20일 초판 3쇄 발행

지은이 | 홍 사 성
펴낸이 | 김 동 금
펴낸곳 | 우리출판사

주 소 · 서울특별시 서대문구 충정로3가 1-38호
전 화 · (02) 313-5047 · 5056
팩 스 · (02) 393-9696
E-mail · wooribooks@wooribooks.com
등 록 · 제9-139호

ISBN 978-89-7561-264-0   03220

정가 12,000원